Le meilleur pour mon enfant

ISBN : 978-2-412-10064-6
Code éditeur : S10064/01
Dépôt légal : avril 2025
Imprimé en France par Normandie Roto Impression s.a.s. en mars 2025 (2500892)

Direction éditoriale : Marie-Anne Jost-Kotik
Responsable éditoriale : Rose-Marie Di Domenico
Suivi d'édition : Emeline Plessier
Fabrication : Laure Bueno
Relecture : Irène Colas
Mise en page : Ma petite FaB – Laurent Grolleau

Éditions First
92, avenue de France, 75013 Paris
Tél. : 01 44 16 09 00
E-mail : firstinfo@efirst.com
Site Internet : www.editionsfirst.fr

#lisez engagé !
www.lisez.com
Pour plus d'information :
Imprimé sur du papier issu de forêts gérées durablement.

Nadège Guillard

Le meilleur pour mon enfant

Guidance parentale d'une psy de terrain

FIRST
ÉDITIONS

Pour Cléo

Remerciements

À mon incroyable partenaire de vie, Brice, et à nos surprenants enfants, Eden, Babel, Sinaï et Jéricho, mes intarissables sources de créativité.

À mes merveilleux parents, mes pères, et tout particulièrement mes mamans, Mariane et Rachel. À ma singulière famille qui m'a transmis l'essentiel de ce que je peux partager aujourd'hui.

Je remercie tous les adultes et enfants qui, en m'honorant de leur confiance, m'ont permis d'approfondir ma compréhension de l'humain, séance après séance.

Je tiens également à exprimer ma gratitude à Olivia Recasens, Rose-Marie Di Domenico et Emeline Plessier, pour leur soutien et leurs conseils avisés qui ont été essentiels à la réalisation de ce livre. Merci aux équipes d'Éditis, pour leur professionnalisme et leur patience.

À l'attention des parents

Ce livre propose une approche de la parentalité alliant des valeurs traditionnelles bantoues aux dernières recherches en psychologie et neurosciences. Il contient des stratégies éducatives et des conseils ayant montré leur efficacité au fil des époques, pour guider un enfant vers une vie d'adulte autonome, épanoui et capable de s'intégrer en société.

Afin d'apporter un éclairage concret aux questions que vous pourriez vous poser, je m'appuie à la fois sur mes expériences personnelles et mes expertises professionnelles. Je m'exprime donc ici en tant qu'arrière-arrière-petite-fille du fondateur et premier chef traditionnel du village makà de Ntankuimb, au Cameroun ; en tant que psychologue de la cognition, en France ; mais avant tout et surtout, en tant que maman de deux filles et deux garçons :

- Eden, une jeune neurodivergente de 22 ans ;
- Babel, un adolescent de 14 ans plein de potentiel ;
- Sinaï, décédée à 3 mois subitement ;
- et Jéricho, un enfant fantastique de 10 ans.

Ainsi, j'aborde chaque sujet avec l'ancrage de mes héritages culturels, la rigueur d'un regard scientifique et la sensibilité d'un cœur de mère.

Mes voyages et aventures m'ont permis de baigner dans différentes cultures. Pour écrire ce livre, je me suis référée à ma propre odyssée parentale ainsi qu'aux nombreuses rencontres faites avec les jeunes et les adultes qui les accompagnent.

Je m'appuie sur plusieurs années d'engagement aux côtés des parents : dans la rue, à leur domicile, au sein d'associations et dans des ateliers conçus et animés au cœur des quartiers prioritaires ou à mon cabinet.

Face à la multitude de choix pédagogiques qui se présentent à nous, parents, il paraît parfois compliqué de savoir à quelle méthode se fier. Sur quelles valeurs s'appuyer et comment les mettre en œuvre pour que l'épanouissement individuel de nos enfants résonne positivement au sein du collectif ?

N'étant sous la contrainte d'aucune école de pensée, je propose une approche intégrative, complète et inédite. Problématique par problématique, elle aide à trouver des réponses adaptées à chaque tranche d'âge. Rédigé avec authenticité, le contenu de cet ouvrage reflète mon vécu et mes opinions et ne saurait donc répondre, spécifiquement, à toutes les situations. Il peut fournir des pistes, des perspectives et des outils utiles concernant les thèmes abordés mais, les réussites éducatives étant toujours multifactorielles, il ne peut se substituer à la guidance personnalisée d'un expert. Si votre famille traverse une période difficile, rappelez-vous que le changement est un processus constant et faites-vous simultanément accompagner par un professionnel compétent pour optimiser la transition.

Sommaire

LE MEILLEUR DES MONDES POUR ÉDUQUER

« Enfants, cultivez nos terres et votre curiosité du nouveau monde. »
Pierre Diga, mon arrière-grand-père

Éduquer dans le monde d'aujourd'hui : être un parent conscient.

Devoirs, possibilités, responsabilités

Avez-vous déjà eu l'impression que les médias relatent de plus en plus de comportements toxiques et déviants impliquant des jeunes ?

J'en discutais dernièrement avec une amie du temps de la fac d'économie et elle m'a pertinemment fait remarquer que si nous trouvions que tout était mieux avant, c'était aussi peut-être parce que nous avions désormais plus de 40 ans. Nous en avons bien ri. Néanmoins, je n'ai pas cessé d'y penser.

Personnellement, j'avais récemment régulé ma consommation de réseaux sociaux et de chaînes d'information continue pour préserver mon équilibre émotionnel de la récurrence des images anxiogènes. Cela ne m'empêchait pourtant pas d'être confrontée aux conséquences des actes antisociaux impliquant régulièrement des adolescents. D'abord dans mon cabinet fréquenté par d'anciennes victimes de violences et de rares auteurs voulant s'affranchir d'un passé traumatique. Également dans mes activités de psychologie appliquée hors les murs, où je côtoie des mères, majoritairement, et des pères inquiets pour l'avenir au regard de conditions économiques et environnementales préoccupantes.

La persistance des rixes impliquant des adolescents, qui prennent des allures de rites initiatiques, dès l'entrée au collège, est un triste exemple. La répétition des faits divers les transforme en phénomènes de société et face à la multiplication des difficultés rencontrées avec les nouvelles générations, certains politiques ont parlé d'ensauvagement et de décivilisation.

Mon analyse psychosociale m'a conduite à deux constats. D'une part, la réapparition décomplexée d'une fraternité sélective entre citoyens. D'autre part, la rupture du pacte éducatif par certains parents, soit démissionnaires, soit sous-qualifiés, contribuant à la fabrication de bourreaux et de victimes. J'entends déjà des voix crier à la provocation, hurler à la stigmatisation, marteler qu'ils ne sont pas si nombreux : j'étais jadis de cet avis. Pourtant, Margaret Mead disait déjà de ne pas douter qu'un petit groupe de personnes peut changer un monde[1].

Cela m'a rappelé comment la petite bande d'Eurydice[2] en primaire et celle de Nathan au collège avaient impacté le quotidien d'Eden en la harcelant. Je me suis souvenue de la réaction dénuée d'empathie du père de Lila lorsqu'il prit connaissance des violences verbales et physiques que sa fille de 7 ans avait infligées à sa camarade de classe : « Ce sont des jeux d'enfants. » Cette situation m'avait fait prendre conscience d'une chose : nous ne pouvons pas transmettre à notre descendance ce que nous ne possédons pas nous-mêmes.

Si mon amie et moi voyions notre monde moins sécurisant aujourd'hui qu'à 20 ans, ce n'était pas seulement parce que nous avions pris de l'âge et que nous avions chaussé les nostalgiques lunettes du « c'était mieux avant ». Si nous voyions notre monde différemment, c'était surtout que nous avions vécu des expériences qui nous avaient amenées à prendre conscience.

Prendre conscience de l'incidence des systèmes économiques, moraux et des interactions avec les autres dans nos stratégies d'éducation. Prendre conscience que la société contemporaine n'est vraisemblablement pas le meilleur des mondes, pour un tas de raisons, mais que c'est celui dans lequel nous devons nous efforcer d'accomplir, en pleine conscience, justement, notre mission de parents.

Le meilleur pour mon enfant : être un parent investi.

Valeurs, volontés, convergences

Vous êtes-vous déjà demandé comment offrir le meilleur à votre enfant ?

Lorsque je suis devenue mère pour la première fois, j'avais tout juste 20 ans. Je n'avais pas fini mes études, je n'étais pas vraiment financièrement autonome, mais je souhaitais tout de même offrir le meilleur à cet enfant que j'accueillais dans ma réalité. J'ai décroché un job de vendeuse dans un *Photostation* et j'ai investi dans un livre de poche en espérant y découvrir la recette de la meilleure maman. Je me suis saisie de quelques conseils, mais la plupart ne semblaient pas fonctionner avec Eden, dont les particularités cognitives étaient encore insoupçonnées. Alors il a fini sur une étagère, entre *Les malheurs de Sophie* et *Les petites filles modèles*, ces romans de la comtesse de Ségur relatant la formation des jeunes filles du XIXe siècle – vestiges du passé témoignant de l'évolution de la manière d'éduquer et de la vision de l'enfant parfait !

Plus que dans un guide, c'est auprès de mes figures familiales d'autorité que j'ai trouvé les ressources nécessaires pour compléter mon parcours d'apprentissage. Elles m'ont fourni le soutien émotionnel, culturel et matériel dont j'avais besoin, afin que je puisse éduquer au mieux à mon tour. Puisque c'est ce que mes parents faisaient pour moi, il me paraissait évident que la meilleure éducation que je pouvais offrir à ma précieuse Eden était celle qui lui permettrait d'accroître son pouvoir d'agir, afin qu'elle atteigne ses propres objectifs de vie.

Ce que nous voulons, devons et pouvons transmettre à un enfant varie selon sa place dans la fratrie, son âge, le nôtre, notre niveau de compétences, notre budget et bien d'autres choses. Nos coutumes déterminent aussi, en partie, le fond et la forme de nos messages parentaux.

Eden m'a confié, lors d'une de nos conversations mère-fille, qu'une de ses connaissances lui avait fait une réflexion. La trouvant exigeante dans ces attentes sentimentales, elle l'avait un peu taquinée en lui disant que ses parents l'avaient éduquée « en mode princesse ». Eden lui avait alors demandé en retour si les siens l'avaient élevée « en mode clocharde ». J'en ai bien ri. Et puis je n'ai pas cessé d'y penser.

Bien que j'aie été tentée de rejeter la faute exclusivement sur les classiques Disney comme *La petite sirène*, qu'elle regarde en boucle depuis l'enfance, son père et moi avons probablement une part de responsabilité dans la manière dont elle se positionne et s'estime. En effet, en tant que descendante de Ziogue Ampah, je lui contais parfois les exploits de cet aïeul qui font un peu d'elle une altesse makà. Son père, de son côté, lui narrait parfois, durant sa période *Dora* – ce dessin animé où une petite fille a pour ami un singe – la légende d'O'Rourke l'Irlandais dont l'ancêtre aurait été sauvé d'un château en flammes alors qu'il n'était encore qu'un nouveau-né, grâce à un fidèle primate de compagnie figurant depuis sur les armoiries.

En France, depuis la fin de la monarchie, tout citoyen pouvait créer un blason et porter une chevalière armoriée, symbole de son attachement aux valeurs de son clan, dont l'identité pouvait être renforcée par des récits extraordinaires. Cette tradition, autrefois codifiée, s'est quelque peu estompée de nos jours et la transmission des repères familiaux et identitaires prend des formes plus adaptées aux sociétés modernes. Nos espaces contemporains pluriculturels, mondialisés et connectés offrent de nombreuses possibilités pour qui veut démontrer son allégeance et afficher son appartenance. Il est possible de s'approprier tout type de tradition : cela peut d'un côté brouiller les grilles de lecture des valeurs héritées et transmissibles pour structurer un individu, et de l'autre concourir à les enrichir en leur donnant de nouvelles résonances. Parler à son partenaire des valeurs que l'on souhaite transmettre, sous une forme adéquate à l'époque, est fondamental pour que cela complète l'enfant, sans le déraciner.

Le sens de la famille et de la solidarité, la considération envers les aînés, l'apprentissage par l'expérimentation, le goût de l'exploration et des collaborations, la gratitude, le respect de la vie et de la nature, sont des valeurs fondamentales makà. Transmises oralement depuis plus de sept générations, certaines sont partagées par mon partenaire de vie malgré nos origines disparates. Nous nous efforçons de les appliquer depuis plus de deux décennies auprès de nos enfants. Elles ont naturellement nourri mes pratiques de guidance parentale et le contenu de ces pages.

Le meilleur à offrir à mes filles et mes fils dans notre société réside dans cette compétence déjà mise en œuvre par mon arrière-grand-père, Pierre Diga, lorsqu'il rencontra l'Occident, un siècle auparavant, au Cameroun : l'adaptation. L'incarnation darwinienne de l'intelligence et de l'instinct de survie. L'antidote de la peur, même sous son impulsion la plus élémentaire, le désir d'explorer, de découvrir et de comprendre : la curiosité. L'adaptation comme seule réponse pragmatique à l'évolution incontrôlable d'un milieu colonisé, tout en tentant de préserver l'essence d'un patrimoine ancestral. L'adaptation par la transculturation, ce dialogue menant deux cultures à la création de formes inédites d'expression, comme une résistance à l'effacement. L'adaptation n'est pas une simple acceptation du changement que tout humain expérimente du premier au dernier souffle, mais une stratégie et une nécessité pour survivre, une solution face à la complexité du monde, une soif d'apprendre, puis d'innover pour transcender son héritage.

Le meilleur que l'on puisse offrir aux enfants d'aujourd'hui, de mon point de vue, est sans aucun doute une éducation volontairement transculturelle. De fait, aujourd'hui, des milliers de familles mixtes innovent déjà quotidiennement. Ces couples aux origines variées cultivent leurs convergences et muent leurs différences en complémentarités. Cela afin de résoudre l'équation éducative dont leur enfant a besoin pour devenir la meilleure version adulte de lui-même.

La neuroéducation et les Makà : être un parent éveillé.

Transmission, capital, héritages

Avez-vous déjà constaté qu'en dépit de vos efforts répétés, la relation que vous aviez avec votre enfant demeurait bien différente de ce que vous aviez imaginé ?

Le métier de parent est aussi gratifiant qu'ingrat, et à la tombola de la vie, on ne choisit pas le caractère de son héritier. L'inverse est vrai aussi. Mais ça n'est pas parce que la connexion n'est pas conforme à l'idée qu'on s'en était faite qu'au final l'aventure parentale est moins belle, les interactions moins riches et les liens moins forts.

Malgré un titre mêlant mystères tribaux et scientifiques, la formule de ce livre n'a rien de magique. Elle ne changera ni le passé ni les gènes. En revanche, elle invite chaque parent conscient de sa mission à réfléchir à ses objectifs éducatifs, afin d'élaborer une manière plus sereine de la remplir.

Elle permet à un parent profondément investi auprès de son enfant d'imaginer, personnaliser, tester concrètement des outils. Cela pour aider à façonner les différentes dimensions structurant l'individu en devenir qu'il a invité dans son cœur, dans sa maison. Même lorsqu'elle est en travaux, même s'il est lui-même encore en construction.

Enfin, elle permet à tout adulte éveillé de renforcer son savoir, son savoir-faire, son savoir être parent , en puisant ses ressources dans des connaissances établies. Cela afin d'optimiser son autorité, de maximiser son autonomie, sa liberté, et par extension, celles de son enfant.

Et que lui souhaiter de meilleur ?

Grandir avec les Makà et les neurosciences : guidance parentale d'une psy de terrain, c'est d'abord une proposition d'introspection active sur des thèmes universels. C'est une invitation à continuer à grandir avec votre enfant, à penser l'éducation globalement, en incluant les réalités, les contraintes, les craintes et les espoirs de notre temps.

Un seul monde ne suffit pas lorsque l'on souhaite éduquer non pas parfaitement mais complètement. Une seule théorie non plus. Les stratégies réalistes coélaborées avec des parents d'ici et d'ailleurs, pour accompagner leurs enfants, petits ou grands, sont nourries par les sciences humaines. Elles font écho à plusieurs domaines liés aux processus comportementaux dont l'économie, la sociologie, l'anthropologie, la politique, la biologie et, bien entendu, la psychologie.

DOMAINES DU SAVOIR ET DES INTERACTIONS HUMAINES > ESPACES / SPHÈRES ORGANISATIONNELLES ET EXISTENTIELLES

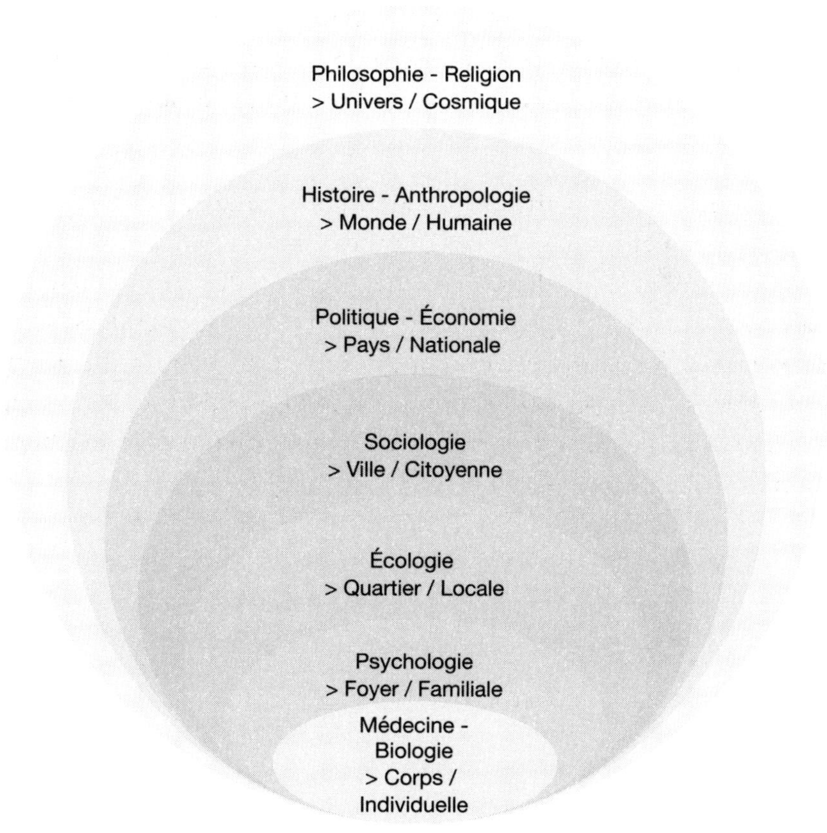

En ce qui me concerne, les individus et leurs systèmes ont depuis toujours suscité mon intérêt et généré des interrogations. Enfant déjà, j'observais les mouvements des objets et des corps, les chorégraphies labiales, tentant d'y donner de la cohérence et du sens. À l'université, j'ai suivi des cours d'économie et de sociologie pour tenter de comprendre les modèles de collectivités humaines régissant nos habitats. J'y ai compris qu'il n'en existe pas d'absolu, chaque choix d'organisation ayant ses avantages et ses inconvénients. J'ai découvert que la prospérité d'une société, cette composante du bonheur moderne, est corrélée aux initiatives des agents économiques.

Le bien-être collectif, cette tendance à un équilibre général efficient, utilitariste – visant à maximiser le bonheur du plus grand nombre – dépend donc des actions des ménages et de la manière dont ils éduquent les futurs adultes : les futurs citoyens. Il repose également sur l'action des administrations publiques qui les instruisent et sur celle des institutions sans but lucratif qui les soutiennent. La situation des entreprises et des sociétés financières a un impact majeur dans les foyers, bien plus grand que l'état du « reste du monde » .

La paix familiale, la sérénité des relations entre vous et vos enfants est ainsi intrinsèquement liée à la satisfaction des besoins et des aspirations de chacun. Cela paraît simple sur le papier, mais encore faut-il savoir clairement les identifier, les communiquer et y répondre. De plus, distinguer caprices et besoins n'est pas toujours évident. Cela explique en partie que certains parents, soucieux de faire bien, deviennent les laquais d'un petit souverain. D'autres, en privilégiant constamment leurs besoins propres ou ceux d'un tiers, deviennent négligents.

Dans mon parcours de recherche de compréhension des comportements humains, je me suis intéressée à l'habillement. L'habit, en tant qu'emballage et extension du corps. Je me suis demandé ce que les gens disaient d'eux à travers leurs attitudes vestimentaires, leurs allures et les styles qu'ils s'approprient, avant d'enquêter sur les dessous des apparences pour chercher à saisir ce qui caractérise l'esprit humain, et ses processus biologiques.

CE2H : APPROCHE QUADRIDIMENSIONNELLE ET INTERDISCIPLINAIRE DE L'ÉPANOUISSEMENT INDIVIDUEL

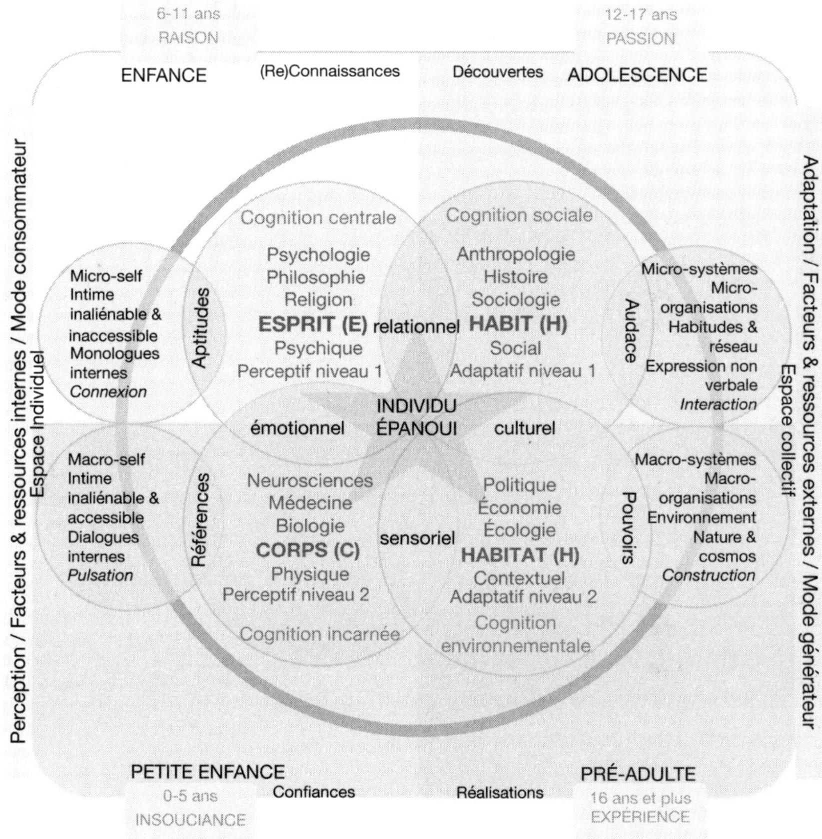

Mon modèle CE2H illustre la synergie souhaitable entre le corps (C), l'esprit (E), l'habit (H) et l'habitat (H), pour une maturation complète et harmonieuse. Il montre le nécessaire équilibre entre le corporel, le spirituel, le social et l'environnemental pour la survie physique, psychique, relationnelle et contextuelle, sans lequel un potentiel ne saurait ni s'éveiller ni s'exprimer.

Mes voyages et mes expériences m'ont permis de m'immerger dans différentes cultures, de vivre des théories, de théoriser le vécu et de constater que, peu importe l'identité ethnique, le genre ou l'âge, l'humanité partage un certain nombre d'algorithmes comportementaux communs. En effet, nous avons tous un cerveau, cette machine extraordinaire complexe mais quelquefois prévisible lorsque nous comprenons les singularités de notre fonctionnement. C'est donc sur les principes exposés ci-dessous que j'appuie ma pratique et que j'analyse les cas qui me sont soumis, m'efforçant d'améliorer le pouvoir d'agir de mes patients sur leur propre vie, adultes comme enfants.

1. La maximisation du profit hédonique.

Les sens et l'essence de la vie individuelle se composent de plaisirs. Ainsi, ce qui nous en procure le plus rapidement est recherché, d'autant plus que cela se réalise sans fatigue ni difficultés. Mais le système de récompense du cerveau, principalement lié à la dopamine, devient moins réactif avec la répétition d'une même stimulation. Cela peut entraîner une habituation – une baisse de la satisfaction ressentie – voire, à l'excès, un dégoût. C'est une dynamique complexe de recherche de variété afin d'éviter la saturation.

2. L'économie de ressources.

Le cerveau a pour mission primordiale la sauvegarde de notre habitacle corporel, son écosystème. Il automatise ce qui se répète, les algorithmes qu'il rencontre de manière récurrente, il archive ce qui ne lui paraît pas utile dans l'immédiat. Il a une préférence pour l'épargne énergétique, surtout si l'action se solde par peu de plaisir. Néanmoins, cette préférence peut être émotionnellement biaisée : lorsque nous devenons parents, par exemple, et que notre mission prioritaire devient la protection de notre enfant. Nous pouvons alors persister sur une idée ou une action, utiliser sans compter notre temps de vie – la ressource la plus précieuse de l'univers – même quand notre bénéfice personnel n'est ni évident ni immédiat. L'humain a besoin de motivations qu'il hiérarchise pour agir, et un parent priorise généralement les intérêts de son enfant.

3. Ce qu'on ne voit pas n'existe pas.

En tout cas, ce qui n'est sensoriellement pas perçu pour notre cerveau n'existe pas. Tout comme les situations que nous n'avons jamais rencontrées ou visualisées, et ce qui n'a pas été classé dans un des tiroirs de la mémoire. Ce qui est hors du champ attentionnel est considéré, l'espace d'un instant, mais parfois d'une éternité, comme inexistant. Ainsi, pour mieux entrevoir une solution face à une problématique, en particulier éducative, il faut parfois accepter d'adopter une autre position, un autre point de vue en luttant contre la rigidité de sa pensée.

4. Si nous n'avons pas la bonne réponse, peut-être que nous ne posons pas la bonne question.

Éduquer, c'est communiquer, et cela passe par des approches variées adaptées à la personnalité de l'enfant et au contexte, pour se rapprocher des objectifs didactiques visés. Nous sommes en tant qu'éducateurs des références pour nos enfants. Que nous nous jugions bons ou mauvais, nous restons, comme nos propres parents l'ont été pour nous, des exemples qu'ils choisiront de suivre ou non.

Comment donc obtenir d'eux de la souplesse en faisant soi-même preuve de rigidité pédagogique ?

Les enfants répondent aux messages verbaux, visuels, tactiles, émotionnels que nous transmettons. Leur réaction est parfois automatisée lorsque le même schéma s'est répété, favorisant un conditionnement, et pourtant, avec un peu d'imagination, il y a de multiples façons de formuler une demande.

COMMUNICATION & INFLUENCE PARENT-ENFANT[3]

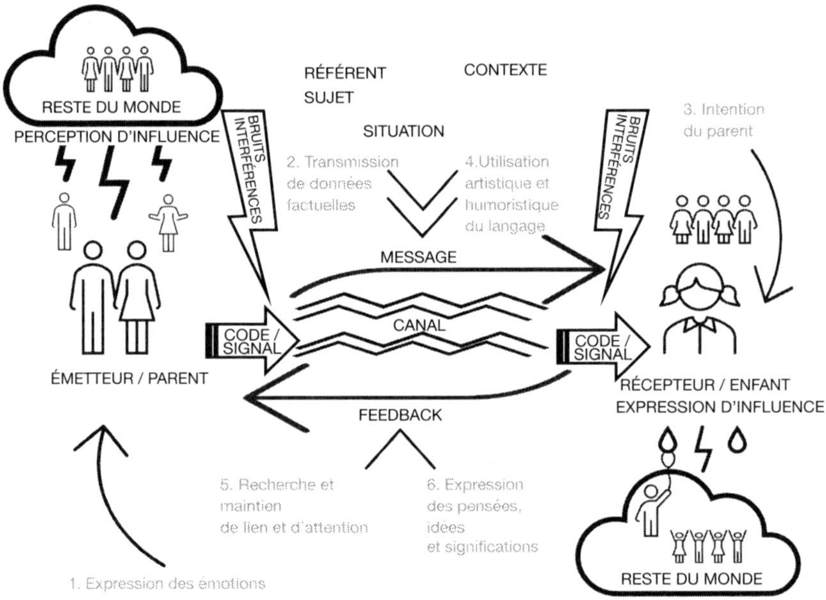

5. Il y a un temps pour tout.

En théorie, tout peut arriver dans une vie, mais il est rare que tout se produise au même moment. En tant que parents, nous devons parfois accepter d'attendre le bon créneau horaire, en fonction de l'âge et du niveau de maturité cognitive de notre enfant, pour obtenir le résultat comportemental espéré. Si vous montrez l'exemple, si vous répétez les bonnes procédures sans fin, désespérant de les voir un jour assimilées par votre progéniture, rappelez-vous que cela n'est pas perdu. Tout ce que vous faites pour votre enfant compte. Votre dévouement, votre affection, vos nuits blanches, vos inquiétudes, vos discussions, vos réflexions, vos rires, vos larmes, tout. Tout compte. La mémoire, au cœur des apprentissages et donc de l'éducation, est parfois surprenante. Elle conserve ce que nous pensions n'être qu'un détail, réactive des scènes lorsqu'elle est stimulée par des rappels émotionnels, et c'est elle qui, à travers notre descendance, nous rend, nous et nos ancêtres, un peu plus immortels.

10 SENS ET 5 MÉMOIRES[4]

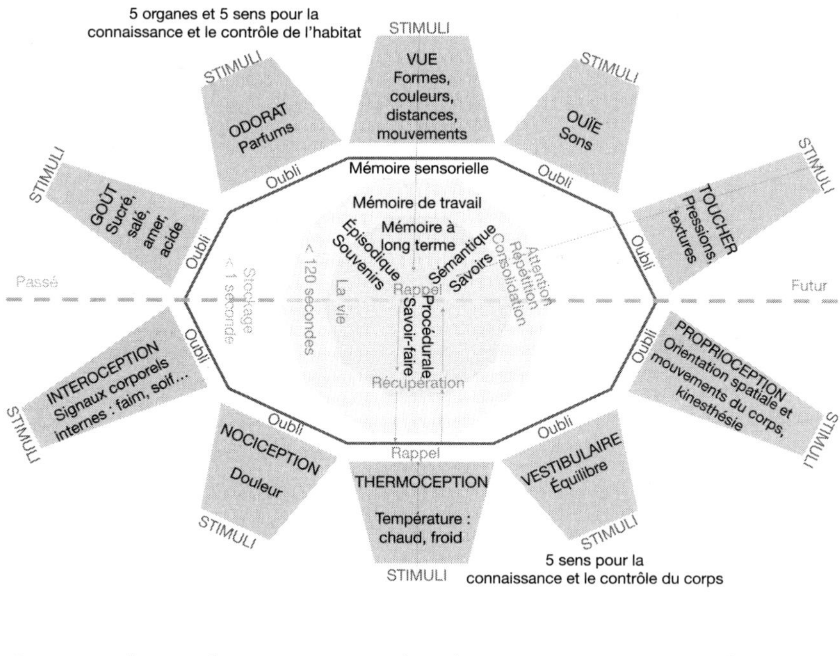

Comme l'a si bien écrit Gabriel García Márquez dans son autobiographie *Vivre pour la raconter* (Éditions Grasset, 2003) : « La vie n'est pas ce qu'on a vécu, mais ce dont on se souvient. » La mémoire oublie 90 à 95 % des informations perçues dans une journée.

L'ÉDUCATION EN QUESTIONS

Plus qu'un ensemble de prescriptions à appliquer coûte que coûte, voici une approche réflexive de votre parentalité, articulée en quatre étapes :

I. Le parent citoyen : comprendre ma mission.

Questionnez-vous pour mieux vous connaître et intégrer votre mission de parent.

II. L'enfant citoyen : comprendre mon enfant et contextualiser.

Pour mieux comprendre votre enfant et les situations organisationnelles, bien contextualiser vos orientations éducatives et construire des cadres pertinents.

III. Des ressources essentielles : le monde pour mon enfant.

Réfléchissez aux outils disponibles dans les écosystèmes de votre enfant pour l'aider à se constituer un bagage mental utile et solide.

IV. L'épanouissement psychosocial : mon enfant dans le monde.

Facilitez la navigation et l'itinéraire de votre enfant sur les routes du bonheur en téléchargeant les bonnes cartes dans son GPS social.

PARCOURS DE RÉFLEXION PARENTAL

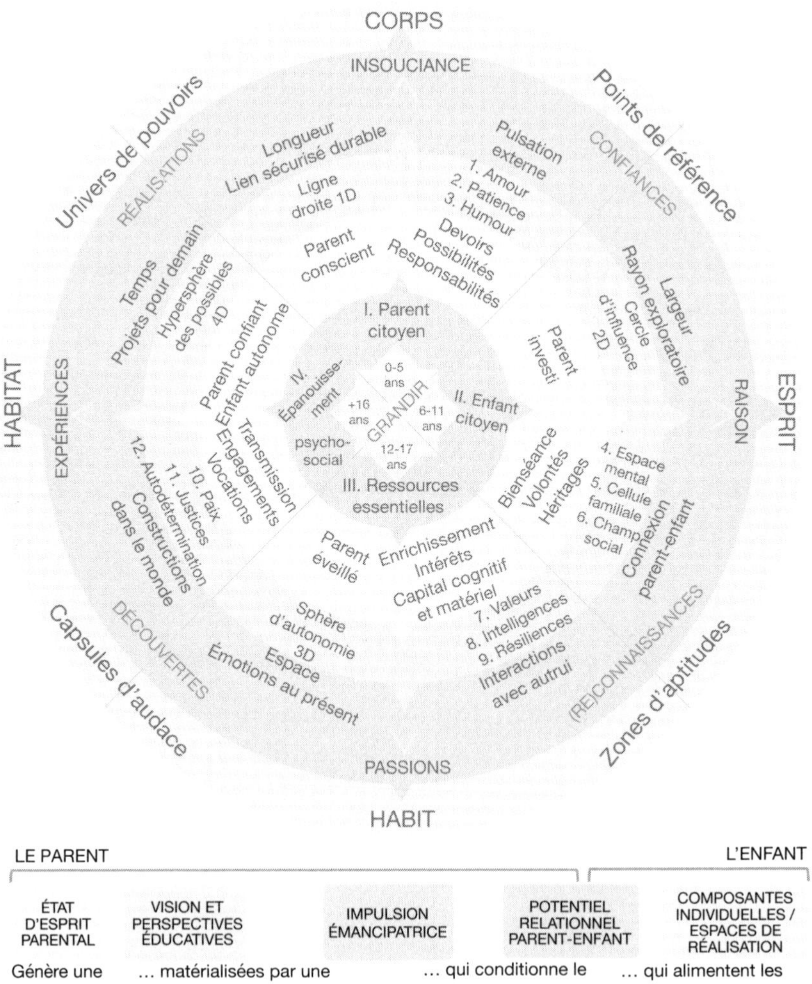

Chaque partie est composée de trois questions abordant trois notions pouvant s'avérer utiles dans l'élaboration de votre propre projet parental. Elles permettent de favoriser un axe d'épanouissement personnel pour votre enfant, en renforçant sa confiance, en développant sa (re)connaissance de soi et des autres, en stimulant ses découvertes par les expériences et en soutenant ses réalisations. Il est possible de progresser tout le long de sa vie, mais je les associe à la période de développement qui m'est apparue la plus propice d'après les enfants et les cas sur lesquels j'ai eu à me pencher.

Vous pouvez respecter le séquençage proposé ou décider de lire les 12 questions dans l'ordre de votre choix, selon votre situation du moment. Je vous propose une treizième réflexion, hors catégorie, sur l'intérêt d'un tel questionnement, par le biais du témoignage d'une jeune citoyenne ayant pu grandir grâce à la neuroéducation et à l'héritage makà, comme un bilan.

Les éléments de réponse que vous tirerez des différentes étapes vous aideront à vous (re)positionner dans les aires de développement relationnel parent-enfant : l'insouciance, la raison, les passions et les expériences.

Des notes de fin d'ouvrage fournissent des détails sur les auteurs ou les concepts de référence. Les publications recommandées pour les lecteurs curieux d'en apprendre davantage sur les thématiques éducatives abordées sont indiquées à la fin de chaque question.

Bonne lecture !

I

LE PARENT CITOYEN

Comprendre ma mission

De 0 à 5 ans – Aire de l'insouciance – Axe de la confiance

Dessinez les bases de votre relation avec votre enfant en sondant votre propre enfance et en vous informant pour trouver matière à vous confectionner un style éducatif sur mesure. Concevez une garde-robe d'attitudes et de comportements parentaux correspondant à ses besoins élémentaires sans négliger les vôtres.

1. Quel type de parent suis-je ?

Cette question vous permet de penser à vos origines de parent, d'évaluer où vous en êtes aujourd'hui au regard de vos valeurs et de la manière dont vous les mettez en œuvre. Cela vous amènera à réfléchir aux effets de vos stratégies éducatives, de vos croyances et de votre personnalité sur votre enfant.

2. Quand est-ce que les enfants deviennent des adultes ?

Mettez en perspectives vos attentes et stratégies parentales avec les caractéristiques du processus de développement d'un enfant. Cela vous permettra de penser à la manière dont vous souhaitez et pouvez accompagner la maturation de votre enfant.

3. Pourquoi exercer mon autorité avec fermeté et bientraitance ?

Considérez les enjeux et limites nécessaires de votre relation parent-enfant pour remplir vos devoirs et vos responsabilités parentales tout en respectant vos besoins respectifs et la loi.

Identifiez les composantes cimentant la confiance pour un environnement familial sain et serein : la confiance en vos compétences parentales s'appuyant sur l'amour, celle envers la vie et ses cycles transformateurs réclamant du bon sens comme de la patience, et enfin celle en vos capacités à maintenir, avec humour, un équilibre relationnel propice à l'insouciance.

En établissant ce lien de sécurité durable entre vous et votre enfant, vous poserez les fondations de sa stabilité émotionnelle. Peu importe où les battements de son cœur et les élans de son corps le mènent, ces points de référence seront pour lui des repères sûrs.

1. Quel type de parent suis-je ?

Notion clé : l'amour

« La main qui berce un enfant dirige la nation. »
William Ross Wallace[5]

Le temps, l'argent, les preuves d'amour

Vous êtes-vous déjà demandé ce qui faisait de vous un parent ?

Les faits divers et variés sur la négligence envers des mineurs montrent bien qu'il ne suffit pas de donner naissance pour le devenir. Ni de répondre aux besoins matériels basiques de la hiérarchie de Maslow[6]. Ce qui fait de nous des parents, c'est l'amour que nous portons à un enfant et la manière dont nous le lui exprimons. Un parent, c'est donc aussi, potentiellement, un grand-parent, une grand-tante, un oncle, une grande sœur, un frère, tout éducateur qui, par amour, souhaite le meilleur à un enfant. Et cet attachement se manifeste à travers le temps qui lui est consacré.

Il est fréquent qu'un parent culpabilise parce qu'il a le sentiment que les expériences partagées avec son enfant sont trop peu nombreuses ou de médiocre qualité. Il s'inquiète de ne pouvoir assurer sa sécurité, sur internet, dans les transports en commun ou juste là, dans le quartier. Il s'en veut de ne pas l'emmener au parc, de ne pas jouer, le voir ou l'appeler plus souvent. Il se reproche de n'avoir pas été disponible pour un événement ou d'être en retard à la sortie des classes. Le rien comme le tout sont autant d'extrêmes et l'équilibre relationnel à trouver entre les deux exclut l'indifférence autant que le sacrifice. L'un des grands défis de la parentalité consiste à aider notre enfant à se faire une place dans le monde sans pour autant renoncer à notre vie propre. Cela peut se faire grâce à ce que nous lui disons, à travers ce que nous écrivons, grâce à ce que nous faisons pour et avec lui.

Pour de nombreux Africains, les sentiments s'expriment moins qu'ils ne se témoignent et ces derniers ne sont pas réputés pour dire « je t'aime » à leur enfant. Cela peut surprendre au regard de la place accordée au verbe chez les Bantous, mais beaucoup dans les anciennes générations se contentaient de montrer leur affection lors de circonstances exceptionnelles. Tous les enfants ont besoin de savoir qu'ils sont aimés pour bien grandir.

Chez les Makà, cela se démontre à l'occasion de moments ritualisés comme les conseils et gestes donnés lors de célébrations particulières. Cela contribue d'autant plus à les ancrer dans la mémoire à long terme de l'enfant.

Les petites attentions, les surprises, lettres et cartes d'anniversaire, les mains tenues, les regards posés, les chansons inventées, l'avenir anticipé, le temps de vie et l'affection investis, voilà ce qui nous mue en parents. Et si cela n'a pas de prix, cela ne coûte en réalité que peu d'argent. Créer un foyer chaleureux n'est pas corrélé à la facture de chauffage, mais demande tout de même un peu d'énergie et d'investissement !

De nombreux parents voient l'amour qui les unit à leur enfant comme un lien profond et inconditionnel qui naît dès la grossesse et se renforce sa vie durant. Certains parlent même d'instinct, comme si leurs facultés parentales étaient innées, ce qui pour d'autres, moi y compris, est loin d'être le cas.

Si je peux affirmer que l'amour que je porte à mes enfants tendait déjà vers l'infini dès leur naissance, mes compétences éducatives, elles, n'apparurent pas instantanément. Mais l'amour m'a motivée pour faire les efforts nécessaires et j'ai appris. Tant et si bien que pour saisir le sens de leurs comportements et m'efforcer de répondre correctement à leurs appétits vitaux, j'en suis devenue @underground_psy, mon alias sur Instagram.

Et vous ? Savez-vous ce qui a fait de vous la personne que vous êtes aujourd'hui ?

L'enfant intime

Un parent est soumis à des variabilités sociales, culturelles et individuelles et, surtout, c'est un ancien enfant ! Celui d'un père célibataire ou d'une mère isolée, celui d'un couple parental plus soudé, celui qui a été élevé par les grands-parents ou les tantes, parfois un fils ou une fille de Marianne, dans un foyer d'accueil. Notre identité de parent commence à se façonner dès notre enfance. Dans la douceur d'un câlin, dans le sel d'une larme, dans un éclat de rire ou des éclats de voix. Toutes les émotions, pensées et besoins comblés ou latents qui constituent notre enfant intérieur influencent notre vie d'adulte et, par extension, notre rapport à la parentalité.

La théorie de l'apprentissage social cognitif, développée par Albert Bandura[7], met l'accent sur l'importance de l'observation, de l'imitation et des modèles dans le processus d'apprentissage. Nous apprenons à être parents par les expériences. Celles de notre passé, avec nos aînés, et celles que nous partageons aujourd'hui, avec les plus jeunes. Les individus peuvent acquérir de nouveaux comportements en observant autrui, en en tirant des conclusions, puis en imitant ces actions. Pour vous définir et expliquer vos schémas comportementaux, vous pouvez sonder les événements anciens à l'origine de vos raisonnements actuels, devenus parfois des croyances (voir 3 p. 81). Un exemple :

Lors d'une séance à mon cabinet, Nora, une mère de famille, me soulignait l'intransigeance du père, Nelson, assis à ses côtés, quant aux comportements immatures de leur fille, Nadia, identifiée comme haut potentiel intellectuel (HPI). Après quelques échanges, ce dernier finit par confier qu'ayant été harcelé du fait de son immaturité au collège, il croyait qu'endurcir son enfant, même si cela dégradait leur relation, lui éviterait les souffrances qu'il avait lui-même subies. En outre, élevé par une mère célibataire, il prenait très à cœur son rôle de père et la figure paternelle.

Les mots et les gestes d'amour présents ou manquants dans l'enfance forgent notre modèle parental. C'est le constat de leurs conséquences à l'âge adulte qui a d'ailleurs conduit à l'évolution des pratiques éducatives occidentales. Maria Montessori[8] a alors développé sa célèbre méthode axée sur le respect de l'individualité, l'expérientiel et le développement holistique de l'enfant, principes proches de ceux des cultures bantoues. Puis, dans la seconde partie du XXe siècle, une psychologie et des pédagogies dites « positives[9] », se voulant bienveillantes, ont émergé.

Dans les choix éducatifs que nous faisons, il y a la volonté de favoriser ou d'éviter certains vécus à nos enfants. Bien que nous ayons tendance à répéter ce que nous avons connu, en transposant nos ressentis sur nos enfants, il est aussi fréquent que nous cherchions à améliorer ces schémas. Selon l'efficacité que nous attribuons aux pratiques éducatives dont nous avons bénéficié ou pâti, nous tenterons de les reproduire à l'identique, de les améliorer ou de les éviter complètement avec nos enfants.

Nos parents nous servent de premiers modèles ou d'antimodèles, mais rien ne nous empêche d'en choisir d'autres !

Si vous lisez ces lignes, c'est que vous en avez déjà conscience. Comme les parents que je reçois en consultation, vous percevez que votre potentiel parental n'est pas figé, que vous pouvez évoluer même si vous êtes censé être, dès le départ, « celui qui sait ». Le processus de perfectionnement du métier de parent est une suite d'ajustements, nous avançons parfois à tâtons, mais nous progressons. Nous ne sommes pas le même père ou la même mère à 20 ans, 30 ans ou 40 ans, notre relation n'est pas tout à fait identique avec un premier ou un dernier-né, et ça n'est ni bien ni mal. Les relations, caractères et contextes diffèrent simplement, ce qui nous invite à être un parent sachant s'adapter.

Un parent stylé

De la même manière qu'il existe des tests de personnalité et des bilans pour faire le point sur vos possibilités d'évolution au travail, vous pouvez vous rapprocher d'un professionnel de la santé mentale et des dynamiques familiales afin d'examiner, puis de développer vos ressources parentales. Sans poser de jugement définitif, un questionnaire de style parental tel que le PSQ, parmi d'autres outils standardisés, peut vous aider à vous situer et à élaborer un style personnalisé selon vos compétences actuelles et vos défis éducatifs.

Le style parental est un cadre dans lequel les interactions parent-enfant s'établissent. Les situations sont variées, et les façons d'être parent sont donc multiples. Les psychologues Diana Baumrind, Eleanor MacCoby et John Martin[10] ont identifié quatre principaux modèles d'attitudes, de comportements et de pratiques que les parents adoptent dans l'éducation de leurs enfants : le style autoritaire, le style permissif, le style démocratique et, enfin, le style désengagé ou négligent. Chaque style a ses avantages et ses inconvénients, comprendre le vôtre vous permettra d'ajuster vos pratiques en fonction des besoins uniques de votre enfant.

1. Le parent autoritaire

Le parent autoritaire se caractérise par des attentes élevées en matière de comportement, une discipline stricte et un contrôle élevé sur son enfant. Ce style a l'avantage pour l'enfant comme pour le parent de créer un environnement ordonné et rigoureux. L'inconvénient est qu'il restreint l'autonomie et la créativité de l'enfant, qui ne peut décider de rien. Il risque avec le temps de mettre en place des mécanismes de défense tels que la dissimulation et le mensonge face à un parent perçu comme un danger qu'il doit fuir ou affronter en se révoltant. Sans aucune possibilité de s'entraîner à la négociation, à la remise en question et au consentement éclairé face aux demandes des adultes, l'enfant peut avoir une pensée critique limitée, ce qui est un handicap à l'ère des réseaux sociaux et des « influenceurs ».

Au quotidien, le parent autoritaire peut imposer une organisation quasi militaire à son enfant, avec des horaires d'activités rigides et une routine stricte, sans tenir compte de ses préférences. Par exemple, exiger qu'il fasse ses devoirs immédiatement après l'école dans un ordre précis, alors que l'enfant préférerait les faire à un autre moment, d'une autre façon. Comme dans les régimes totalitaires, la rigidité de cette politique domestique répressive peut conduire au repli de la personnalité de l'enfant ou à la guerre (voir 10 p. 217). Le parent comme l'enfant peuvent se sentir frustrés et leur relation finir par se dégrader avec une prise de distance émotionnelle.

Il y a quelques années, un père prit rendez-vous sur incitation d'une enseignante de son fils. Malik, 15 ans, en seconde, rencontrait des difficultés dans les matières littéraires, bien qu'il excellât en mathématiques. Malgré son apparence calme, durant l'entretien, je remarquai ses ongles rongés, les cuticules arrachées, les mâchoires crispées et la présence de stéréotypies. Tandis que son père me parlait de l'urgence d'identifier ce qui freinait son fils, malgré toute l'organisation minutieuse mise en place pour le mener vers des études prestigieuses, Malik, replié sur lui-même, assis les bras serrés contre son corps, tapotait discrètement mais frénétiquement son pouce gauche sur sa cuisse, probablement pour contenir ses émotions.

Durant la deuxième partie de l'entretien, sans le père, j'ai pu observer après quelques minutes des changements de posture et une voix moins étouffée chez Malik. Je lui ai alors demandé s'il souhaitait réellement passer un test de QI et pourquoi. Il a confirmé vouloir en savoir plus sur lui-même parce qu'il se sentait souvent en décalage avec les autres. Il a confié faire énormément d'efforts pour se conformer aux attentes, ajoutant timidement être parfois fatigué et avoir besoin de ne rien faire, mais devoir se plier à un planning d'activités chargé. Malik était un enfant sous pression dont la vitalité était recouverte d'un voile d'anxiété de réussite. Son perfectionnisme exacerbait ses difficultés de régulation émotionnelle, mais il esquivait déjà quelques activités scolaires, et à terme, il risquait de faire un rejet complet ou une dépression.

Malik est l'un des enfants les plus performants que j'ai eu à tester. Lors de la remise des résultats, j'ai pris le temps d'expliquer et de faire quelques recommandations au père pour améliorer la gestion du stress et la confiance en soi de son fils. Ne les ayant jamais revus en séance, j'ose espérer qu'il a pu échapper à la mélancolie et que leurs interactions ont suffisamment évolué pour permettre à Malik de respirer et de déployer ses ailes.

2. Le parent permissif

Le parent permissif a une tolérance et une indulgence élevées envers les comportements de l'enfant. Avec peu de règles strictes, l'atmosphère familiale est décontractée et peu stressante pour l'enfant, qui jouit d'une grande liberté. Cependant, sans cadre, limites et directives explicites, il manque de repères fiables et peut devenir impulsif, capricieux ou se sentir en insécurité.

Le modèle familial permissif est comparable à un régime politique libéral où l'accent est mis sur la liberté individuelle et l'absence de restrictions. Tel le père fondateur du libéralisme Adam Smith[11], le parent permissif est un partisan du « laissez-faire » et il compte sur la « main invisible » pour réguler les interactions au sein de son foyer.

Peter et Wendy, les parents de Bruce, un garçonnet de 3 ans bien éveillé, ont commencé à consulter après que sa maîtresse a exprimé des préoccupations concernant son comportement en classe. Après leur séparation, ils avaient instauré une garde alternée. Chacun, désireux de profiter du temps passé avec lui et de prouver son affection, laissait continuellement Bruce décider de leur programme et agir à sa guise.

Lors des premières séances, Bruce prenait le téléphone de sa mère dans son sac sans demander la permission et interrompait bruyamment nos conversations pour attirer l'attention de sa maman ou pour exiger que son papa vienne immédiatement jouer avec lui. Habitué à obtenir tout ce qu'il voulait dès qu'il le réclamait, même de manière irrespectueuse, Bruce devenait de plus en plus hostile lorsqu'il était contrarié, que ce soit à l'école ou à la maison. Il n'était pas habitué à suivre d'autres règles que les siennes. Ses parents, surprotecteurs, cédant à ses demandes pour éviter ses crises, voyaient Bruce comme un tout petit garçon sensible, tout fragile, oubliant qu'il était aussi assez intelligent pour être devenu, en trois ans seulement, « Bruce le tout-puissant », un enfant unique avec une faible tolérance à la frustration.

3. Le parent démocratique

La famille démocratique fonctionne un peu comme une mini-république, où le parent cherche un équilibre entre des attentes élevées et une ouverture au dialogue. Attentif aux besoins de l'enfant, tout en encourageant son indépendance, il applique des règles avec bienveillance, reconnaissant ainsi les droits et devoirs de chacun. De nombreuses études montrent que ce gouvernement familial, faisant écho à la démocratie occidentale, favorise le développement optimal de l'enfant.

Vivre dans un pays démocratique implique d'accepter les valeurs et les idéaux qu'il représente, tout comme un enfant évoluant dans ce type de cellule familiale doit comprendre les règles et accepter le cadre. Ce système relationnel, basé sur une communication ouverte, favorise les compétences d'oralité, la pensée critique, la prise de décisions et de responsabilités des jeunes citoyens.

Contrairement aux idées reçues, la démocratie ne garantit ni le calme ni la paix domestique. C'est au contraire un cadre favorable à la remise en question perpétuelle de l'autorité et à la négociation, ce qui peut devenir mentalement épuisant pour un parent cumulant plusieurs mandats. Le contrôle étant modéré, il n'exclut ni les conflits, ni les rapports de force, ni même le risque de mutinerie (voir 10 p. 217).

Dans la culture makà, les décisions importantes sont discutées en assemblée, plus ou moins élargie selon la portée des ordres du jour. Dans notre famille, dès l'acquisition de la parole, ma fille

Eden comme ses frères ont toujours eu la possibilité de questionner nos décisions et de demander des explications. Ce dialogue a parfois mené à des discussions prolongées, constructives, mais aussi épuisantes, surtout après une longue journée de travail.

Lorsque, à l'adolescence, Eden voulut ouvrir un compte sur les réseaux sociaux, nous avons discuté et adopté de nouvelles « lois familiales » pour réguler l'utilisation, les moments de déconnexion obligatoires et le suivi parental. Petit à petit, Eden a appris les compromis et intégré que toutes les décisions ne peuvent pas être débattues sans fin. Toutefois, forte de ses compétences en négociation, elle n'hésitait pas à solliciter ses oncles ou ses grands-parents pour les rallier à sa cause et forcer le passage de nouvelles propositions de loi en tentant un « 49.3 maison » (voir 5 p. 127). Face à ces manœuvres de lobbying, nous devions à la fois être fermes et patients pour maintenir un équilibre sain au sein de notre famille. En démocratie, le risque existe aussi qu'un enfant, échouant à faire pencher la balance en sa faveur dans son « parti familial », fasse scission ou se tourne vers une influence extérieure plus ou moins bien intentionnée (voir 6 p. 143).

4. Le parent désengagé

Le parent désengagé, ou négligent, se distingue par un manque d'implication émotionnelle et de supervision. Les règles sont floues, la communication est limitée, et l'enfant reçoit peu d'attention, voire aucune. Livré à lui-même, l'enfant doit apprendre à se débrouiller seul pour se nourrir ou s'habiller, ce qui peut conduire à des comportements antisociaux ou délinquants.

L'actualité révèle régulièrement l'extrême négligence de certains responsables légaux. En 2024, une femme a été condamnée pour avoir laissé son fils vivre seul, deux ans durant, dans un appartement[12], tandis qu'elle vivait ailleurs, maritalement. Le désengagement parental continu est une maltraitance distincte des temps de répit organisés. Les conséquences, graves, ont conduit cet enfant de 11 ans à refuser de revoir sa génitrice avant de rejoindre une famille d'accueil.

Lorsque le désengagement d'un parent contraint un enfant à gérer des responsabilités plus larges que ses épaules, cela peut créer des situations que nous, psychologues, appelons « parentification ». Dans cette dynamique, l'enfant endosse des responsabilités d'adulte, s'occupant de ses frères et sœurs ou de ses parents du fait d'une séparation, d'une maladie, d'une addiction ou de toute autre situation précaire. Sans repères tangibles, face à un adulte indisponible physiquement ou psychologiquement, l'enfant revêt un costume de responsabilités qu'il paye au prix de son enfance. Je reçois régulièrement, en consultation, des aînés de fratries de familles afrodescendantes, épuisés par la charge mentale et financière qu'ils ont dû assumer auprès des cadets, bien que leurs parents soient toujours vivants.

Être un parent désengagé offre certains avantages à court terme. En limitant les situations de stress éducatif, le parent peut consacrer plus de temps et d'énergie à son propre bien-être, à des loisirs ou à sa vie sentimentale. Cependant, ce comportement peut être perçu comme égoïste ou narcissique et être néfaste pour l'enfant, qui se sent dévalorisé et non digne d'intérêt. Ce sentiment de négligence peut conduire à des difficultés dans la construction de relations interpersonnelles saines.

Le personnage fictif Arthur Fleck, alias le Joker, dans le film du même nom, illustre les conséquences dramatiques d'un environnement familial défaillant et sans soutien. Réalisé par Todd Phillips en 2019, ce film explore la descente d'un homme vers la criminalité et la folie, largement influencée par une enfance marquée par la négligence et les abus. Toutes les situations de négligence ne rendent heureusement pas antisocial, mais à long terme, elles augmentent les risques de troubles mentaux et de comportements destructeurs.

Les quatre styles parentaux identifiés par les chercheurs représentent des modèles stéréotypés. Il est essentiel de les ajuster et de les combiner en fonction des contextes, des impératifs spécifiques de votre enfant, de vos exigences en tant que parent, ainsi que de la météo familiale. Mes expériences professionnelles et personnelles m'ont amenée à identifier un cinquième style : le style proximal.

5. Le parent proximal

L'instinct parental désigne les attitudes naturelles et les réponses automatiques adoptées pour satisfaire les besoins fondamentaux d'un enfant, à savoir le nourrir, le réconforter ou le protéger physiquement et émotionnellement. Le style parental proximal se distingue par une présence intense et une réactivité immédiate à ses nécessités. Une communication ouverte, permettant à l'enfant de s'exprimer pleinement, renforce le lien parent-enfant. L'hypervigilance et l'hyperréactivité du parent aux signaux de son enfant nourrissent l'estime de soi de ce dernier et renforcent son sentiment de sécurité.

Dans de nombreuses cultures bantoues, la vie est un cycle continu entre le monde des vivants et celui des ancêtres, et chaque évolution implique un renoncement pour un gain, sur le principe de l'échange équivalent. Ainsi, pour être, pour naître quelque part, il semble qu'il faille, ailleurs, mourir un peu. Un traumatisme est comme une mort transitionnelle. C'est une modification d'état, un changement d'esprit subit et forcé où décède une part de nous-mêmes. La naissance est le résultat d'un de ces bouleversements de conscience. C'est un ébranlement imposé à l'âme d'un nouveau-né, invoqué par ses géniteurs, lors d'un accouchement au cours duquel il abandonne son état précédent.

Pour aider un bébé à le dépasser et à intégrer sa nouvelle condition d'humain, les mères makà pratiquent une proximité physique et affective intense avec leur bébé, à travers le chant, le massage, le « peau-à-peau » ou le portage, qui favorisent un attachement sécurisant. Ces pratiques, désormais courantes en Europe, nourrissent le bébé non seulement sur le plan alimentaire, mais aussi affectif, contribuant ainsi à son bon développement.

Les travaux de John Bowlby, Mary Ainsworth[13] et René Spitz[14] ont montré l'importance d'un lien affectif fort entre un enfant et ses figures d'attachement principales. Spitz a observé chez les enfants hospitalisés ou en orphelinat, dans les années 1940, que le manque d'attention pouvait entraîner des retards de développement ainsi que des troubles du sommeil et de la croissance. Ces découvertes soulignent la nécessité d'un cadre prévenant et d'une présence indispensable du parent pour accompagner les stades et transitions de l'enfance.

Tous les styles parentaux impactent l'évolution émotionnelle, sociale et comportementale des jeunes et peuvent être utiles ponctuellement comme nuisibles dans l'excès. Le style proximal est à privilégier pour faciliter l'évolution ou encourager la résilience de son enfant, à la naissance et face aux différents défis qu'il rencontrera pendant l'enfance, l'adolescence et au-delà (voir 2 p. 53). Ce concept fait écho à la « zone proximale de développement » (ZPD) de Lev Vygotsky[15], qui qualifie ce que l'enfant peut réaliser lorsqu'il reçoit l'aide d'un proche (voir 7 p. 161). Ainsi, en mobilisant toutes ses ressources au service du mieux-être de son enfant, au moment où il en a le plus besoin, l'adulte exprime toute la splendeur de l'amour parental (voir 9 p. 187).

Bien qu'il aide à restaurer les ressources vitales des prématurés, des enfants ou des adolescents en difficulté tout en renforçant les liens avec un proche, le style parental proximal, par l'énergie qu'il exige, doit rester un régime d'exception. C'est un état d'urgence familial imposant une forte pression au chef de famille pour soutenir un autre membre dans la guérison d'une fracture psychique.

Lorsque notre seconde fille est née avec 90 jours d'avance, elle tenait à peine dans le creux de nos mains. Sa très grande prématurité nécessitait des soins intensifs et une attention particulière de notre part pour soutenir son développement. Déjà parents de deux enfants, mon mari Brice et moi nous retrouvions projetés dans l'univers totalement inconnu de la néonatalité. Après le choc, nous avons basculé en mode survie et nous sommes recentrés sur la réalisation des actions indispensables à celle de notre fille, Sinaï, de sa fratrie, de notre famille.

Le parent qu'il faut

Beaucoup de parents d'enfants en situation de handicap adoptent spontanément un style parental proximal sur la durée (voir 4 p. 103). Ce surinvestissement peut les conduire à négliger leurs propres besoins. Lorsque le contexte ne justifie plus son utilisation, ce style peut devenir étouffant et générer chez l'enfant des troubles de l'attachement, rendant difficiles les séparations et l'adaptation. Or éduquer, c'est autonomiser au maximum, ce qui implique de manifester son affection, mais aussi de relâcher la corde d'assurage aux moments opportuns (voir 12 p. 257).

Si bienveillante que soit l'intention, un mandat de parentalité proximale ne saurait être aussi long qu'un protectorat de puissance occidentale en Afrique[16]. Les enfants surprotégés sans réautonomisation progressive peuvent transformer la frustration générée par l'immobilisme ressenti en colère. En imposant une sollicitude devenue oppressante sans tenir compte de l'évolution de l'enfant, le parent obtient un despote intransigeant et dépendant, enfermé dans un rôle de consommateur insatisfait.

Une garde-robe d'attitudes parentales devrait idéalement comporter des costumes réservés à certaines occasions et une base de protocoles *casual*, permettant d'être à l'aise dans vos baskets de parent. Tout est accessible et vous pouvez essayer puis retourner des stratégies sans limites. Mais sans objectif éducatif clair, l'exploration de votre galerie comportementale parentale peut s'avérer longue et périlleuse. Parfois, par flemme ou par méconnaissance, nous pouvons être tentés d'enfiler des costumes qui ne nous montrent pas sous notre meilleur jour. L'expertise parentale après quelques années permet de mieux les sélectionner.

Les effets à long terme d'un style parental sont aussi imprévisibles que des investissements en Bourse et aucun n'est universellement optimal. Mon « dressing éducatif » personnel contient du vintage, des éléments de valeurs ethniques mixées à des classiques intemporels et quelques pièces exceptionnelles tout droit sorties de mon imagination. Vous pouvez y piocher de l'inspiration pour vos « looks pédagogiques », mais tout comme votre style vestimentaire ou votre personnalité, vous les porterez de manière unique.

À lire pour approfondir

- Adam Smith : *Théorie des sentiments moraux* (1759, Presses Universitaires de France)
- René A. Spitz : *De la naissance à la parole* (1965, Presses Universitaires de France)
- Abraham Maslow : *Être humain* (1971, Eyrolles)
- Albert Bandura : *Auto-efficacité* (1977, De Boeck)
- Martin Seligman : *La force de l'optimisme* (1991, InterEditions)
- Stéphanie Haxhe : *L'enfant parentifié et sa famille* (2013, Érès)

Façonnez-vous un style sur mesure

Déterminez qui vous êtes, d'où vous venez, où vous allez en tant que parent. Sélectionnez un panel de comportements adaptés à votre mission.

1. La parentalité s'apprend en continu : soyez donc bienveillant envers vous-même et acceptez la possibilité de grandir avec et grâce à vos enfants.

2. Évaluez votre personnalité pour connaître votre propre nature et identifier les forces et les faiblesses susceptibles d'influencer vos choix éducatifs.

3. Identifiez votre style parental principal et celui de vos parents. Notez les caractéristiques vous correspondant le mieux.

4. Pensez à vos valeurs, croyances et attentes éducatives et familiales, quelle discipline, communication, indépendance prônez-vous ?

5. Colorez dans votre planning vos 6 temps : solo, couple, enfant, famille, social, travail. Équilibrez vos loisirs, votre vie sentimentale, votre relation parent-enfant, la cohésion familiale, vos engagements professionnels et vos relations sociales.

6. Auto-observez vos interactions quotidiennes, vos actions et vos réactions avec vos enfants pour identifier ce que vous souhaitez perpétuer ou changer. Notez les différentes situations, ce qui se répète. Notez vos réponses émotionnelles actuelles et visées face aux actions de votre enfant.

7. Observez d'autres parents interagir avec leurs enfants pour vous en inspirer ou confirmer votre approche.

8. Dialoguez avec votre partenaire de vie pour confronter vos visions de l'éducation et vous accorder sur des stratégies.

9. Dialoguez avec votre entourage et vos enfants pour savoir comment ils vous perçoivent pour ajuster votre comportement si besoin.

2. Quand est-ce que les enfants deviennent des adultes ?

Notion clé : la patience

« Petit poisson deviendra grand. »
Proverbe français

Grandir, vieillir, mûrir

À quel moment de votre enfance avez-vous commencé à vous poser des questions sur le monde qui nous entoure ?

L'un de mes plus anciens souvenirs remonte à l'âge d'environ 5 ans. Je me trouvais dans le jardin du pavillon familial, au Blanc-Mesnil, en région parisienne, observant des fourmis que j'avais confinées sous un verre pour étudier leurs interactions. À un moment, je me suis demandé comment elles me percevaient. J'ai alors levé les yeux au ciel, à la recherche d'un plafond de verre au-dessus des nuages. C'est alors que j'ai pris conscience de ma petitesse dans l'univers. J'ai compris que mes pensées émanaient d'un petit corps limitant mon champ d'action et que les adultes, probablement, accordaient peu de crédibilité à mes paroles et à mes actes, d'autant plus que j'étais une fille : quelle mauvaise pioche !

Surprise par ma propre réflexion, je décidai de ne parler de ma découverte à personne. J'étais une enfant s'ignorant précoce, mais sachant qu'il fallait éviter de paraître « anormale » aux yeux des autres. Dans les années 1980, dans les contes, les dessins animés ou les séries télévisées, les femmes se voyaient étiquetées pin-up, sorcières ou folles plutôt que « génies »[17]. On me prendrait peut-être même pour un Skrull – un alien de l'univers Marvel créé par Stan Lee – métamorphosé en petite fille pour sonder l'espèce humaine !

Cette conscientisation de ma petitesse m'ouvrit simultanément les yeux sur l'immensité de mon ignorance. L'écart d'âge, de taille et de connaissances qui me séparait de mes parents me paraissait gigantesque, mais puisque grandir était l'objectif assigné à tous les humains sur cette Terre, il ne fallait pas traîner ; apprendre devint une obsession. Même si je désespérais d'imaginer le temps que je mettrais pour ressembler physiquement et mentalement aux personnes en qui j'avais confiance, je me suis mise à les questionner compulsivement : « C'est quoi ? Pourquoi ? Comment ? Qui ? » et bien sûr « Quand est-ce que je serai grande ? ». J'entends encore mon père, avec son accent du Midi, me répondre inlassablement : « Doucement, pardi ! Patience ! Chaque chose en son temps : petit poisson deviendra grand. »

La vie d'adulte

Quand avez-vous cessé d'être un enfant pour devenir adulte ? L'êtes-vous encore un peu ?

Une certitude : ce chemin pavé d'apprentissages, d'erreurs, de découvertes et d'émerveillements, emprunté à son tour par votre enfant, est plus sinueux qu'il n'y paraît. Mais sauf condition génétique particulière, votre corps a grandi, votre cerveau et votre esprit ont mûri, et vous avez vieilli.

La nature, la qualité et la durée de la transition de l'enfance à l'adolescence, puis vers l'âge adulte, dépendent des caractéristiques individuelles, des modèles éducatifs des parents, ainsi que des croyances, normes et valeurs familiales. Les figures d'autorité jouent un rôle majeur. Ils guident, instruisent et soutiennent l'acquisition des compétences utiles à chaque stade de leur vie.

À quelques jours de son treizième anniversaire, j'ai demandé à Babel s'il avait une idée de la date à laquelle il cesserait d'être un enfant. Il m'a répondu : « Quand je serai mature, maman. Là, je vais juste devenir un adolescent ! » J'ai souri en l'observant, submergée par une vague de réminiscences. Son apparence, son état d'esprit, ses habitudes et sa relation à son environnement avaient déjà tant changé depuis notre première rencontre.

Les enfants d'aujourd'hui sont les adultes de demain. J'ai donc posé la même question à mon plus jeune fils, Jéricho, à quelques semaines de son neuvième anniversaire : savait-il quand il deviendrait adulte ? Sa réponse fut sans équivoque : « Quand j'aurai 18 ans. » Intriguée, je lui ai demandé comment il le savait. Il me répondit spontanément : « C'est dans la loi, maman, je serai majeur. » Croyait-il qu'il suffisait d'être majeur pour être adulte ? « Il faut avoir assez de connaissances pour se débrouiller seul. » Je lui ai finalement demandé s'il pensait que sa sœur Eden, tout juste 21 ans, l'était déjà, adulte. Il réfléchit un court instant, puis dit avec assurance : « Oui, parce qu'elle a un boulot et elle vit seule dans une autre maison. Elle est capable de payer elle-même ses factures d'eau ou d'électricité et ses impôts. Et puis, elle a aussi un amoureux ! »

C'était donc ça, la vie d'adulte ?

Mes fils semblaient bien saisir les prérequis associés dans notre société. Pour prédire quand ils franchiraient le cap, ils se référaient à leur évolution physiologique et psychologique. En réalité, cela n'arrive pas à une date précise, mais graduellement, et les contextes juridiques, politiques et socioculturels comptent autant dans ce procédé transformant des nourrissons, dépendants de leurs soignants, en êtres responsables et autodéterminés.

Les enfants naissent sans mode d'emploi, mais généralement équipés d'un « kit » pleurs et réflexes pour amorcer leur enfance, cette période allant de la naissance à l'adolescence. En considérant les variations individuelles, elle s'achève avec les premiers signes de puberté, entre 9 et 12 ans. Ce qui, dans le système éducatif français, coïncide souvent avec la fin du primaire et le début du collège.

Les étapes de l'éducation formelle, de la maternelle au lycée, servent de repères pour suivre le rythme et les niveaux de développement. La maternelle initie les petits à la vie hors du foyer, tandis que l'école primaire encourage les enfants et préadolescents à découvrir les dynamiques collectives. Le collège est une phase d'intensification de la socialisation, marquée par la recherche d'appartenance à un groupe. Enfin, le lycée prépare à l'âge adulte et aux études supérieures avec l'acquisition d'autonomies décisionnelle, relationnelle et financière.

Les enfants se caractérisent principalement par leur niveau de dépendance aux adultes et leur degré d'insouciance. Un parent veille au mieux à l'intégrité de sa descendance, en fournissant un cadre le plus sécurisé possible, à l'abri des dangers et de trop lourdes responsabilités susceptibles de compromettre son innocence ou sa santé physique et psychique (voir 3 p. 81). L'insouciance est souvent associée à l'enfance en raison du consensus universel qui conduit les adultes à épargner certaines difficultés aux plus jeunes. Cependant, certains sont confrontés à de dures réalités précocement, en raison de divers facteurs familiaux et sociaux.

Bien grandir implique un développement idéal du potentiel physique, affectif, cognitif, moral et relationnel. La croissance des membres et des connaissances caractérise la maturation des enfants, tandis que la dégradation des organes et des compétences reflète le vieillissement des adultes. De fait, un humain évolue jusqu'à sa mort.

Maturités et majorités

La maturité est souvent perçue comme l'atteinte d'un développement complet. Pour une pomme, cela signifie qu'elle est prête à être cueillie et consommée, tandis que pour un humain, cela reflète l'accomplissement de divers aspects de sa vie. Quatre domaines de maturité, liés aux quatre dimensions individuelles, interagissent pour optimiser son épanouissement :

1. La maturité biologique : le corps (C)

C'est la croissance complète des organes et des systèmes corporels humains, selon les standards des sciences de la vie. Sa vitesse varie d'une personne à l'autre en fonction de la génétique, du sexe, de l'alimentation, de l'exercice physique et d'autres facteurs environnementaux. Sauf médication, le « pack puberté » livré par Mère Nature à l'adolescence est inévitable. Il comprend des changements hormonaux, corporels, cérébraux et un bonus interrogations identitaires et existentielles. Certains enfants croissent plus ou moins vite que d'autres. Lorsque ce décalage est notable, on parle de précocité ou de retard de développement (voir 4 p. 103).

Dans de nombreuses cultures, le développement physique des filles est encore un indicateur de leur maturité sociale, notamment sur le plan conjugal. Cela a parfois mené les plus âgées à user de stratagèmes, certains dangereux, pour retarder ou dissimuler les signes de puberté et soustraire les plus jeunes filles des regards masculins.

Bien sûr, la maturité biologique et la capacité de reproduction ne sont pas corrélées au degré de maturité cognitive et à la capacité de réflexion. Par exemple, la puberté n'apporte pas automatiquement le sens des responsabilités. Cela explique le phénomène des parents-enfants. En France, selon l'Insee, moins de 2 % des nouveau-nés avaient une mère âgée de moins de 20 ans en 2018 et, selon l'Ined, 0,5 % des naissances étaient le fait de mères mineures en 2019. Heureusement, comme pour tout parent, une bonne guidance et la pratique peuvent accroître les compétences maternelles de ces mineures devant s'occuper d'un bébé sans avoir elles-mêmes tout à fait quitté l'enfance[18].

Jusqu'à récemment, la croyance commune était que le cerveau humain atteignait sa pleine maturation vers 21 ans. Cependant, les recherches de la neuroscientifique Sarah-Jayne Blakemore[19], qui étudie les changements cérébraux durant l'adolescence, suggèrent que le développement du cortex préfrontal, lié aux prises de décisions et à la compréhension sociale, se poursuit bien au-delà.

Le nombre 21 est symbolique en Afrique comme en Occident. Aux États-Unis et au Cameroun, il correspond à l'âge de la majorité légale. Chez les Peuls, un peuple d'Afrique de l'Ouest, il marque le début de « l'âge des hommes », une période de vie s'étendant de 21 à 42 ans. Selon l'anthropologue malien Amadou Hampâté Bâ[20], les hommes peuls évoluent à travers cinq autres stades au cours de leur vie, où leurs capacités réflexives et décisionnelles s'affinent progressivement : l'âge de la mère (0-7 ans), l'âge des découvertes (7-14 ans), l'âge de raison (14-21 ans), l'âge de la maturité (42-63 ans) et l'âge de la retraite (après 63 ans).

2. La maturité psychologique : l'esprit (E)

C'est le développement mental englobant les aspects cognitifs, intellectuels et émotionnels permettant de penser de manière critique, résoudre des problèmes, se souvenir d'informations importantes, maintenir son attention et comprendre son environnement (voir 8 p. 177). Une personne mature intellectuellement réfléchit en profondeur et défend ses idées avec logique tout en restant ouverte à d'autres perspectives (voir 7 p. 161). Elle reconnaît, comprend, exprime et gère correctement ses émotions et celles des autres pour entretenir des relations saines. Elle prend des décisions réfléchies et responsables et s'adapte efficacement aux défis de la vie quotidienne : des objectifs que de nombreux adultes peinent encore à atteindre, n'est-ce pas ?

Les travaux de Robert Siegler[21] illustrent comment les enfants apprennent à résoudre des problèmes en utilisant leur esprit de manière active. Cette approche empirique, privilégiée chez les Bantous et d'autres cultures africaines, pointe l'importance de permettre à un jeune d'expérimenter, de découvrir par lui-même, d'apprendre de ses erreurs et d'ajuster son comportement au fil du temps. L'enfant devient adulte en marchant. Il convient de lui montrer le protocole, puis de le laisser prendre des initiatives, essayer, et parfois échouer pour affûter la ténacité, la confiance et l'engagement : « Si tu ne le fais pas, je ne le ferai pas à ta place ! »

3. La maturité sociale : l'habit (H)

Elle se rapporte aux habitudes et aux interactions sociales appropriées à la vie en communauté. En d'autres termes, il s'agit de la capacité à se connecter à la conscience collective, ce concept du sociologue Émile Durkheim[22] faisant référence aux idées, sentiments et perceptions communes unissant les membres d'une société. Elle influence la compréhension du monde et les comportements sociaux. Souvent considérée comme la somme des consciences individuelles, elle représente les normes partagées.

La maturité sociale est la capacité à comprendre et répondre de manière appropriée aux différents contextes, à établir des relations stables, et à fonctionner efficacement en organisation. Elle inclut aussi la conscience des conséquences de ses actions et l'importance de traiter autrui avec empathie. Ainsi, elle rejoint la maturité psychologique dans son aspect relationnel, en intégrant la théorie de l'esprit qui, selon les psychologues David Premack et Guy Woodruff[23], désigne l'aptitude à comprendre que les autres peuvent penser et ressentir autrement. Cela permet de s'adapter aux multiples situations sociales.

La maturation sociale s'acquiert en continu, grâce aux nouvelles expériences et connaissances. Voilà pourquoi les responsabilités au sein de la communauté des Peuls s'étendent avec le temps : elles sont corrélées au niveau de réflexion optimal entre 42 et 63 ans, à « l'âge de la maturité ». C'est donc seulement après vingt-et-un ans d'observation et de soumission aux instructions des aînés, dans le cercle des hommes, sans autorisation d'y prendre la parole, qu'à 42 ans, les facultés cognitives et sociales masculines sont considérées comme fiables.

4. La maturité financière : l'habitat (H)

La maturité financière est atteinte lorsque les ressources matérielles et monétaires sont gérées de manière responsable. Cela inclut la capacité à anticiper et planifier pour l'avenir, à faire des dépenses pertinentes en fonction de sa situation, et à assurer une indépendance économique.

Dans la culture makà, lorsqu'un village atteignait une certaine taille, des jeunes s'en détachaient afin d'établir un nouveau camp. Les anciens racontent que c'est ainsi que mon arrière-arrière-grand-père, Ziogue Ampah, fonda le village d'Anzié, puis celui de Ntankuimb à l'est du Cameroun. Il défricha la forêt à la force de ses bras pour cultiver le sol et modela la terre rouge, à mains nues, pour bâtir sa maison, dans ce territoire alors morcelé et administré par les Allemands après la conférence de Berlin[24].

Peu à peu, la diffusion des valeurs matérielles et monétaires européennes modifia le rapport des Makà à la mobilité et leur conception de la richesse. Autrefois, l'indépendance et le détachement matériel pouvaient coexister et bâtir un chez-soi, grâce aux seules ressources d'une nature généreuse, incarnait cette philosophie. Une utilisation optimale et respectueuse de la nature était dès lors comparable à de la sagesse financière.

En Occident, la maturité financière dépend principalement de la capacité à gagner et gérer de l'argent pour assumer les dépenses d'un foyer, seul ou en couple. Traditionnellement, chez les Makà, la cérémonie de la dot précède le mariage. Les aliments, objets et sommes offerts par le prétendant permettaient à la famille de la femme convoitée d'évaluer sa crédibilité économique ainsi que sa motivation à subvenir aux besoins d'une famille.

Si l'autonomie et le sens des responsabilités sont des critères universels de maturité, leurs expressions et réalités varient considérablement selon les cultures. Chez les Makà, être capable de se nourrir seul implique de connaître la faune et la flore locales, de savoir cultiver un champ, couper du bois avec une machette et allumer un feu. Les filles comme les garçons sont donc initiés aux différentes activités domestiques afin de pouvoir se débrouiller. En France, savoir se rendre au supermarché et payer sans contact un plat à réchauffer peut suffire.

Dans bien des pays, l'âge de 18 ans est considéré comme celui de la majorité. En France, il confère des droits civiques complets, comme celui de voter et de contracter des engagements légaux sans autorisation parentale. Le jeune adulte hérite aussi de responsabilités juridiques et de devoirs. Il devient responsable de ses actes et des conséquences en cas de non-respect des lois et des usages codifiant les échanges au sein de la communauté citoyenne : il a, par exemple, l'obligation d'assister une personne en danger ou le devoir de payer ses dettes fiscales, indispensables au maintien du principe de solidarité national. La majorité impose aussi des obligations familiales, envers ses parents âgés ou ses cadets.

Les minorités invisibles, les autonomies, la loi

Dire quand tel enfant deviendra un adulte n'a pas de réponse indiscutable. En raison de la diversité humaine, il est plus pertinent de se baser sur l'atteinte d'objectifs plutôt que sur un âge légal précis. Les normes négligent l'individualité, et un jeune peut atteindre l'âge de la majorité sans avoir suffisamment mûri pour assumer la totalité des conséquences implicites des « libertés » qui lui sont créditées. Cela est d'autant plus vrai avec la vulgarisation des attitudes sexuelles observables sur les réseaux sociaux, qui brouillent les standards de toutes les générations. En termes d'éducation, ce n'est pas anodin !

L'accompagnement des jeunes dans la construction d'une identité et de limites personnelles est une tâche complexe, encore plus lorsqu'ils sont en situation de handicap. Alors, sont-ils condamnés à demeurer des enfants en raison de leur niveau de dépendance ?

Cela dépend en partie de la volonté politique et des mesures prises pour favoriser l'accessibilité universelle et l'autonomisation.

Réduire l'insécurité et les situations invalidantes permettrait à davantage de jeunes de grandir sereinement, car pour beaucoup, cela signifie avant tout une augmentation des risques et des formalités.

La majorité ne gomme pas le sens du devoir parental. Dans les cas où le décalage de maturité expose à de grands risques, la loi prévoit une mise sous tutelle pour prolonger la protection. Mais quand s'arrête alors la mission éducative ? Et peut-on vraiment être un parent en CDD ?

Bien que notre mission de parents consiste à favoriser l'autonomie et le sens des responsabilités de notre progéniture, lorsqu'elle acquiert son indépendance, nous continuons généralement à offrir un soutien affectif, voire matériel. La plupart du temps, basculer du côté des grands demande des ajustements. La nature de la relation parent-enfant doit évoluer la vie se faisant, mais le lien persiste. Peu importe les kilomètres, ma fille aînée, Eden, sait que les lignes de conseils maternels et paternels sont toujours ouvertes.

L'âge intellectuel et émotionnel des personnes neurodivergentes correspond rarement à leur âge civil, en raison du mécanisme atypique de certaines fonctions cérébrales (voir 4 p. 103). Cela concerne 16 à 20 % de la population mondiale, soit 14 millions de Français avec une ou plusieurs conditions invisibles[25]. Une minorité non négligeable pour laquelle les lois reposant sur une date d'anniversaire sont parfois inadaptées.

L'épineuse question de la majorité sexuelle et du consentement concerne les capacités de discernement et de raisonnement dont tous les adolescents ne sont évidemment pas dotés le jour de leurs 15 ans, ni même à 18 ans. La lumière qui éclaire un consentement à l'aurore ne permet pas de distinguer l'ombre, la pénombre et l'obscurité comme au crépuscule. La maturation et les savoirs ne sont pas homogènes dans tous les domaines. Cela explique, au moins en partie, pourquoi 80 % des femmes autistes, dont la plupart ne sont pas encore diagnostiquées à leur majorité, confient avoir subi des violences sexuelles[26].

Idéalement, notre société devrait considérer que les enfants deviennent des adultes, et que les adultes ne sont plus des enfants lorsqu'ils sont véritablement prêts. Ce qui est aussi difficile à juger objectivement qu'à appliquer dans un système où le temps est monétisé, et les vies capitalisées pour en maximiser la rentabilité.

La patience et la curiosité

Si l'amour est indispensable pour bien grandir, la patience l'est tout autant. D'abord, elle est utile au parent lors de la transmission des valeurs et des savoirs. Être patient aide à accepter l'idée que chaque enfant évolue à son rythme, dans son propre couloir de vie, suivant son agenda personnel de développement et nul autre. Ensuite, elle est cruciale pour la gestion des situations mettant à l'épreuve votre ingéniosité de parent (voir 10 p. 217).

Il faut en effet de la patience pour tolérer les stratégies d'évitement ponctuées de jérémiades d'un enfant qui rechigne toujours à faire ses devoirs malgré les encouragements. Cette patience est nécessaire pour accompagner ses efforts, avec optimisme, car, si minimes soient-ils, ils sont une progression. Soutenir obstinément votre enfant, tel un paisible supporter ultra, pendant les matchs que la vie lui impose, consolidera votre relation.

Enfin, comme mon père vous le confirmerait, la patience d'un parent éveille la curiosité de son enfant, l'aidant à répondre à ses innombrables questions. La sienne a probablement nourri mon appétit du monde et m'a aidée à réguler l'anxiété provoquée par ma peur de l'infinité de l'inconnu. C'est un modèle de conduite que je m'efforce de reproduire depuis lors. C'est sans doute l'origine de cette formule que mes patients connaissent bien : « Plus fort que la peur ? La curiosité ! »

La patience est une qualité que ni le parent négligent ni l'autoritaire n'utilise, car la communication fait souvent défaut. Le permissif est parfois tolérant, mais sa modération est perçue comme de la passivité (voir 1 p. 35). Finalement, le parent démocratique et le parent proximal sont les plus patients. Le premier accepte les opinions de son enfant, pratique une écoute active et est disposé à le guider en lui montrant comment faire. Le second est très présent, disponible et indulgent : il accueille les états affectifs de l'enfant et favorise sa progression, malgré les désagréments des circonstances. Éduquer avec patience, c'est parfois faire preuve d'endurance.

C'est cette patience, constructive et déterminée, qui permet aux parents d'enfants à besoins éducatifs particuliers de répéter les mêmes consignes, les mêmes gestes, encore, jour après jour, jusqu'au déclic espéré : un instant magique d'appropriation de savoirs. Les processus de développement réclament du temps. Dans l'escalier qui mène un enfant à l'âge adulte, aucune marche ne saurait être sautée.

Les sens, les expériences, les intelligences

Le psychologue Jean Piaget[27] a proposé une théorie du développement cognitif en quatre étapes. Chaque stade s'appuie sur les apprentissages du précédent et les expériences de l'enfant :

1. Le stade de l'intelligence sensorimotrice

De la naissance à environ 2 ans, il correspond à la période préscolaire durant laquelle un enfant explore activement le monde qui l'entoure en utilisant principalement ses réflexes, ses sens et ses mouvements. Il apprend grâce à son corps et ses perceptions primaires. Par exemple, un bébé manipule des jouets ou la nourriture pour découvrir les goûts, les textures, les poids, les caractéristiques et le fonctionnement de son environnement. C'est durant ce stade que l'enfant apprend les relations de cause à effet et la permanence des objets.

Lorsque Jéricho, mon plus jeune fils, était tout petit, il courait parfois dans les boutiques, disparaissant derrière un rayon ou au milieu de portants de vêtements, attendant que son père ou moi le retrouvions. Cela le faisait éclater de rire, tandis que nous tâchions de nous remettre de la peur générée par son absence temporaire. Il ne cherchait pas spécialement à nous stresser ; il expérimentait simplement la persistance de l'objet « parents » – c'est-à-dire la continuité de notre existence et de nos caractéristiques, même lorsque nous n'étions plus visibles – dans un centre commercial bondé, ainsi que la causalité de ses actions sur cet objet.

Loin de se limiter à la science, la méthode expérimentale reflète aussi la manière dont nous, humains, abordons la vie. Nous sommes les chercheurs de notre propre bonheur, tout comme nos apprentis adultes qui, dès la naissance, mènent une succession d'expériences contribuant à leur maturation. L'éducation familiale et nationale cultive leurs savoirs. Progressivement, ils constatent que leurs actes entraînent des conséquences dans leurs écosystèmes et s'en servent pour s'y connecter, se rassurer et obtenir une réponse efficace à leurs besoins.

Ainsi, pleurer, crier, se jeter par terre, lancer un jouet ou dire « non » sont des variables indépendantes contrôlées et manipulées par de petits savants pour voir comment cela affecte les variables dépendantes que sont les réactions parentales. Votre réponse lorsque votre enfant vous teste est déterminante dans la construction et l'amélioration de votre mode de communication, de votre relation.

2. Le stade préopératoire

Il couvre la petite enfance, de 2 à 7 ans, et est marqué par l'utilisation des symboles. À ce niveau de développement, un enfant utilise des mots et des images pour représenter les personnes, les objets, leurs interactions ou influencer son entourage. De nombreux enfants aiment imaginer des histoires, dessiner ou jouer à des jeux aux règles simples comme le cache-cache ou les dominos. La capacité croissante à créer des scénarios imaginaires s'accompagne de l'amélioration des processus perceptuels secondaires tels que l'attention, la mémoire et la catégorisation. Ils peuvent ainsi mieux reconnaître, évaluer et associer les différentes composantes de leur environnement.

Lorsqu'il était en maternelle, je jouais régulièrement à « cherche et trouve » avec Jéricho. Je photographiais des objets familiers, comme ses jouets, ses vêtements ou ses aliments préférés avec mon téléphone portable. Je lui montrais ensuite une photo en lui demandant de nommer puis de retrouver l'objet dans la pièce, par exemple : « Cherche la voiture bleue. » Il s'activait alors avec enthousiasme et s'écriait lorsqu'il l'avait repéré : « Trouvé ! »

3. Le stade des opérations concrètes

Pendant l'école primaire, l'enfant développe une compréhension plus logique du monde et des concepts mathématiques. Il commence à résoudre des problèmes de manière systématique et à comprendre des notions comme la conservation des quantités :

Maël, 8 ans, sait que la quantité d'eau reste la même, même si elle est versée dans un récipient de forme différente.

Ayant acquis la permanence de l'objet, l'enfant utilise le raisonnement inductif :

> *Sénia, 7 ans, pense que tous les oiseaux savent voler. Elle généralise à partir de ses observations et elle n'a jamais vu de manchots ou d'autruches. Pour ranger sa chambre, elle trie et organise ses jouets par couleur, forme ou taille, et classe ses peluches de la plus petite à la plus grande. Elle sait faire des opérations mathématiques simples sur des objets concrets. À table, elle tient à un partage équitable des pizzas, qu'elle découpe en parts rigoureusement égales.*

4. Le stade des opérations formelles

À partir de 11 ans, il couvre le collège, le lycée et au-delà. Pendant cette période, les adolescents et les pré-adultes développent la capacité à penser de manière abstraite et à résoudre des problèmes de manière hypothético-déductive. Ils peuvent anticiper des scénarios futurs et réfléchir de manière logique à des concepts élaborés :

> *Théophile, 17 ans, vient d'obtenir son baccalauréat et peut imaginer les effets à long terme de ses choix d'orientation sur sa vie personnelle, académique et professionnelle.*

Les normes, la morale, les cultures

Les découvertes de Piaget ont largement influencé d'autres psychologues du développement, notamment le psychologue américain Lawrence Kohlberg[28], qui, au lieu d'étudier le développement cognitif général, s'est intéressé au sens moral. Pour lui, cela implique une prise de conscience accrue des responsabilités envers soi-même et envers les autres, ainsi qu'une quête d'indépendance et d'autonomie décisionnelle, fondée sur des principes et les valeurs internalisés. Il évalue la prise de décisions éthiques et responsables dans la société à l'aide de dilemmes moraux, comme celui de Heinz, posant la question de savoir si un homme doit voler un médicament qu'il ne peut pas acheter pour sauver la vie de sa femme. Cela permet d'évaluer comment les enfants et adolescents jugent la moralité d'une action selon les règles établies, l'empathie et la justice.

Kohlberg identifie ainsi trois niveaux et six stades de développement moral humain allant de la simple conformité aux règles externes à l'adoption de principes autonomes et universels. Les individus les traversent à des rythmes différents, et certains « adulescents » – ces adultes vivant selon les modes et attitudes de l'adolescence – peuvent ne jamais atteindre la complexité de raisonnement associée au niveau postconventionnel.

1. Niveau préconventionnel/Basique/Enfance

- Stade 1 : Punition et obéissance

Dilemme du jouet : Lex, 5 ans, voit un jouet qui lui plaît dans le casier de son camarade Clark. Il sait que s'il le prend, il pourrait se faire gronder par la maîtresse. Il décide de le laisser, non pas parce qu'il pense que c'est mal de voler, mais parce qu'il craint d'être puni.

- Stade 2 : Intérêt personnel

Dilemme de la glace : Marie-Laure, 7 ans, a le choix entre aider sa mère à ranger la maison ou aller jouer dehors. Elle choisit d'aider parce qu'elle sait qu'elle aura une glace en récompense. Sa décision est motivée par le gain plutôt que par le sens du devoir.

2. Niveau conventionnel/Avancé/Adolescence

- Stade 3 : Conformité et attentes interpersonnelles

Dilemme du groupe de copains : Margot, 13 ans, est avec ses amis quand l'un d'eux, Alexandre, décide de se moquer d'un élève plus jeune. Margot se sent mal à l'aise, mais elle rit parce qu'elle ne veut pas être rejetée par son groupe. Son comportement est influencé par son désir d'être acceptée par ses pairs, même si elle sait que se moquer est mal.

- Stade 4 : Autorité et maintien de l'ordre social

Dilemme de la triche : Haïkel, 15 ans, est tenté de tricher à un examen parce qu'il n'a pas assez révisé. Il décide de ne pas le faire, car il sait que c'est contraire aux règles de l'école et suivre les règles est indispensable au maintien de l'ordre et à la justice.

3. Niveau postconventionnel/Complet/Adulte

- Stade 5 : Contrat social et droits individuels

Dilemme de l'activiste : Greta, 17 ans, veut participer à une manifestation pour le climat pendant les heures de cours. Bien qu'elle sache qu'elle pourrait avoir des ennuis pour avoir séché l'école, agir pour la protection de l'environnement lui paraît plus important que suivre la règle d'assiduité.

- Stade 6 : Principes éthiques universels

Dilemme de l'alerte : Olivier, 19 ans, travaille dans un centre et découvre que des enfants sont malmenés par un collègue. Bien qu'il risque de perdre son emploi, il décide de signaler les abus aux autorités, car pour lui, protéger les personnes vulnérables est un principe éthique fondamental.

Les normes, valeurs et croyances culturelles définissent les attentes dans une société donnée. Elles orientent la formation des enfants, leur sens moral, la répartition des rôles sociaux et les modes de transmission intergénérationnelle. Chez les Makà, les aînés jouent un rôle essentiel dans l'éducation des jeunes générations. Ils transmettent des connaissances, des compétences et la mythologie culturelle – l'ensemble des récits, légendes et traditions. Les enfants apprennent par l'observation et l'interaction avec leurs grands-parents. C'est un privilège, car les anciens sont les gardiens des savoirs du passé qu'ils connectent à l'avenir via les plus jeunes. Ils diffusent leurs pouvoirs via la tradition orale (voir 12 p. 257).

Piaget comme Kohlberg soulignent l'importance des interactions sociales dans le développement. L'un met l'accent sur le rôle du jeu et l'autre sur les discussions morales et les dilemmes éthiques pour aider un enfant à grandir. Les relations avec les pairs, l'environnement et votre style éducatif sont autant d'aspects psychosociaux clés contribuant à la construction de l'identité individuelle de votre adulte en formation et à sa prise de conscience du collectif.

D'autres chercheurs comme Lev Vygotsky, avec sa théorie socioculturelle du développement cognitif (voir 1 p. 35), et Erik Erikson[29], avec les stades du développement psychosocial, pointent l'importance des interactions durant l'enfance et l'adolescence pour l'équilibre de votre enfant. Vygotsky souligne le rôle de l'environnement culturel et des artefacts en tant que sources de savoirs (voir 7 p. 161).

Comme l'a exprimé mon fils Jéricho en parlant de sa sœur Eden, dans la société occidentale moderne, la transition vers l'âge adulte est souvent marquée par des jalons tels que l'obtention d'un diplôme, l'indépendance financière, ou le départ du domicile familial. Dans les milieux aisés respectant les us aristocratiques, les jeunes passent de l'autre côté du miroir social lors de rallyes ou de bals des débutants.

Chez les Makà, des actions significatives marquent également cette transition. Il ne s'agit pas de rites de passage spectaculaires, comme ceux documentés dans les reportages de National Geographic[30], tels qu'en Amazonie, où de jeunes garçons subissent les morsures des fourmis « balle de fusil », en dansant, pour prouver qu'ils savent souffrir comme un homme.

Les Makà privilégient plutôt des initiations par des activités propices à l'apprentissage. Par exemple, lorsqu'un adolescent part chasser avec un groupe masculin, il apprend l'autonomie alimentaire, ce qui contribue à en faire un homme. De même, les filles apprennent à identifier et à utiliser des plantes pour soulager divers maux féminins et infantiles, ce qui les prépare à leur avenir de femmes et de mères. Chez les Makà, avoir une vie amoureuse ou devenir parent marque le passage d'un individu du groupe des enfants à celui des adultes, car les rapports sexuels et le mariage leur sont exclusivement réservés.

Erikson souligne l'importance des normes dans la construction de l'identité personnelle. Certaines cultures, par exemple, attendent des hommes des attitudes passives, tandis que d'autres valorisent la collaboration au sein du foyer. Chacun des huit stades identifiés par Erikson se caractérise par un conflit ou un défi psychosocial à surmonter pour se façonner une identité cohérente et confiante.

1. Confiance *vs* Méfiance (Nourrisson)

Avoir confiance en son environnement et entourage : Enki, 6 mois, reçoit chaque jour des câlins et des soins de ses parents qui comblent ses besoins. Il accroît alors sa confiance envers eux et le monde.

2. Autonomie *vs* Honte (Petite enfance)

Faire des choses par soi-même : Maya, 2 ans, aime s'habiller ou manger seule. Sa maman prévoit toujours une marge pour la laisser essayer sans stress. Elle affirme ainsi son sentiment d'autonomie.

3. Initiative *vs* Culpabilité (Enfance)

Poursuivre ses intérêts tout en apprenant les limites : Lenny, 4 ans, aime faire des découpages. Ses parents l'encouragent, mais lui rappellent d'utiliser des ciseaux adaptés et de ranger le matériel une fois terminé. S'il était trop critiqué, il pourrait se sentir coupable d'oser et finir par s'inhiber.

4. Compétence *vs* Infériorité (Préadolescence)

Se sentir compétent dans des activités scolaires ou sociales : Rym, 10 ans, apprend le roller et est fière d'avoir roulé en marche arrière. Cela lui donne confiance et envie d'apprendre davantage, mais des échecs répétés ou un manque de reconnaissance pourraient créer un complexe d'infériorité.

5. Identité *vs* Confusion (Adolescence)

Construire une identité stable en testant divers rôles et valeurs : Kinga, 14 ans, explore et exprime sa personnalité à travers son habillement, ses goûts musicaux et ses centres d'intérêt. Sans opportunités de se découvrir, elle pourrait se sentir perdue ou limitée dans ses choix et faire une crise identitaire.

6. Connivence *vs* Isolement (Pré-adulte)

Développer la capacité à partager ses pensées, sentiments et expériences de manière authentique, dans un cadre amical ou amoureux. Erikson utilise le terme « intimité », mais « connivence » ou « complicité » paraît plus adéquat : Juliette, 17 ans, sort avec Roméo. Ils partagent leurs rêves, leurs peurs, et s'imaginent vivre ensemble après le lycée. Sans cette connexion, elle pourrait se sentir isolée.

7. Générativité *vs* Stagnation (Jeune adulte)

Trouver du sens et contribuer à la société au travers d'échanges intergénérationnels : à 19 ans, Giacomo a encore raté ses partiels. Face à ces échecs répétés, il doute et se demande s'il est sur la bonne voie. Il songe à rejoindre l'armée pour se sentir utile et ne plus avoir l'impression de stagner.

8. Intégrité *vs* Désespoir (Adulte)

Regarder son passé avec un sentiment d'intégrité, c'est-à-dire de satisfaction par rapport aux choix et expériences vécues : à 24 ans, Rokhia traverse une période de transition. Elle réfléchit à ce qu'elle a accompli dans ses études, ses relations et ses engagements personnels. Satisfaite et alignée avec ses valeurs, elle éprouve une paix intérieure et demeure attentive aux prochaines opportunités.

Croyances, valeurs, contextes

Les recherches de la psychologue féministe Carol Gilligan[31] ont apporté un éclairage précieux sur l'impact des différences de genre dans le développement moral et la prise de décision éthique. Contrairement à Piaget, Kohlberg et Erikson, dont les théories sont largement décontextualisées, Gilligan a mis en avant l'influence des stéréotypes et des attentes sociales sur la façon dont filles et garçons sont censés se comporter. Elle critique la priorité accordée aux valeurs de justice et aux principes abstraits, souvent associés au raisonnement moral masculin, au détriment des valeurs relationnelles et de la compassion, davantage attribuées aux femmes. Gilligan remet également en question l'idée d'un développement moral linéaire, soulignant l'importance des dynamiques sociales et des contextes culturels dans la formation de la moralité.

La théorie des vagues de développement cognitif de Robert Siegler parle de la flexibilité et de la variabilité des stratégies cognitives employées par les enfants à différents stades de leur développement. Contrairement au modèle linéaire de Piaget, Siegler suggère que les enfants progressent en superposant diverses stratégies cognitives selon les situations. Par exemple, un enfant peut d'abord développer la capacité à reconnaître et exprimer ses propres émotions avant de maîtriser la résolution de problèmes mathématiques. Cela illustre bien l'adaptabilité des enfants en fonction des exigences changeantes de leur environnement.

En grande section de maternelle, mon fils Babel était le plus jeune de sa classe. Un soir, en allant le chercher, je vis deux élèves, Yvan et Ryan, l'embêter. L'un a crié « Babybel ! » près de son visage, sans obtenir de réaction, puis l'autre l'a bousculé, sans plus d'effet. Je suis alors intervenue pour mettre fin à l'escalade de la violence : « Stop ! »

Alors que je captais leur attention, j'ai calmement demandé : « Pourquoi embêtez-vous Babel ? » L'un m'a regardée avec des yeux ronds, un peu confus, s'attendant sans doute plutôt à être grondé que questionné, l'autre répondit : « Je ne sais pas ! » J'ai rappelé : « C'est interdit de se moquer et de taper, je vais dire à la maîtresse que vous ne respectez pas les règles et si vous recommencez, je le dirai à vos parents. » À 5 ans, en général, la simple possibilité d'être réprimandé par une figure d'autorité suffit à réguler les comportements des enfants, ce qui va dans le sens de la théorie de Kohlberg selon laquelle ils obéissent pour éviter la punition.

Sur le chemin du retour à la maison, nous fîmes une escale dans un snack pour partager une collation et discuter. Pendant qu'il sirotait sa boisson, j'ai demandé à Babel s'il était souvent embêté par ses camarades. Il répondit : « Ils m'appellent parfois "Babybel", mais je ne réponds pas, car ce n'est pas mon prénom, alors ils me poussent. » Je lui dis : « Tu dois informer la maîtresse ou un adulte quand un enfant t'embête, et tu peux te défendre s'il n'y a personne à côté pour intervenir. » Il répliqua, du haut de ses 4 ans : « Je devrais aussi crier et pousser, c'est interdit, et puis, je n'ai pas envie, maman, la violence, c'est mal. » Si jeune, Babel avait une conscience morale que bien des adultes n'atteignent jamais. Surprise par son âme pacifiste, mais fière, je lui suggérai tout de même d'utiliser des jeux phonétiques comme « Ryanair » et « Yvan des frites et des kébabs » en cas de future joute verbale, pour les renvoyer avec un humour à leur niveau, à ce qu'ils faisaient subir aux autres.

Les théories du développement humain s'accordent sur la complexité du processus englobant le physique, le cognitif, le social et le moral. Dans sa théorie des motivations, Maslow suggère que la pulsion réalisatrice n'apparaît qu'une fois les besoins plus fondamentaux comblés. Mais c'est la croissance intellectuelle et personnelle qui, dès la naissance, nous fait devenir. S'accomplir devient alors un processus continu, au même titre que grandir. Toutefois, cette injonction varie selon les connaissances, les expériences et la personnalité. Chez les humains, la différence est la norme.

À lire pour approfondir

- Émile Durkheim : *De la division du travail social* (1893, Presses Universitaires de France)
- Lev Vygotsky : *Pensée et langage* (1934, Revue française de pédagogie)
- Jean Piaget : *La psychologie de l'intelligence.* (1947, Armand Colin)
- Erik Erikson : *Enfance et société* (1950, Delachaux et Niestlé)
- Amadou Hampâté Bâ : *L'étrange destin de Wangrin* (1973, Union générale d'éditions)
- Robert Siegler : *Enfant et raisonnement* (2000, De Boeck)
- Brian Michael Bendis : *Secret invasion* (2008, Marvel)

ARTICULATION DES THÉORIES DU DÉVELOPPEMENT HUMAIN

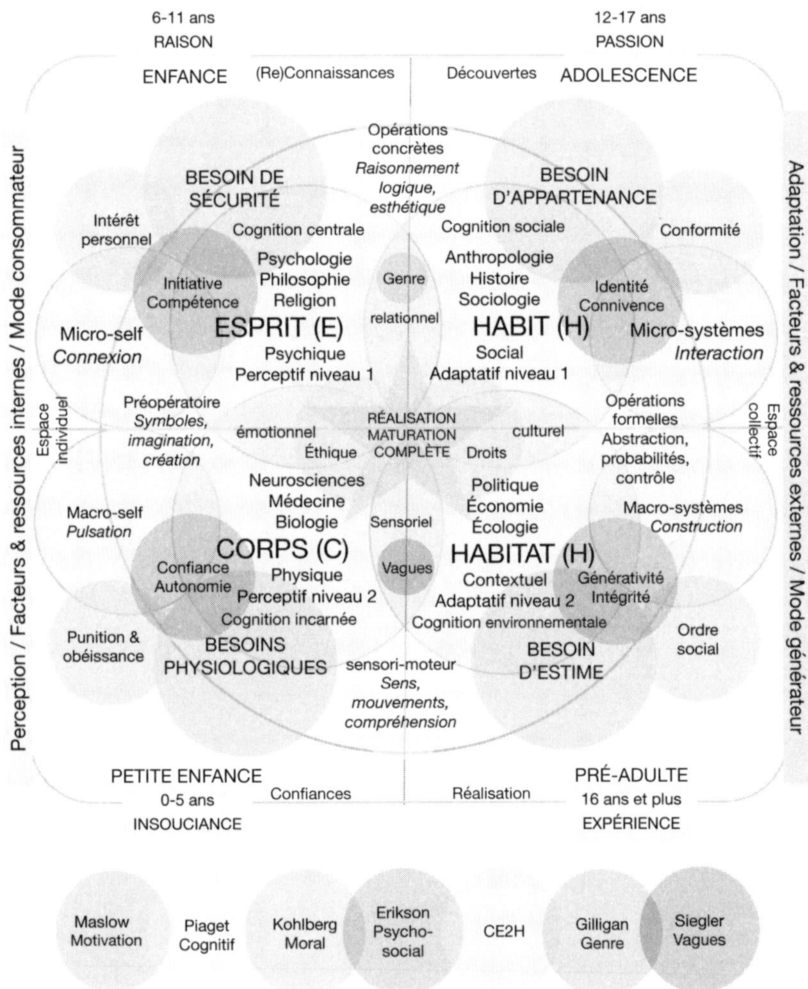

Améliorez vos habiletés parentales

En tant que responsable du laboratoire de la félicité familiale, vous êtes aussi habilité à diriger des recherches avec la méthode expérimentale.

1. Formulez une prédiction sur la relation entre des variables : « Si je félicite mon enfant lorsqu'il termine une tâche, il sera motivé à la refaire sans râler. »

2. Concevez une expérience, testez : « Chaque fois que mon enfant range ses jouets, pendant 21 jours, je lui dis immédiatement : "Braaaavooooo ! C'est du bon travail !" Je choisis aussi une tâche où aucun compliment n'est donné, pour comparer, comme dresser la table. »

3. Observez et collectez des données : « Pendant 21 jours, je note chaque jour si mon enfant a rangé ses jouets et s'il a mis la table, ainsi que sa réaction aux félicitations et à leur absence. »

4. Analysez les résultats : « À la fin des 21 jours, je compare les données pour voir si mon enfant a été plus motivé à ranger ses jouets (la tâche récompensée) par rapport à mettre la table (la tâche non récompensée). »

5. Tirez des conclusions : « Si je constate que mon enfant est plus motivé pour ranger ses jouets et rouspète moins que pour mettre la table, je peux conclure que les félicitations jouent un rôle positif sur la réalisation de la corvée. »

6. Ajustez éventuellement l'hypothèse ou la méthodologie pour un nouvel essai : « Si les résultats sont mitigés ou ne montrent pas de différence significative, je peux modifier la façon dont je félicite mon enfant lorsqu'il accomplit la tâche, ou étendre les félicitations à d'autres tâches comme dresser la table, pour voir si cela influence davantage sa motivation. »

3. Pourquoi exercer mon autorité avec fermeté et bientraitance ?

Notion clé : l'humour

« L'enfant qui n'est pas embrassé par le village l'embrase pour en sentir la chaleur. »
Proverbe bantou

Le parent, la République et l'autorité

Quand avez-vous rappelé votre enfant à l'ordre pour la dernière fois ? Peut-être avait-il dépassé les limites que vous aviez fixées, ou bien l'avez-vous puni pour un comportement inapproprié ?

Si vous avez déjà eu le cœur lourd après vous être emporté contre votre enfant, sachez que vous n'êtes pas seul. Lors des séances de guidance parentale, je rappelle souvent les rôles principaux des acteurs dans les « telenovelas » familiales. Le personnage de l'enfant doit grandir ; pour cela, il explore son milieu et en repousse les limites, parfois en défiant la figure d'autorité. Le parent, de son côté, lui inculque des règles et des valeurs permettant d'avancer malgré les péripéties. Il lui apprend à éviter les dangers et à devenir un citoyen actif et solidaire. Tout cela dans un climat d'amour et de respect – c'est le fil conducteur de ce livre.

Présenté ainsi, le rôle de l'enfant qui teste et riposte paraît plus enviable que celui du parent qui cadre et donne des leçons. Certains trouvent alors plus commode d'adopter un style exclusivement permissif ou à l'inverse autoritaire pour imposer leur volonté d'une main de fer (voir 1 p. 35). La plupart des parents conscients s'accordent sur un point : la nécessité de créer un espace où rigueur disciplinaire et chaleur relationnelle s'équilibrent sans toxicité. Trouver et maintenir cette harmonie, propre à chaque enfant, est un grand casse-tête éducatif, car il ne suffit pas d'être strict ou aimant ; il faut l'être avec justesse et au bon moment.

La parentalité exige une autorité aux multiples visages, bien au-delà du rôle de juge ou de policier. Avant d'être un gardien des lois et de la paix de votre maison, vous êtes un citoyen. Et selon les périodes et situations, vous êtes aussi :

- Mentor, guide, voire prophète (voir 9 p. 187) ;
- Chef d'organisation, décideur politique et stratégique pour la prospérité familiale ;
- Soignant, veillant à la santé des plus jeunes ;
- Formateur, responsable de la transmission de connaissances, compétences et valeurs aux générations suivantes ;
- Psychologue, pourvoyeur de soutien émotionnel, de conseils, d'alternatives en cas de difficultés ;
- Conseiller en finances et patrimoine, gérant exemplaire et garant d'un niveau de vie optimal ;
- Avocat, facilitant la résolution des conflits au sein de la fratrie et défendant les intérêts de votre enfant face au reste du monde.

Aux yeux de la loi française[32], l'autorité parentale inclut les responsabilités de protection, éducation et représentation jusqu'à la majorité. Défendre l'intérêt supérieur de votre enfant signifie non seulement respecter et faire respecter ses droits, mais aussi lui inculquer ses devoirs dans une cellule familiale bientraitante, elle-même ancrée dans une sphère sociale bienveillante, régie par l'autorité publique.

En tant que parent-citoyen, quel rôle incarnez-vous le plus dans l'exercice de votre autorité ?

La fermeté, la discipline et la rigueur

La fermeté et la souplesse sont deux facettes essentielles de l'autorité parentale. La fermeté consiste à établir des règles claires et à les faire respecter de manière constante. Cela semble simple en apparence, mais exige une cohérence du parent, tant dans le choix des lois familiales que dans leur application. La souplesse, quant à elle, se traduit par la capacité à s'adapter aux besoins d'un enfant, qu'ils soient physiques, émotionnels ou influencés par des contextes sociaux et environnementaux. Elle permet de distinguer l'autorité de l'autoritarisme.

L'autorité s'exerce pour guider un enfant vers des repères structurants, elle favorise sa coopération grâce à un sentiment de protection, elle accroît sa confiance et l'encourage à s'ouvrir. Un parent autoritariste vise d'abord le contrôle et la soumission de l'enfant, par la peur, au détriment de l'écoute et de la flexibilité. Il étouffe sa personnalité, le poussant à se replier en mode furtif.

Imaginez que vous demandiez à votre enfant de ranger sa chambre. Dans une dynamique d'autorité bienveillante, vous diriez : « Et si on rangeait ta chambre ensemble ? Comme ça, tu retrouveras tes jouets plus facilement demain… Peut-être même qu'on mettra enfin la main sur ton Rubik's Cube ! » En l'invitant à participer et en lui expliquant les bénéfices, vous transformez une corvée potentielle en une activité constructive. Vous pouvez renforcer la coopération en lui demandant son avis : « Où devrions-nous ranger ces cartes pour que tu les retrouves plus facilement ? »

Un parent autoritariste dirait : « Range ta chambre tout de suite, sinon tu seras privé de télé ce soir. » Un jeune enfant obéira par crainte de la punition, mais sans saisir l'intérêt de la tâche. Un plus grand s'y pliera à contrecœur, et cherchera ensuite à l'esquiver par toutes sortes de stratagèmes. Mieux vaut donc cultiver la coopération volontaire que de semer les graines d'une insoumission silencieuse.

La discipline est un pilier éducatif majeur, dont on retient plutôt l'aspect punitif, au détriment de ses volets constructif et bienveillant. Pourtant, discipliner un enfant ne signifie pas seulement l'amener à obéir sous contrainte. Il s'agit de concevoir des routines saines pour et avec lui, incluant des règles et pratiques claires, la communication des attentes et des conséquences, ainsi que le renforcement des comportements positifs. Si la discipline réactive vise à corriger de mauvaises mœurs, une démarche proactive et préventive permet d'anticiper et de doter l'enfant des compétences dont il a besoin dans sa vie actuelle et future (voir 8 p. 177).

Chez les Makà, les règles encadrant les relations entre les aînés et les plus jeunes sont strictement codifiées. Cela crée un cadre éducatif clair, cohérent et rassurant. Dans ces traditions, qui structurent la communauté entière, la hiérarchie est omniprésente, mais elle se distingue de la simple notion de domination. Elle repose sur un respect mutuel et une reconnaissance des rôles et positions de chaque membre au sein du collectif. Que ce soit en famille ou en société, lorsque chacun identifie son statut, dont l'utilité est reconnue et valorisée par tous, alors il peut pleinement s'accomplir. En France, sauf circonstances particulières, les deux parents désignés dans l'acte de naissance de l'enfant détiennent l'autorité parentale. Ils peuvent donc conjointement baliser son parcours et l'influencer positivement en établissant des relations saines, équilibrées et légales. Chacun peut et doit l'orienter à l'aide d'un cadre sûr, stable et affectueux.

Mais être parent ne se limite pas à poser des règles ; il faut aussi de la consistance. Par exemple, mes fils Babel et Jéricho doivent toujours finir leurs devoirs avant de jouer aux jeux vidéo. Cette règle s'applique chaque jour, sans exception. Si, une fois, je les laisse jouer avant, sans conséquence, et que le lendemain je le leur interdis de nouveau, je crée de la confusion et de l'incohérence. La consistance s'applique en mettant en œuvre les règles de manière uniforme et prévisible. Cette constance aide votre enfant à identifier des points de référence clairs et à y adhérer, car il en voit le bénéfice pour lui-même, mais aussi pour la collectivité. La cohérence, elle, implique que les règles et leurs conséquences soient en accord avec vos convictions, ainsi qu'avec les lois du pays dans lequel vous vivez. Elle est liée à la logique personnelle, familiale, culturelle, cultuelle, politique ou juridique derrière une règle. Par exemple, l'accès aux jeux vidéo, après les devoirs, reflète mon système de valeurs et la place que j'accorde à l'apprentissage et à l'effort.

Demandez à mes enfants pourquoi ils doivent finir leurs devoirs avant de jouer, et ils vous répondront probablement avec cette phrase que j'utilise souvent pour les motiver : « Ce qui est fait n'est plus à faire, et ce qui est bien fait n'est pas à défaire. » En leur disant cela, je cultive leur sens des priorités. Cette approche, héritée de mes aînés makà, est alignée avec les principes de responsabilité et dépassement de soi que je souhaite leur transmettre, tout en respectant les valeurs de méritocratie de la France (voir 7 p. 161). Mes fils ont le droit de jouer aux jeux vidéo, mais selon notre code familial. Cette régulation, loin d'être arbitraire, fait partie de ma mission éducative. En effet, laisser un enfant devant un écran, sans limites, nuit à sa maturation cognitive, émotionnelle et sociale. Aucun excès n'a jamais favorisé un développement sain et harmonieux chez l'humain.

Obéissance, soumission et conditionnement

Tous les enfants ont besoin de routines saines pour bien grandir. Un enfant avec des troubles du spectre autistique (TSA) aime particulièrement les règles et la constance. Celui ayant un déficit de l'attention avec ou sans hyperactivité (TDAH) a du mal à respecter les cadres qui contribuent pourtant à son mieux-être (voir 4 p. 103). Celui avec un haut potentiel (HPI) ou un trouble du développement intellectuel (TDI) a besoin d'une pédagogie logique et cohérente. L'enjeu pour un parent consistant est de faire comprendre le pourquoi des règles, plutôt que de se limiter à en contrôler l'application. Trouver le mode de communication le plus efficace selon le profil de votre enfant est indispensable pour que vos messages soient reçus cinq sur cinq (voir 8 p. 177).

L'expérience de Milgram[33] sur la soumission à l'autorité révèle que la plupart des individus sont prêts à obéir aveuglément à une figure perçue comme légitime, même si cela va à l'encontre de leur propre conscience morale. Transposée au contexte éducatif, cela démontre la nécessité d'expliquer aux enfants les règles qui régissent les sphères dans lesquelles ils grandissent – famille, école, associations, etc. – mais surtout pourquoi elles existent et les conséquences de leur transgression.

Lorsque votre enfant vous interroge, il ne remet pas forcément en question votre autorité. Même si la forme peut sembler maladroite, particulièrement à l'adolescence, souvent, il cherche simplement à exercer son esprit critique et à donner du sens à ses propres actions (voir 10 p. 217). Il est non seulement souhaitable, mais essentiel qu'il évalue la pertinence et les implications de ce que vous lui demandez. Éduquer un enfant, c'est lui apprendre non seulement à obéir, mais aussi à savoir quand et comment désobéir de manière réfléchie et éthique.

Il est primordial que votre enfant apprenne à dire non lorsqu'une situation heurte ses valeurs. Selon la théorie du développement moral de Kohlberg, progresser vers une moralité basée sur des principes implique de savoir résister aux pressions extérieures pour rester fidèle à ce qui est juste (voir 2 p. 53).

> *Si Margot écoutait cette petite voix intérieure qui la met mal à l'aise, elle refuserait de participer aux moqueries de son ami Alexandre visant un autre collégien, même si cela signifie être mise à l'écart de sa bande.*

Apprendre à votre enfant à reconnaître et considérer ses propres limites dans ce qu'il expérimente améliore sa compréhension d'autrui et son empathie. Votre consistance l'aide à devenir plus responsable et autonome, tout en renforçant les fondements moraux de ses actions. Vous lui apprenez non pas à se soumettre, mais à réfléchir et à respecter, et le respect, à l'inverse de la soumission, favorise la confiance et l'évolution réciproque.

Pendant longtemps, la majorité de la population utilisait des moyens coercitifs pour faire assimiler les règles aux enfants. Par exemple, mon père me narrait que sa grand-mère, qui les gardait son frère et lui lorsqu'ils étaient petits, avait parfois recours au martinet. Depuis la loi du 10 juillet 2019 – portée par un parti politique dont le président, François Bayrou, donna « une taloche » à un jeune plaisantin de 11 ans lui faisant les poches durant la campagne présidentielle de 2002 – les châtiments sont interdits. Dans la pratique, en 2022, 80 % des parents admettaient encore recourir à des actes de violences éducatives ordinaires (VEO) avec leur enfant[34]. Certains s'interrogent encore sur la légitimité d'une gifle occasionnelle, mais les recherches prouvent que ces méthodes sont généralement contre-productives dans la modification d'un comportement.

Psychologique, verbale ou physique, la violence ne doit jamais être banalisée. Ceux qui se laissent régulièrement envahir par le côté obscur des rapports de force démontrent une incapacité à réfréner une sombre facette de leur personnalité. À chaque expression d'impulsivité animale, ils s'éloignent un peu plus de la vraie nature humaine, qui est de faire société. Plus un adulte est violent et moins il a la capacité d'être parent. Un rapport de force n'est jamais une relation et ne peut être une méthode d'éducation. En effet, cela implique qu'une personne soumise subisse la peur, l'anxiété ou la honte face à une personne dominante. Or, dans une relation éducative, l'adulte promeut le bien-être et le développement de l'enfant, en veillant à ce qu'il se sente aimé, soutenu et considéré. Par exemple, il le rassure et l'encourage à partager ses pensées sans crainte d'être jugé et le félicite pour ses efforts.

La récompense des actes jugés conformes et la sanction des comportements indésirables sont à la base du conditionnement opérant. Conceptualisé par Burrhus Frederic Skinner[35], le conditionnement opérant utilise les conséquences pour encourager ou décourager certaines habitudes. Des méthodes éducatives pour les enfants autistes, comme l'*applied behavior analysis* (ABA), et des thérapies cognitivo-comportementales (TCC) s'en inspirent.

Un autre type de conditionnement, dit classique, qui associe des stimuli pour modifier des réponses émotionnelles ou physiologiques – comme dans les thérapies de désensibilisation pour les phobies – a été théorisé par Ivan Pavlov[36]. Tout ce qui se reproduit plusieurs fois peut conditionner l'esprit de votre enfant. Ainsi, son cerveau peut interpréter la réitération de violences comme une norme plutôt qu'un dysfonctionnement.

L'expérience de Solomon Asch[37], menée dans les années 1950, illustre le phénomène du conformisme social, où les individus imitent leur entourage, même s'ils savent que c'est incorrect, pour paraître « normaux ». 75 % des participants donnaient des réponses erronées à des questions simples, pour faire comme tout le monde. Transposée au contexte familial, cette expérience souligne l'importance de l'influence des parents sur leurs enfants au sein du foyer (voir 6 p. 143). Elle rappelle aussi que vous avez toujours la possibilité de choisir un chemin différent de la majorité, en restant fidèle à une parentalité bienfaisante.

Les enfants, surtout les plus jeunes, observent et imitent leurs parents. À l'adolescence, ils tendent à adopter les attitudes et les vêtements des groupes auxquels ils souhaitent appartenir et des personnes qu'ils admirent. Certains peuvent même se fondre, tel un caméléon, jusqu'à confondre leur véritable identité. En tant que parent, il est de votre responsabilité d'observer attentivement cette période où votre adolescent feint davantage de manières d'adulte pour le devenir. Souvenez-vous qu'il demeure un enfant en apprentissage, et vous, l'adulte chargé de préserver son intégrité physique et mentale. Il est de votre devoir de recadrer les situations, de rediriger son exploration sans la brider et d'expliquer pourquoi, avec consistance.

Dans son modèle hiérarchique des besoins, Maslow associe le besoin d'amour à celui d'appartenance, juste au-dessus des besoins physiologiques et de sécurité (voir 1 p. 35). Cependant, un nourrisson a besoin d'amour non pas « après » avoir été nourri et abrité, mais « en même temps ». Cette simultanéité explique pourquoi le style de parentalité proximal semble plus adéquat les deux premières années de vie, jusqu'au fameux « terrible two[38] ». À ce stade, un jeune explorateur commence à affirmer son indépendance et teste ardemment son influence sur son environnement, grâce à l'autonomie motrice qu'il vient d'acquérir. Cela peut se manifester par des crises de colère, de l'opposition ou des provocations concourant à la construction de sa personnalité.

L'amour et l'attention donnés à votre enfant bâtissent son amour-propre et son estime de soi. Toutefois, l'aimer inconditionnellement ne signifie pas tout tolérer à tout âge. La Convention internationale des droits de l'enfant (CIDE) signée par la France en 1990 accorde aux plus jeunes le droit d'exprimer leurs opinions librement – ce qui ne veut pas dire n'importe comment. Revendiquer des droits implique aussi d'assumer les obligations associées, et en tant que parent, vous devez cadrer votre enfant pour qu'il comprenne les siennes et les limites.

Connaissez-vous bien ses autres droits et devoirs ?

Dans la culture makà, la politesse envers les aînés marque une reconnaissance de leur expérience et fait partie du contrat social. Dans les cultures africaines traditionnelles, la hiérarchie familiale et le respect des aînés encadrent l'exercice du pouvoir et préviennent les dérives. Les enfants makà sont tenus de respecter leurs parents et, plus largement, tout adulte. Ils apprennent cette déférence en observant les aînés et leur exemplarité, sans autre menace que celle de l'exclusion sociale. Ce modèle contraste avec la société française, de plus en plus confrontée aux incivilités et à la défiance des jeunes générations envers les figures d'autorité[39].

Vous n'êtes ni le copain ou la copine de votre enfant, ni son grand frère ou sa grande sœur, et encore moins un buffet de réponses à volonté. Vous pouvez poser des règles pour limiter le gaspillage énergétique et émotionnel. Vous pouvez être triste, fatigué, déçu ou frustré, mais l'exprimer de manière proportionnée à la gravité de la situation et au niveau de compréhension de votre enfant, sans maltraitance. Vos principes doivent vous conduire à mieux fonctionner comme parent-citoyen au quotidien et non à dérailler. Donc, s'ils vous mènent à des états où vous ne vous reconnaissez pas, réévaluez-les (voir 10 p. 217). Parce que vous n'êtes pas M. Bumble, le sévère personnage d'*Oliver Twist*[40], connu pour sa tyrannie et sa cruauté envers les orphelins sous sa charge. Vous êtes le père ou la mère de cet enfant, qui croit en vous et pour qui vous êtes le premier prototype d'autorité.

Alors si vous le blessez ou le laissez vous blesser sans conséquence, comment pourrait-il comprendre qu'il doit en être autrement avec les autres, ses pairs, ses enseignants, les policiers ?

Exercer une autorité ferme et bientraitante, adaptée au niveau de développement de votre enfant, c'est le guider tout en restant attentif aux besoins de chacun. En fin de compte, vous constaterez que, malgré les imperfections inéluctables, vous aurez appris à vous adapter pour le mieux, tout comme votre enfant.

L'apprenti, l'expert et le pouvoir

Imaginez-vous arriver dans une entreprise qui vient de vous recruter comme expatrié dans un pays dont vous ne maîtrisez ni la culture ni la langue. Vous ne connaissez pas votre fonction, car le directeur ne l'a pas clairement définie dans la lettre de mission qui ne contenait qu'un mot : « expérience ». Vous n'avez pas d'information sur les objectifs ni la rémunération, en fait, vous ne savez rien. Heureusement, une personne vous accueille et se met à votre disposition pour faciliter votre intégration et votre évolution professionnelle les dix-huit prochaines années.

Que ressentiriez-vous ? De quoi auriez-vous besoin ?

Il est probable que, tel un enfant dépendant de quelqu'un sans avoir choisi sa condition, vous vous sentiriez plus rassuré si votre guide vous expliquait calmement ce qui est attendu de vous, au lieu de hurler quand vous vous trompez, même après de nombreux essais. J'utilise l'exercice de « la recrue » ou sa variante « la planète des singes » – consistant à être accueilli sur une planète inconnue par un inconnu – pour aider les parents à saisir et clarifier leur position dans la relation éducative. Les premiers besoins exprimés sont souvent : éviter les dangers, pouvoir se nourrir, puis savoir se comporter selon les statuts et les contextes. Un parcours professionnel nécessite parfois le recours à un expert pour aider à se situer et s'orienter. Dans le cadre éducatif, pour votre enfant, l'expert, c'est vous, que vous le soyez vraiment ou non. Il est donc essentiel d'adopter une approche bienveillante et bientraitante, car c'est ce que vous-même apprécieriez si vous étiez à sa place : de l'équilibre, de la justesse, de la justice.

Partout où un pouvoir s'exerce apparaît un risque d'abus. L'abus de pouvoir parental, c'est l'utilisation de sa position pour imposer un contrôle excessif et non dégressif sur son enfant. Être parent octroie une emprise considérable sur un être découvrant un nouveau monde. Cependant, elle doit s'estomper au fil du temps, à mesure que votre enfant s'autonomise et perçoit vos vulnérabilités, vous faisant passer du statut d'idole de son enfance à celui de guide à l'adolescence, puis conseiller à l'âge adulte.

Nos failles, loin d'être de simples faiblesses, sont surtout l'expression de notre humanité. Elles montrent que nous sommes capables de ressentir et de réagir, et elles peuvent même renforcer le lien entre vous et votre enfant si vous les appréhendez avec honnêteté et agissez pour évoluer. En reconnaissant vos fragilités, sans imposer à votre enfant la gestion de vos difficultés, vous lui montrez qu'il n'est pas seul à commettre des erreurs, et vous lui offrez un modèle d'authenticité et de résilience. En éducation, le parent n'a pas toujours raison. C'est un être imparfait, avec des sentiments. Ainsi, se sentir vulnérable et douter de ses capacités occasionnellement, c'est normal, c'est même sain. En revanche, la répétition de mots et de gestes créant un doute sur votre rôle et celui de votre enfant dans le système familial désorganise son esprit[41]. Par effet papillon, cette perturbation peut évoluer en un chaos émotionnel, défensif ou offensif.

Si un enfant ne perçoit pas l'étreinte sécurisante de son entourage, l'amour et les limites dont il a besoin, il peut adopter des comportements négatifs pour compenser ce manque. L'enfant qui n'est pas « embrassé » par le village se mue en pyromane émotionnel. Il allume des feux pour attirer l'attention, ou recréer un sentiment de sécurité à travers une interaction, même conflictuelle. J'ai vu des enfants hostiles considérer qu'il était normal d'incendier la relation pour tester l'affection et la détermination de leur parent-pompier à éteindre les brasiers de leur colère. Dans ce contexte, la technique de l'extinction – qui consiste à ne pas renforcer les comportements indésirables par une réaction excessive – peut être une méthode efficace pour corriger les provocations.

Lorsqu'un enfant s'éloigne des flammes après s'être brûlé, il est malvenu de lui remettre un briquet entre les mains, même pour souffler une nouvelle bougie, car ce n'est pas parce qu'il apprend de ses erreurs qu'il faut encourager des actes nuisibles (voir 10 p. 217).

Le père de Rosh, 15 ans, se sentait désemparé face à leur relation de plus en plus conflictuelle. Sa mère, qui l'avait eu à 45 ans, voyait en sa naissance un miracle et avait placé ce fils unique au centre de sa galaxie. Elle avait quitté l'enseignement en Asie pour se consacrer à sa famille en France. Exigeante, sa parentalité autoritaire cherchait à façonner Rosh selon sa vision perfectionniste. Mais cette approche se heurtait à sa neurodivergence non diagnostiquée et aux turbulences de la puberté.

Lors de notre première rencontre, Rosh est venu à reculons, visiblement agacé. Après un bref échange, il a explosé de colère, criant son ras-le-bol d'être encore analysé et jugé par des adultes qui, selon lui, ne le comprenaient pas. Il se plaignait des attentes irréalistes de ses parents, des moqueries de ses pairs dont l'un lui demandait souvent pourquoi il était « si débile pour un Chinois ». Tout ce qu'il voulait, lui, c'était aller au foot. Il jeta des objets au sol, puis se dirigea vers la porte, bien décidé à fuir cette « comédie inutile ». Je me suis interposée et, d'une voix ferme et posée, j'ai dit : « Stop ! Rosh, tu n'as pas le droit de hurler et de tout casser dans mon cabinet. Je suis là pour t'écouter, mais si tu deviens un danger pour toi-même ou les autres, des services spécialisés devront intervenir. Respire profondément et contrôle-toi. Si tu veux aller à ton entraînement, il faut d'abord te calmer. À quelle heure commence la séance ? Tu t'y rends à pied ? »

Ces questions simples contribuèrent à l'apaiser. J'ai alors ajouté : « J'ai accompagné des ados comme toi, mais pour savoir si je peux t'aider, nous devons discuter quelques minutes. J'ai bien compris que le foot est important. Donc je te propose d'écourter la séance aujourd'hui pour que tu puisses y aller tranquillement, mais en échange, tu t'engages à revenir la semaine prochaine et tu me parles correctement. OK ? Ramasse aussi ce que tu as jeté, s'il te plaît. »

Après un instant d'hésitation, il s'est exécuté. Le soir même, il m'a écrit pour s'excuser.

Pour sceller notre alliance thérapeutique, j'ai contacté Momo Sissoko, un ancien joueur de football professionnel, qui a généreusement accepté de lui envoyer une vidéo de soutien. Dans celle-ci, il insistait sur l'importance de prendre soin de son mental autant que de son physique pour progresser dans le sport. Cet acte a eu un effet immédiat : Rosh est revenu à la séance suivante avec le sourire, prêt à coopérer pour apprendre à mieux gérer ses émotions et les interactions sociales. Une guidance parentale a également été mise en place pour aider les parents de Rosh à mieux comprendre ses besoins et à gérer ses rigidités avec calme.

L'alliance thérapeutique patient-psychologue, tout comme la relation parent-enfant, repose sur des contrats moraux et un engagement mutuel à collaborer pour atteindre des objectifs fixés. Je propose aux parents que j'accompagne de rédiger avec leur enfant un « contrat de confiance », révisable annuellement, mais avec tacite reconduction jusqu'à la majorité. Le contenu et le niveau de contribution de l'enfant dépendent bien sûr de sa maturité cognitive. En se référant à ses différents points, les parents peuvent formuler des critiques constructives, cohérentes avec les attentes définies. Il est clair pour tous que le non-respect des termes du contrat entraîne des conséquences pédagogiques responsabilisantes comme la réparation des dégâts occasionnés.

L'histoire de Rosh montre que l'exercice d'une autorité ferme et bientraitante est non seulement possible, mais nécessaire pour accompagner sans abus ni négligence et gérer les crises sans drame. De nombreux parents s'interrogent alors : « Le rapport de force est-il évitable ? » Oui, il l'est, mais cela demande une intervention précoce. Il ne s'agit pas d'attendre l'adolescence pour, désespérément, essayer de rétablir l'ordre ou renoncer, mais d'agir dès la petite enfance, de rediriger dès les premières tentatives de déviation de trajectoire. Chaque fois que votre enfant emprunte une voie périlleuse, vous devez lui barrer la route. Usez pour cela de votre créativité, de votre expérience et de votre patience. Bonne nouvelle ! Vous disposez d'une arme tout aussi redoutable qu'une paire de claques pour donner de bonnes leçons à vos enfants : l'humour !

Le plaisir, le sourire et l'humour

Le cerveau humain est naturellement enclin à rechercher le plaisir[42]. Certains neurotransmetteurs jouent un rôle clé dans le système de récompense. Lorsque nous faisons quelque chose d'agréable, comme savourer notre plat préféré, écouter ou chanter une chanson que nous aimons, ou recevoir un compliment, notre cerveau libère de la dopamine, ce qui provoque une sensation de bien-être et nous incite à recommencer. Ce mécanisme renforce notre motivation et notre satisfaction.

En général, les individus prennent leurs décisions en cherchant à maximiser le plaisir et à éviter la douleur. Intégrer l'humour et le rire dans les stratégies éducatives peut rendre l'apprentissage plus plaisant et efficace. Le sourire et l'humour sont de puissants outils dans la gestion du stress familial. Lorsque nous sourions, notre corps libère des endorphines et le taux de cortisol – l'hormone principale du stress – décroît. Si l'humour décharge les tensions et facilite les discussions, il ne fait pas disparaître les problèmes ; mais affronter les difficultés avec sérénité peut faciliter leur résolution.

Chez les Makà, la langue elle-même est un jeu de nuances invitant à sourire. L'utilisation d'expressions créatives et de comparaisons tirées de la nature enrichit l'interaction et facilite l'instruction.

Par exemple, seules les couleurs noire et blanche ont des termes spécifiques et pour le vert, on dira : « telle l'eau des feuilles de manioc ». Les enfants apprennent un langage inventif, mais surtout, ils apprennent à percevoir le monde avec poésie.

La capacité du rire à détendre l'atmosphère est comparable aux techniques d'ancrage en hypnose, où un souvenir agréable est utilisé pour apaiser un état de stress. Le rire offre du répit et participe à la résilience en cicatrisant les blessures émotionnelles. Celui partagé durant l'enfance transforme une expérience potentiellement traumatisante en souvenir nostalgique. Il a le pouvoir de créer une ambiance chaleureuse, vitale, quelles que soient les conditions matérielles.

L'humour favorise également une discipline innovante et efficace. Au lieu de recourir à de vaines punitions, transformez une conséquence en activité ludique ou inhabituelle ! Non seulement cela peut corriger un comportement, mais cela peut aussi drôlement marquer les esprits et dissuader de recommencer, sans drame.

Un soir, excédée par mes enfants qui rechignaient toujours à remplir le lave-vaisselle, j'ai dressé la table du dîner avec les couverts de la veille. Je vous laisse imaginer leurs têtes ! Bien entendu, ils ont préféré trouver un accord pour ne jamais plus risquer de voir une telle situation se reproduire ! La coopération s'impose quand les intérêts sont communs.

La pratique de l'humour enseignera à votre enfant la flexibilité émotionnelle, que l'on peut aussi rire en résolvant des problèmes, que même dans les moments difficiles, il est possible de trouver un espace pour la joie. Utiliser l'humour dans la parentalité ne signifie pas prendre les responsabilités à la légère, mais choisir une approche qui valorise le plaisir et la connexion avec son enfant. J'ai choisi de positionner la mienne à égale distance de l'autorité et de la complicité. Mais comme dit précédemment, ça n'est pas parce que je rigole avec mes enfants que je deviens leur amie.

Un parent guide, conseille, et parfois dit des vérités difficiles à entendre, du haut de son expérience. Il est essentiel de maintenir cette distinction pour préserver le respect mutuel, la crédibilité et l'autorité. Bien sûr qu'il faut rire avec ses enfants, mais dans certaines limites. De la même façon, je rappelle à mes patients que, si une communication ouverte et authentique avec leurs enfants est recommandée, certains sujets, comme des détails de leur vie intime, sont inappropriés à partager. Cette pudeur maintient la clarté des rôles dans la relation, renforçant le contrat de confiance parent-enfant.

Depuis les premiers jours, où l'amour pose les bases des confiances et de l'attachement sécurisé, jusqu'à l'adolescence, où la patience et l'humour deviennent précieux pour apaiser les tensions et renforcer les liens, chaque phase de la vie de votre enfant défie votre capacité d'adaptation.

À lire pour approfondir

- Antonio Damasio : *Spinoza avait raison* (2004, Odile Jacob)
- Constant Winnerman : *Les Ancrages en Hypnose et PNL* (2012, Books on demand)
- Michel Le Van Quyen : *Les pouvoirs de l'esprit* (2015, Flammarion)

Rédigez un contrat de confiance

En s'appuyant sur les piliers que sont l'amour, la patience et l'humour, le contrat de confiance favorise une relation épanouie et respectueuse.

1. Impliquez votre enfant dès le début dans la rédaction pour vous assurer qu'il comprend les règles et s'engage.

2. Clarifiez les attentes et les objectifs. Une fois que votre enfant est impliqué, définissez ensemble les attentes et les objectifs : les comportements attendus, les routines quotidiennes, ainsi que des objectifs à court et à long terme, adaptés à son niveau de développement.

3. Renforcez la confiance. En formalisant les engagements, vous montrez à votre enfant que vous prenez au sérieux vos accords mutuels et que vous lui faites confiance pour respecter sa part du contrat.

4. Responsabilisez ! Le contrat encourage votre enfant à prendre ses responsabilités. Il apprend ainsi à être redevable de ses actions, une compétence essentielle pour sa vie personnelle et sociale.

5. Autonomisez ! Votre enfant peut gagner en autonomie et en assurance, en ayant des lignes directrices claires sur ce qui est attendu de lui et en étant encouragé à prendre des initiatives dans ce cadre.

6. Utilisez un langage positif.

Formulez le contrat de manière positive, en insistant sur les bénéfices plutôt que sur les conséquences négatives pour votre enfant.

7. Établissez des conséquences et des réparations. Déterminez ensemble les bénéfices en cas de respect et les réparations en cas d'entorse au contrat. Cela doit être juste et proportionnel aux engagements pris.

8. Renégociez et ajustez régulièrement. Le contrat n'est pas gravé dans le marbre. Il doit être revu et ajusté en fonction de l'évolution de votre enfant et des changements dans sa vie.

II

L'ENFANT CITOYEN

Comprendre mon enfant et contextualiser

De 6 à 11 ans – Aire de la raison – Axe des (re)connaissances

De nombreux guides éducatifs, bien que pertinents, omettent les contextes économique, culturel, social ou institutionnel dans lesquels la parentalité s'exprime. Les réflexions suivantes vous aideront à mieux comprendre votre enfant, ses univers mentaux, familiaux, sociaux, et les attentes qui en découlent. Initiées à la naissance, elles deviennent incontournables avec l'intensification des exigences sociales et scolaires de l'école primaire.

4. Mon enfant est-il normal ?

Repérez ses particularités pour adapter vos orientations éducatives aux réalités et potentiels de départ de votre enfant. Pensez un cadre de vie stimulant et propice au déploiement de ses aptitudes.

5. Peut-on bien élever un enfant seul ?

Pensez aux façons d'accompagner votre enfant dans la découverte de lui-même, en nourrissant sa vie interne tout en l'ouvrant à des connexions extérieures bienveillantes. Il s'agit de réfléchir à la composition d'un environnement social sain et solidaire sur lequel compter en cas de besoin.

6. Qui influence mon enfant ?

Identifiez les courants positifs ou négatifs auxquels votre enfant est quotidiennement exposé pour lui offrir des cercles exploratoires de plus en plus élargis où voguer sans être surexposé aux dangers. Réfléchissez à la transmission d'un héritage éthique suffisamment solide pour soutenir la construction de son identité avec des repères fiables.

INFLUENCES ET ENFANCE CITOYENNE

4. Mon enfant est-il normal ?

Notion clé : l'espace mental

« Le jeune palmier pousse avec ses épines. »
Proverbe bantou

Normes, normalités, neurodéveloppements

Dès la première échographie, ou même dès la conception via une fécondation *in vitro* (FIV) avec diagnostic pré-implantatoire (DPI), une question se pose : « Mon enfant est-il normal ? »

La réponse aborde d'abord le développement du corps et du cerveau, avant de s'étendre, une fois l'enfant né, aux caractéristiques mentales, puis, plus tardivement, à ses habitudes sociales. La notion de « normalité » varie selon le milieu culturel, car une norme est toujours relative à une société donnée. Les normes de développement définissent les étapes typiques et les progrès attendus d'un enfant de la naissance à l'âge adulte. Un enfant se trouve parfois pile dans le rythme de croissance établi par la médecine et les neurosciences, est parfois en avance ou en retard, illustrant la diversité des trajectoires (voir 2 p. 53).

Derrière la notion de normalité se trouve également celle d'équilibre, d'harmonie entre les quatre dimensions qu'un individu doit développer pour tendre vers le bien-être :

1. Le corps : physique et cognition incarnée[43]

Le bon fonctionnement biologique et neurologique de votre enfant repose sur le bon déroulement de son développement moteur et sensoriel. À 3 mois, un bébé commence typiquement à explorer ses mains, à 6 mois, il peut être curieux de mettre son pied dans sa bouche, vers 7 mois, il peut généralement se retourner et autour de 9 mois, il tient assis. Les premiers pas sont attendus avant 18 mois. Un suivi médical régulier au centre de protection maternelle et infantile (PMI) ou chez un pédiatre libéral permet de surveiller les progrès psychomoteurs, particulièrement chez les enfants prématurés qui peuvent avoir besoin de plus de stimulations.

Dans la tradition makà, la mère masse son nouveau-né pour stimuler ses sensations et renforcer ses connexions corporelles. Appelé « barnmassage » en Suède ou « tuina » en Chine, le toucher néonatal est reconnu dans de nombreuses cultures (voir 1 p. 35).

Pendant la première année de vie, les parents scrutent leur enfant jour et nuit, redoutant la mort subite du nourrisson (MSN)[44]. Pendant ce temps, l'enfant développe sa motricité globale, utile pour ses explorations, et sa motricité fine, utile pour saisir des objets. Après la première année, qui recoupe le stade sensorimoteur décrit par Jean Piaget, les petits testeurs multiplient les expériences et les apprentissages avant leur entrée en maternelle (voir 2 p. 53). Le parent continue souvent de se questionner en comparant son enfant à ceux de son entourage : « Ne devrait-il pas déjà marcher ? Parler ? Être propre ? Faire ses nuits ? » Si vous avez des inquiétudes, parlez-en à votre médecin, un neuropédiatre ou un psychomotricien.

2. L'esprit : mental et cognition centrale[45]

Cette dimension englobe les différentes fonctions cognitives telles que l'attention, la mémoire, le langage, le raisonnement et la prise de décision. Elle inclut également les fonctions visuo-spatiales et exécutives, ainsi que les aspects émotionnels, motivationnels et affectifs qui influent sur le comportement. Le développement cognitif typique décrit par Piaget montre que ces processus mentaux se complexifient au fil du temps.

À l'entrée à l'école, les parents focalisent leur questionnement sur les compétences sociales et intellectuelles de leur enfant. Les craintes qu'ils expriment généralement en consultation concernent sa socialisation, mais surtout l'anormalité éventuelle de son développement cognitif. La peur d'une défaillance physique laisse place à celle d'une défaillance mentale qui ferait de leur petit un marginal : « Est-il assez intelligent ? Pourquoi écrit-il si lentement ? » Les premières évaluations renforcent les doutes : « Saura-t-il répondre aux attentes du système et affronter les compétitions que celui-ci impose ? »

Divers troubles peuvent émerger dans l'enfance. Certains âges sont plus propices à leur diagnostic, car l'enfant y dévoile ses facultés d'apprentissage et de communication.

ÂGES ET REPÉRAGE DES TROUBLES

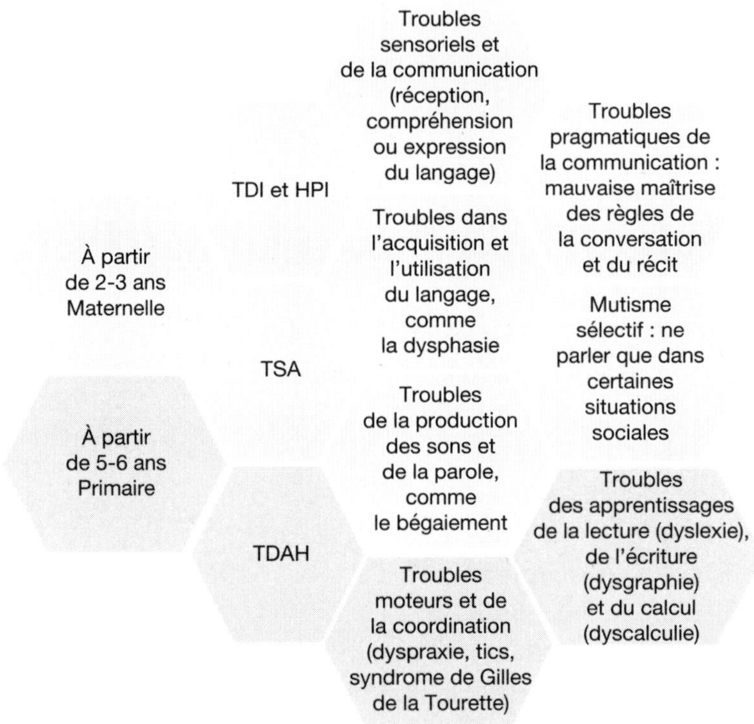

Des difficultés scolaires persistantes devraient amener à consulter des professionnels tels qu'un psychologue ou un orthophoniste, qui peuvent évaluer l'enfant à l'aide d'outils psychométriques.

3. L'habit : relationnel et cognition sociale

La dimension sociale englobe les interactions et dynamiques interpersonnelles développées par l'enfant. Si la crainte d'un handicap physique ou mental domine les préoccupations parentales durant l'enfance, à l'adolescence, c'est la peur de l'inadaptation sociale qui prend le dessus.

Les parents qui me consultent craignent que leur enfant rejette la société ou que ce soit elle qui l'exclue. Ils la perçoivent souvent comme un organisme qui, pour maintenir son équilibre interne, son homéostasie, isole ou repousse tout élément perçu comme non conforme. À l'image des globules blancs dans notre sang, qui considèrent les variations cellulaires comme une menace, les systèmes humains et groupes sociaux tendent à marginaliser ce qu'ils identifient comme des anomalies (voir 6 p. 143).

Cette idée fait écho aux travaux de Pierre Bourdieu[46], qui a démontré comment les structures sociales tendent à reproduire les inégalités. La peur de la différence peut être plus limitante que la différence elle-même, car de nombreuses situations de handicap pourraient être abordées de manière à favoriser l'autonomie, l'estime de soi et l'amour-propre des enfants. Tout comme un organisme peut non seulement tolérer, mais aussi tirer parti de son adaptation à la diversité, la société pourrait s'enrichir en intégrant pleinement ces différences au lieu de les exclure[47]. Dans ses ouvrages, le mathématicien Scott Page montre, à l'aide de modèles et d'exemples empiriques, que les groupes inclusifs, qui valorisent et intègrent les altérités, tendent à être plus dynamiques, innovants et performants.

Avoir un enfant « normal » ne signifie pas seulement qu'il ait un esprit sain dans un corps sain ; il doit aussi être capable de porter les uniformes sociaux en vigueur. « Pourquoi n'interagit-il pas correctement avec ses pairs ? Ses compétences intellectuelles et sa compréhension sont-elles limitées ou bien est-il un sociopathe dépourvu d'empathie ? » (voir 8 p. 177) C'est cette inquiétude qui poussa les parents de Roman, 4 ans, à consulter.

Depuis son entrée en maternelle, le petit garçon se liait uniquement avec des camarades pour faire des bêtises, notamment « toucher les foufounes » des filles. Les parents, alertés par l'équipe éducative, étaient pétrifiés de peur et de honte, ne sachant ni comment ni pourquoi ils se retrouvaient avec un mini-harceleur sexuel.

Roman, à son jeune âge, n'y voyait pas d'autre plaisir que celui de transgresser des règles sans réelles conséquences dissuasives. D'un côté, les larmes de sa mère qui l'attristaient un peu, certes. De l'autre, son père désemparé, passant des heures à lui parler de consentement, lui lisant des livres adaptés aux enfants sur le corps humain, les différences entre les garçons et les filles, et ce qu'il est permis de faire ou pas seul ou avec ses camarades. Tout cela restait pour Roman un jeu, une expérimentation du principe de causalité, d'autant plus amusante que le tumulte autour lui permettait, en tant que fils unique, de capter plus que jamais l'attention de ses parents. Que du bénéfice !

Ce comportement problématique a disparu après quelques séances de guidance parentale. Les parents de Roman ont pu analyser leur cadre éducatif, identifier des points à améliorer à la maison et élaborer de nouvelles stratégies pour offrir à leur fils une attention de qualité, sans qu'il ne se forge la réputation d'un « petit pervers ».

Toute déviance doit être rapidement corrigée, fermement, mais sans violence (voir 3 p. 81). Les conseils d'un psychothérapeute comportementaliste peuvent aider à faire évoluer une situation devenue complexe : « A-t-il des amis bizarres ? Est-ce normal qu'il ne s'habille qu'en noir ? Ses goûts et activités sont-ils courants chez les autres adolescents ? Pourquoi reste-t-il enfermé dans sa chambre ? Il ne se nourrit que de Snickers et de Fanta, dois-je m'inquiéter ? » Toutes ces questions que j'entends traduisent souvent la crainte d'un isolement ou d'un mal-être, pouvant évoluer vers un trouble psychique.

4. L'habitat : contextuel et cognition environnementale

Se demander si son enfant est « normal » revient à évaluer sa capacité à s'adapter à son environnement, mais aussi à agir pour qu'il puisse s'établir et s'épanouir dans le monde où il grandit. Être « normal », c'est parvenir à fonctionner avec toutes les nuances de son individualité, quelles que soient ses particularités neurologiques.

Diversités, atypies, cultures

Le corps et l'esprit s'adaptent aux contextes sociaux[48], géographiques et climatiques. Ainsi, le neuro-dressing de l'humanité se compose de diverses expressions :

1. La diversité neurologique et cognitive

Elle désigne les multiples façons dont les organes cérébraux fonctionnent et agissent sur les comportements. Le concept de neurodiversité a été popularisé dans les années 1990 par Judy Singer, psychologue et sociologue australienne autiste. En étudiant sa généalogie, elle a conclu que les atypies neurologiques sont naturelles et donc « normales ». De nos jours, les avancées technologiques telles que l'électroencéphalogramme (EEG) et l'imagerie par résonance magnétique (IRM) aident à mieux comprendre le cerveau et à identifier des variations neurologiques individuelles.

Ainsi, bien qu'il n'existe qu'une seule espèce humaine, il y a différents types de développement cérébral et la diversité de fonctionnements cognitifs susceptibles d'impacter la dynamique sociétale est une réalité. Cette approche remet en question les modèles médicaux et éducatifs traditionnels qui, pendant longtemps, ont cherché à normaliser ces profils plutôt qu'à les comprendre et à les intégrer pleinement. Cela ne pose pas moins de défis de taille à celles et ceux qui en sont porteurs, surtout dans un environnement hostile. En effet, la société n'est pas toujours accueillante et adaptée dans ce cas. Le manque d'accessibilité universelle et de compréhension peut alors amplifier les difficultés et freiner l'épanouissement.

C'est pourquoi les militants de la neurodiversité cherchent à faire changer le regard porté sur ces différences. Ils défendent ainsi la séduisante idée que certaines personnes se ressemblent sur le plan cognitif, au-delà des apparences et des origines.

2. La diversité culturelle

Chaque société manifeste son rapport unique à la diversité à travers ses croyances et pratiques cultuelles et culturelles. Les Makà, par exemple, étaient un peuple animiste avant l'arrivée des Occidentaux. Aujourd'hui, beaucoup croient encore aux liens entre le monde visible et invisible. Ainsi, la connexion profonde d'un enfant avec une nature qu'il observe des heures durant n'a rien d'inquiétant. Une connexion particulière avec un animal ou des mouvements répétitifs, qu'un regard occidental percevrait comme des bizarreries, ne sont pas toujours étiquetés anormaux et alarmants. Néanmoins, l'ignorance de l'existence de troubles tels que la dysphasie, qui limite la communication, ou de l'autisme, parfois accompagné de comportements surprenants au point d'effrayer un entourage irrationnel, peut conduire à des situations de maltraitance. Les comportements atypiques sont alors interprétés à travers le prisme des superstitions locales plutôt qu'au regard des troubles du neurodéveloppement.

Chez de nombreux peuples d'Afrique, comme les Agni de Côte d'Ivoire, les Kabiye du Togo, les Evhé du Ghana ou les Moose du Burkina Faso, les handicaps et particularités s'expliquent par la provenance des âmes des enfants d'une dimension occulte où se côtoient les ancêtres et les entités magiques. La singularité d'un enfant est ainsi vue comme l'incarnation d'une nature mystique. D'un point de vue occidental, l'enfant-serpent[49], qui ne peut maintenir sa tête droite et se traîne sur le sol, présente un retard de développement. L'enfant-ancêtre, lui, qui tel *Kirikou*[50], le héros des films d'animation réalisés par Michel Ocelot, parle et se comporte comme un ancien dès le plus jeune âge, possède un haut potentiel.

Si l'enfant à haut potentiel est généralement considéré comme ayant reçu un don pour les Africains, comme pour les Américains qui le qualifient d'ailleurs de « gifted », les enfants présentant une condition socialement stigmatisante, telle que le trouble explosif intermittent, des troubles psychotiques, ou des tics moteurs ou vocaux, sont encore trop souvent perçus comme les messagers du malheur, « Balok » en makà, ou des possédés à exorciser d'une influence surnaturelle maléfique – « Djamb ». Chez les Makà, l'interaction entre les pratiques ancestrales et les religions des colons a créé des syncrétismes[51] (voir 7 p. 161). Mon arrière-grand-père, Pierre Diga, fils de Ziogue Ampah, s'est d'ailleurs investi avec ferveur dans l'évangélisation, pour l'Église presbytérienne américaine[52], après un épisode psychologique critique ; tout en restant fidèle aux valeurs compatibles avec la chrétienté, telles que l'hospitalité et le partage.

La manière dont les enfants sont reconnus et traités dans chaque culture dépend largement de l'accès aux savoirs modernes, ainsi que des perceptions locales de l'intelligence. L'usage de rituels hybrides visant à « purifier » ou « guérir » ceux considérés comme « trop » différents s'avère non seulement inefficace, mais souvent dangereux. Si vous suspectez quelque chose d'étrange chez votre enfant, prenez l'avis d'un pédopsychiatre.

Comorbidités, errances, diagnostics

Les troubles du sommeil sont souvent des indicateurs de conditions sous-jacentes, notamment des troubles du neurodéveloppement (TND). L'insomnie, l'incapacité à s'endormir ou à rester endormi, ainsi que le somnambulisme et les terreurs nocturnes perturbent le rythme circadien de l'enfant, et le cycle biologique de ses proches, ce qui peut nuire à la qualité de vie quotidienne.

Enfant, ma fille Eden animait quasiment toutes mes nuits. Plusieurs mois après sa naissance, elle ne dormait toujours pas plus de quatre heures d'affilée. Quoi qu'il se passe, où qu'elle se trouve, elle se réveillait systématiquement pour réclamer un biberon et s'assurer d'une présence. Ensuite, il y a eu les terreurs nocturnes, puis le somnambulisme, sans oublier les traditionnels cauchemars qui la conduisaient en pleine nuit à se poster immobile près de mon visage, à la tête de mon lit, attendant que mon onzième sens maternel me sorte brusquement de mon sommeil, tandis que son père poursuivait paisiblement le sien.

Lors d'une visite médicale, peu avant ses 6 ans, chez un nouveau pédiatre, le docteur Kowal, je confiai mon épuisement et mon désarroi après des mois de nuits hachées. Eden venait de passer au CP après deux mois en grande section. Après s'être passionnée pour le déchiffrage des enseignes de magasins durant l'été, elle avait lu le plus normalement du monde la poésie de bienvenue affichée sur la porte de sa classe de grande section le jour de la rentrée, sous le regard surpris de sa maîtresse. Tandis que je livrais au pédiatre, un peu honteuse, mes stratégies pour tenter de canaliser son énergie et pouvoir moi aussi dormir une nuit entière, le docteur Kowal l'auscultait.

J'avouai donc avoir essayé de l'épuiser en l'emmenant systématiquement au parc après l'école pour qu'elle se dépense, mais ses jeux favoris étaient ceux qui se pratiquaient assis : la balançoire et le tourniquet ! Je confessai aussi avoir tenté de lui donner du L72, de l'homéopathie, sous les conseils de la pharmacienne afin qu'elle dorme plus longtemps, sans succès, bien évidemment !

Lorsqu'il eut fini de remplir le carnet de santé, il me dit que j'avais la chance d'avoir une petite fille pleine d'énergie, pleine de surprises et certainement pleine de potentiel. Il me conseilla de ne plus simplement me contenter de répondre aux questions d'Eden, mais de lui apprendre à trouver des réponses par elle-même et il m'adressa vers un pédopsychiatre très connu, spécialiste de l'enfant doué.

Je me suis empressée de prendre rendez-vous. À la fin de la consultation, relativement coûteuse, durant laquelle j'avais exprimé mon incompréhension face à certaines de ses réactions, comme sa forte intolérance aux modifications de planning, son obsession pour les dessins animés de Disney et Dora l'exploratrice*, qu'elle regardait en boucle pendant des heures, jusqu'à connaître les dialogues par cœur, ou encore sa capacité à disparaître dans une parenthèse d'espace-temps, ignorant le monde et les gens autour d'elle, parfois en chantant, ses questions fréquentes et répétitives, ses difficultés à interagir avec les autres enfants à l'exception de son cousin Kaïs, et mon inquiétude sur sa normalité… la jeune mère de 25 ans que j'étais s'est vu conseiller un livre pour poser des limites à son enfant.*

Quant à Eden, qui avait osé toucher un bibelot sur le bureau du médecin et demandé ce que cela représentait, elle eut droit à un : « Bonjour d'abord, c'est malpoli de toucher des objets qui ne nous appartiennent pas, assieds-toi là ! » Elle s'était littéralement renfermée sur elle-même et n'avait plus prononcé un mot pendant toute la séance, mais une fois dans la rue, elle éclata en sanglots. J'étais venue trouver des solutions et je repartais avec encore plus de confusion. Je décidai alors d'appliquer les conseils du docteur Kowal : trouver des réponses par moi-même.

Mes premières recherches sur le HPI m'ont menée aux associations de parents et à l'ouvrage *L'Enfant surdoué* de Jeanne Siaud-Fachin, une psychologue française spécialiste des profils HPI. En lisant, je passais en revue les premières années d'Eden et y trouvais quelques similarités. Ma tante Valentine, institutrice, m'avait plusieurs fois signalé qu'Eden était bien plus dégourdie que certains de ses élèves plus âgés, mais je n'y avais jamais vraiment prêté attention, pas plus qu'au fait qu'elle ait parlé intelligiblement avant ses deux ans.

Détecter si un enfant est précoce peut être complexe, car avoir des facilités dans plusieurs domaines ne signifie pas forcément que le cerveau fonctionne de manière particulière. Pour vérifier si Eden l'était réellement, j'ai pris rendez-vous avec un psychiatre dans un centre de santé. Le résultat du test qu'il lui fit passer permit de trouver, au moins temporairement, une raison aux difficultés, notamment relationnelles, qu'elle rencontrait.

> *Quelque temps après son arrivée au CP, nous comprîmes que le parcours scolaire d'Eden ne serait pas aussi simple que nous l'avions espéré. Ses camarades lui reprochaient de crâner en utilisant un vocabulaire complexe, et ses enseignants insistaient pour qu'elle adopte des méthodes de calcul moins intuitives que celles qu'elle préférait, même si elle obtenait le bon résultat à sa manière. L'école publique mettait à rude épreuve sa sensibilité et érodait, au fil des ans, son estime de soi. Le système privé spécialisé demandait à l'époque des moyens financiers et organisationnels que nous n'avions pas. Je me suis donc informée et formée grâce aux livres et aux associations de parents.*

Aujourd'hui, grâce à la sensibilisation et à l'engagement des équipes éducatives, la plupart des établissements publics sont en mesure d'accueillir un enfant à besoins éducatifs particuliers et d'adapter sa scolarité. Cependant, selon la manifestation des troubles, propre à chaque enfant, la scolarisation en milieu ordinaire peut être difficile.

Comme beaucoup de Millennials[53], ma vision de l'autisme se résumait à Raymond dans le film *Rain Man,* ou à Simon dans *Code Mercury*, à savoir : masculine et fortement stéréotypée. Ces deux facettes du spectre à travers le prisme d'Hollywood montrent des personnages aux compétences scientifiques et mémorielles exceptionnelles, avec des difficultés dans les interactions sociales considérables mais, surtout, évidentes.

Babel a toujours été un enfant très sage et assez discret. Il ne faisait pas plus ses nuits que sa sœur aînée, mais il nous avait épargné les parasomnies. Il était moins bavard que sa sœur Eden au même âge, mais nous avions à l'époque de ses 2 ans une perruche dont il était inséparable et l'un de ses premiers mots prononcés ayant été « perroquet », nous savions qu'il aimait l'observation et la justesse. Babel n'entreprenait rien s'il n'était pas sûr que le résultat soit parfait. Peu après son entrée en maternelle, sa maîtresse nous fit part de ses difficultés à interagir avec lui. Je pris rendez-vous avec deux pédopsychiatres différents qui ne lui trouvèrent rien d'inquiétant : être réservé n'est pas interdit à 3 ans. Une étudiante de la faculté de psychologie où j'étais inscrite m'avait parlé de mutisme sélectif. En me renseignant, je découvris que c'était un trouble qui pouvait être associé à l'autisme, et en recherchant les symptômes, je suis tombée sur une liste qui décrivait précisément ce que nous vivions avec… Eden !

Un peu sonnée, je poursuivis mes recherches sur le site internet du Craif, le centre de ressources autisme d'Île-de-France. Après un premier contact téléphonique et un rendez-vous dont je n'attendais plus grand-chose après sept ans d'errance dans les cabinets de psychologues et psychiatres, le docteur Yves Contejean nous orienta vers le centre régional de recherche et de diagnostic de l'autisme et des troubles apparentés de l'hôpital Sainte-Anne (Credat). Je lui suis profondément reconnaissante pour l'écoute, le temps et l'énergie qu'il a accordés à Eden afin de lui permettre, à elle comme à nous, ses parents, de comprendre, enfin, son mode de fonctionnement.

Chercher des réponses par soi-même pour son enfant est honorable, mais épuisant, surtout quand le cas est complexe. Toutes ces années d'errance n'étaient-elles pas évitables ? Comment expliquer qu'il ait fallu attendre la naissance d'un petit frère avec ses propres particularités pour obtenir une piste expliquant la totalité des comportements d'Eden, qui, entre 5 et 12 ans, avait été vue par plusieurs spécialistes de la santé mentale ?

Aujourd'hui, il existe des dispositifs comme Autisme Info Service et les plateformes de coordination et d'orientation pour suspicion de TND, même si les filles dans le spectre, sans déficience intellectuelle, restent sous-diagnostiquées[54] avec un ratio d'une femme pour neuf hommes. Trouver un professionnel de la santé mentale sensibilisé aux biais diagnostiques (genre, ethnicité, âge du parent), qui vous indique, sans surfacturation de la détresse, dans quelle direction chercher des solutions, était encore un parcours du combattant il y a dix ans.

Tous n'étaient pas incompétents, mais certains considéraient par exemple que le haut potentiel intellectuel et l'autisme ne pouvaient se cumuler. Cela s'explique par le biais de confirmation, ou d'attention sélective, avec une vision en « boîtes » plutôt qu'en continuum d'une part, et d'autre part des caractéristiques communes aux neurodivergences pouvant créer des confusions. On retrouve, par exemple, dans le TSA et le HPI une hypersensibilité perceptuelle et émotionnelle.

La multimorbidité cognitive correspond à la présence simultanée de deux particularités cognitives ou plus. Les enfants possédant une double spécificité HPI et TSA peuvent, au prix d'efforts considérables, dissimuler leurs troubles et se fondre dans leur environnement, en les « masquant ». Lorsqu'il est prolongé, ce masquage peut entraîner des sentiments d'isolement, une grande fatigue, des crises émotionnelles intenses, de l'hyperexcitabilité, du stress, et parfois même une dépression[55].

Le masquage exige de l'enfant un contrôle constant pour maintenir une façade en désaccord avec sa véritable nature. Il existe quatre techniques de masquage à connaître pour les repérer :

1. Le caméléon costumier
L'enfant copie-colle des gestes, des expressions faciales, ou des intonations de personnes prises pour modèles, afin de paraître moins différent.

2. Le scénariste probabiliste
Les conversations et les interactions sociales sont anticipées, scénarisées et répétées à l'avance. Par exemple, les adolescentes peuvent prononcer des discours écholaliques issus de séries télévisées pour les intégrer à des conversations, dans un objectif double d'apprentissage et de conformisme social.

3. Le prestidigitateur
L'enfant supprime, remplace ou dissimule aux yeux des autres des comportements de stimulation trop visibles. Les stéréotypies, telles que se balancer, faire tourner des objets, se frotter les mains ou tapoter, permettent la régulation sensorielle et émotionnelle des personnes autistes ou atteintes de TDAH.

4. L'algorithmiste
L'enfant met en place des procédures et des protocoles rigides, appelés routines, pour éviter l'incertitude ou les erreurs dans les interactions sociales. Ces habitudes inflexibles le rassurent.

Le HPI et le TSA partagent souvent des comorbidités, comme l'anxiété chronique et les troubles attentionnels. Au moins 40 % des enfants autistes ont un TDAH[56], parfois associé à un HPI.

Profils cognitifs HPI, TSA, TDAH

(des caractéristiques peuvent êtreprésentes sans neurodivergence)
Cognition incarnée Cognition centrale Cognition sociale
Cognition environnementale *Féminin*

Le citadin, l'indigène, les gènes

Les TND peuvent être liés à plusieurs facteurs, dont la prématurité et les expositions prénatales à des substances nocives telles que l'alcool ou les drogues, mais ils existaient bien avant l'invention des vaccins, comme le suggèrent certains écrits historiques[57]. Les risques augmentent également en présence d'antécédents familiaux, dans la fratrie ou chez les parents, ce qui suggère une contribution génétique significative. Par exemple, dans le cas du TDAH, l'héritabilité est de 70 % à 80 %[58]. Pour le TSA, elle est de 80 % à 90 %[59]. Si un enfant est autiste ou hyperactif, il est probable que l'un de ses parents présente également des traits, même s'ils n'ont pas été diagnostiqués. Toutefois, la transmission du TSA peut être complexe et dépend de l'interaction de multiples gènes.

Outre le génome, le milieu familial et environnemental dans lequel un enfant évolue joue également un rôle non négligeable dans l'expression des TND. Les facteurs aggravants incluent la précarité économique, qui peut limiter l'accès aux ressources essentielles, les aptitudes limitées des parents, la violence intrafamiliale, la négligence ou la maltraitance et la monoparentalité (voir 5 p. 127).

Tous les aspects de la vie de l'enfant doivent être pris en compte pour prévenir ou atténuer les troubles. Grandir dans un environnement combinant les pratiques traditionnelles, comme celles des Makà, avec les réalités modernes, semble favoriser un développement satisfaisant des enfants, même en présence de TND. À l'instar de Judy Singer, l'analyse psychologique de mon arbre généalogique m'a permis de détecter chez mes ancêtres des particularités qui, transformées en forces, ont été utiles pour leur réalisation personnelle et collective.

Les modèles familiaux et les sociétés collectivistes[60] prônent une place pour chacun, un apprentissage par l'expérience, et un accompagnement communautaire avec des guidances multiples (pairs, parents, grands-parents). Cela peut expliquer une absence de diagnostic ou son caractère tardif, au collège voire au lycée, lorsque les facultés d'adaptation échouent, dans un bain social élargi ou face à des interactions plus intenses en termes de quantité et de durée.

Cela n'est pas négatif en soi, un diagnostic n'est utile que pour permettre à l'individu de mieux comprendre son propre fonctionnement et d'accéder à des ressources ou à des aménagements, mais il n'est nul besoin d'étiqueter lorsque la société permet à chacun de s'épanouir dans son environnement.

Aujourd'hui encore, bien qu'une part non négligeable de la population makà vive en ville, beaucoup d'enfants passent la majorité de leur temps auprès des grands-parents, au village, entre champs et forêts, avant la scolarisation et pendant les vacances. Que l'enfant grimpe à tous les arbres et passe son temps à courir n'a rien de préoccupant ; l'espace est là pour ça.

Pour les anciens, l'enfant devient adulte en marchant, et il est soumis à peu de contraintes tant qu'il participe aux activités collectives comme chercher du bois, allumer le feu, puiser l'eau ou cueillir les légumes du potager (voir 2 p. 53). La diversité est valorisée au travers des activités communautaires : celui qui est habile de ses mains aide à ficeler les bâtons de manioc, tandis que celui qui aime les détails aide au tri des arachides ou des pistaches. Ainsi, peu importent les particularités des enfants, les Makà s'appliquent à les traiter de la même manière, en les mettant dans des situations d'apprentissage par l'expérimentation.

Les enfants neurodivergents deviennent des adultes neurodivergents, certains sont juste de meilleurs caméléons que d'autres. Pour les jeunes adultes camouflant leurs particularités, l'entrée dans les études supérieures, le monde du travail ou tout autre changement majeur dans leur vie personnelle peut déclencher une première décompensation souvent mal comprise : le burn-out autistique[61]. Mais les difficultés ne font pas de l'échec une fatalité. Malgré le coût énergétique et émotionnel élevé, un grand nombre de neurodivergents tentent de s'adapter.

Depuis l'obtention de mon titre de psychologue, j'accompagne à domicile et en structure des enfants ayant des troubles variés. Toutefois, ma plus longue expérience de prise en charge des TND, c'est la mienne. Écrire ce premier ouvrage a été un véritable défi, tant l'exercice a accentué des particularités de mon fonctionnement cognitif que je pensais apprivoisées depuis longtemps pourtant. Mon perfectionnisme obsessionnel, mon goût des détails et de la précision, et surtout la métacognition : les conversations internes que je prenais enfant pour une preuve de ma folie, alors qu'elles sont depuis toujours ce qui contribue à l'équilibre de mon esprit.

La pudeur et la peur m'exhortent à ne rien en partager, tandis que la curiosité me souffle que tout ce qui peut être utile à autrui doit être diffusé. N'est-ce pas le principe même d'une connaissance que d'être transmise ? C'est ce que je m'efforce de faire : transmettre plus que des gènes et des gênes. Chaque fois que je retrouvais un écho de mes propres comportements problématiques chez Eden, je tentais de me rappeler comment mes aïeux m'avaient aidée à les surmonter.

Ce n'est qu'à la trentaine passée que j'ai accepté d'entreprendre les démarches diagnostiques qui m'étaient suggérées pour expliquer scientifiquement des singularités que j'ai toujours considérées comme un héritage familial. Ma propre trajectoire et celle admirable d'Eden témoignent d'une évolution et d'une résilience possibles. D'autres représentants de minorités, visibles comme invisibles, démontrent qu'il y a un espoir de se réaliser individuellement, même dans un monde bâti pour et par les majorités et où être une femme peut déjà constituer un handicap, à condition d'accepter le prix de la conformation.

C'est ce que l'on appelle le « fonctionnement adaptatif élevé » : la capacité d'une personne à s'adapter et à participer efficacement aux activités sociales, malgré des difficultés contextuelles – qu'elles soient biologiques, écologiques ou politiques. Ce fonctionnement est celui des 60 000 à 120 000 locuteurs makà[62], et d'autres minorités indigènes comme les Baka, les Hazda, les Kanaks, les Nanaï ou les Nehiyaws, habitant des espaces dénaturés par la modernité[63].

Dans le spectre de l'autisme, c'est le fonctionnement correspondant aux 15 % de profils anciennement qualifiés d'« Asperger[64] ». Enfin, c'est celui qu'utilisent quotidiennement, discrètement, péniblement, 0,1 % des humains avec un quotient intellectuel supérieur à 145 et 5 % des hommes et des femmes atteints de TDAH[65].

À lire pour approfondir

- Pierre Bourdieu : *La reproduction* (1970, Éditions de Minuit)
- Charles Titus : *Introduction à la psychologie cognitive* (2004, Armand Colin)
- Laurent Mottron : *L'autisme : une autre intelligence* (2004, Mardaga)
- Bertrand Troadec : *Psychologie culturelle* (2007, Belin)
- Sari Solden : *Le TDAH au féminin* (2020, Éditions de Mortagne)
- Thomas Bourgeron : *Des gènes, des synapses, des autismes* (2023, Odile Jacob)

Repérez des signes de HPI/TDAH/TSA

Ces critères ne sont pas exhaustifs et ne doivent pas être utilisés seuls pour poser un diagnostic.

Les signes de HPI peuvent être visibles dès la naissance, mais ils sont plus facilement détectés lors de l'entrée à l'école.

HPI

- Il apprend plus rapidement et plus facilement que les autres enfants. Il maîtrise des concepts complexes pour son âge.
- Sa curiosité est intense et il pose des questions profondes sur des sujets comme l'espace, la nature, ou la mort.
- Il possède une mémoire exceptionnelle et peut se rappeler en détail des événements passés ou des choses que vous avez promises il y a longtemps et… oubliées.
- Il a parlé tôt. Il utilise et comprend un vocabulaire plus riche et complexe que ses pairs.
- Il a un fort besoin d'authenticité, de cohérence et de justice. Il peut s'engager et défendre des causes importantes pour lui, par exemple donner son goûter à un sans-abris ou vous demander pourquoi vous mangez du poulet alors que vous avez un perroquet.
- Il pense de manière arborescente et il est capable de proposer de nombreuses idées créatives en réponse à un seul problème.
- Il est perfectionniste, ce qui peut le frustrer lorsque les attentes ne sont pas atteintes.
- Il peut s'isoler socialement et préférer la compagnie d'adultes ou de personnes plus matures.
- Il développe des intérêts spécifiques intenses pour des sujets particuliers, par exemple les vêtements.
- Sa sensibilité émotionnelle est accrue. Il manifeste une empathie profonde et une conscience aiguë des émotions d'autrui.

Les signes de TSA sont repérables dès 12 mois, mais le comportement de tout enfant en détresse extrême, quelle qu'en soit la cause, peut l'évoquer. En outre, plusieurs conditions neurologiques précoces comme le TDI, les troubles sensoriels ou l'épilepsie peuvent également mimer les symptômes d'un autisme prototypique[66].

TSA

• Il a du mal à interagir en dehors de proches, à établir et à maintenir des amitiés.	• Il est émotionnellement très réactif et parfois en décalage avec la gravité, comme pleurer pour un gâteau cassé. Il peut avoir des tics, des tocs, des phobies.
• Il adopte des comportements répétitifs et il apprécie les routines comme utiliser le même verre, s'asseoir à la même place. Il est stressé par les changements non anticipés.	• Il peut présenter un développement atypique du langage, avec de l'avance, du retard ou une utilisation inhabituelle des mots. Il peut inventer un langage propre à sa fratrie.
• Sa communication non verbale est limitée. Il a du mal à utiliser et interpréter le langage corporel et le contact visuel. Ses expressions faciales peuvent être décalées par rapport au contexte, comme sourire dans une situation triste.	• Il a des intérêts peu communs ou très intenses, comme une passion pour la dynastie des Romanov, les nombres ou tous les aspects d'un sujet plus « classique » comme les jeux de société ou les voitures.
• Il répète des mots ou des phrases d'autres personnes ou les questions qui lui sont posées (écholalie).	• Il préfère les activités solitaires et a du mal à travailler en groupe.
• Il peut sembler indifférent ou isolé, car il a fréquemment besoin de se retrouver seul.	• Il surréagit aux odeurs, goûts, sons, lumières ou au toucher. Il est gêné par les coutures et étiquettes des vêtements. Il peut ressentir plus ou moins fort la douleur.

La confirmation d'une atypie requiert les avis de plusieurs professionnels. Un trouble n'est pas une identité, il ne définit pas entièrement votre enfant, mais peut expliquer des difficultés rencontrées.

TDAH	
• Il rencontre des difficultés à lire ou à écouter parler longtemps.	• Il peut parler de manière excessive et parfois trop en dire. Par exemple, raconter sa vie à une nouvelle rencontre.
• Il rencontre des difficultés d'organisation, et il éprouve des difficultés à structurer les tâches et les activités.	• Il est facilement distrait par des stimuli externes, tels que les bruits et les activités environnantes.
• Il a du mal à rester attentif et il fuit les tâches nécessitant un effort mental prolongé.	• Il agit de manière impulsive, interrompant fréquemment les autres et supportant mal d'attendre son tour.
• Il est souvent agité, en mouvement et a du mal à rester assis.	• Il perd fréquemment ses affaires scolaires, ses jouets ou ses vêtements.
• Il est sensible et susceptible, son humeur peut changer rapidement et fréquemment.	• Il a un rapport particulier au temps et estime mal celui nécessaire pour réaliser des tâches.

5. Peut-on (bien) élever un enfant seul ?

Notion clé : la cellule familiale

« Un seul doigt n'attrape pas un palmiste. »
Proverbe makà

Parents célibataires, parents célibattants

S'il faut bien toujours le concours d'un homme et d'une femme pour concevoir un enfant, depuis les années 1980, le nombre de familles monoparentales ne cesse de croître en France. Ironiquement, alors même que les humains sont de plus en plus nombreux sur la planète, il semble que les Français le soient de moins en moins dans leurs foyers.

L'éducation d'un enfant est souvent envisagée comme un projet collaboratif entre les deux parents, cependant, l'accès aux techniques de procréation médicalement assistée et à l'adoption pour les femmes célibataires, les divorces plus ou moins facilités[67], ainsi que de nombreux aléas de la vie, peuvent conduire à ce qu'un père ou, dans 85 % des cas, une mère doive assumer seule cette responsabilité. Il est fréquent qu'un parent solo soit identifié comme isolé, comme l'indique le nom de la prestation de la Caisse des allocations familiales dédiée aux 40 % vivant sous le seuil de pauvreté[68]. Les magazines *people* sont remplis d'exemples de parents solos célèbres qui semblent s'en sortir à merveille, à l'instar de Sharon Stone ou Sandra Bullock qui ont adopté, de Katie Holmes qui a voulu éloigner sa fille de l'influence de la scientologie, ou de Liam Neeson lorsqu'il est devenu veuf[69]. Cela n'empêche pas les 2 millions de parents français, célibattants de l'ombre, de s'inquiéter : « Peut-on espérer réussir l'éducation solo de son enfant sans les mêmes atouts que Rachida Dati[70] ? »

Lorsqu'un parent doit élever un enfant, sans conjoint partenaire au quotidien, par choix ou par nécessité, se pose inévitablement la question des ressources et du soutien disponibles pour garantir une éducation équilibrée : « Est-il possible de répondre correctement à tous les besoins matériels et affectifs d'un enfant en ne comptant que sur soi ? » Évidemment, mais de nombreux facteurs entrant en jeu, il faut pour cela être aussi optimiste que prudent.

L'Histoire est remplie d'adultes élevés par des parents solos qui ont révélé un potentiel appréciable. L'un d'eux, Barack Obama, est même devenu le quarante-quatrième président des États-Unis. Mais les faits divers et les légendes urbaines alimentent aussi la peur que l'absence d'un duo parental ne crée de graves troubles psychologiques et des enfants possiblement victimes voire auteurs de violences. La responsabilité de la famille étant souvent sondée face à la délinquance d'un mineur, de nombreux tuteurs légaux se demandent quelles stratégies, modernes ou traditionnelles, favorisent à la fois l'épanouissement de l'enfant et le leur[71].

La famille modèle, le couple et la solitude

Les modèles familiaux ont considérablement évolué au fil des décennies, comme en témoignent des séries populaires telles que *Modern Family*, qui dépeint une famille recomposée multiculturelle, ou *The Fosters*, qui met en avant une famille homoparentale adoptive. Une autre série, *Ginny & Georgia*, se concentre sur la relation complexe entre une mère célibataire et sa fille adolescente. Ce panorama montre bien que l'hégémonie télévisuelle des classiques *Mariés, deux enfants*, *Sept à la maison* ou *Ma famille d'abord* a pris fin.

Aujourd'hui, sur les écrans comme dans la réalité, les familles à parents de même sexe, les coparentalités et les gardes alternées sont courantes et pleinement assumées[72]. Cependant, les organisations familiales ne sont pas synonymes d'épanouissement. Classiques ou modernes, d'origine ou recomposées[73], certaines peuvent créer plus de dommages que de bienfaits en révélant des déséquilibres individuels sous-jacents. Dysfonctionnelles, elles sont le terreau de conflits, de maltraitances, de drames familiaux comme celui de l'affaire Courjault[74]. Certaines associations sont susceptibles de catalyser les pires des instincts[75] en devenant des organisations criminelles, comme dans les cas extrêmes des couples Fourniret-Olivier[76] ou Dutroux-Martin[77].

Être parent, ça n'est pas simplement souhaiter le meilleur pour son enfant, c'est aussi étendre cette bienveillance à celui d'autrui. C'est également reconnaître l'impact de nos propres choix et comportements sur l'avenir de nos enfants. Ainsi, la maxime « mieux vaut être seul que mal accompagné » prend tout son sens lorsqu'on éduque, parce que l'un de nos devoirs prioritaires de parent est de veiller à ce que notre progéniture grandisse dans un cadre sain et émancipateur, à l'abri des périls physiques et psychiques (voir 3 p. 81).

Il arrive parfois qu'un homme ou une femme pense éduquer un enfant avec un co-parent, en théorie, et fasse finalement le constat dans la pratique d'un manque de soutien adéquat. S'il est plus fréquent que les femmes se plaignent d'un sous-investissement des pères, il y a aussi des cas où les pères se retrouvent seuls à devoir gérer les responsabilités parentales.

Il y a quelque temps, j'ai reçu Gaël et son père en consultation. La mère et le père avaient des divergences profondes sur les valeurs éducatives, les limites et l'acceptable, tant et si bien que, sans cadre stable ni cohérent, Gaël ne suivait que son impulsivité et ses envies. Chacun appliquait ce qu'il estimait être le mieux, sans réelle concertation, créant ainsi une confusion dont Gaël tirait profit : il mentait, volait, jusqu'au paquet de chewing-gums dans le cabinet, et n'éprouvait qu'un remords de surface. À 14 ans, il empruntait une voie de transgressions inquiétantes, cherchant l'admiration de ses pairs par des provocations.

Le suivi thérapeutique n'a pas pu se poursuivre au-delà de trois séances, car la mère et son approche résolument laxiste étaient en désaccord avec le père, qu'elle trouvait trop autoritaire, et Gaël avait fini par choisir de vivre exclusivement avec elle. En le couvrant de cadeaux pour compenser sa culpabilité née de la séparation, elle compromettait l'avenir de son fils, ne lui inculquant aucun sens de l'effort, et lui permettant de se complaire dans la manipulation affective. Aux dernières nouvelles, Gaël ne s'était pas miraculeusement assagi, mais son père, loin de se résigner, tentait de le changer de collège pour l'éloigner de mauvaises fréquentations (voir 6 p. 143).

Le cas de Gaël illustre bien les difficultés que peuvent rencontrer certains parents pour coordonner et aligner leurs stratégies éducatives, particulièrement lorsqu'ils ne partagent plus ni le même toit ni les mêmes convictions. Même si chacun agit avec les meilleures intentions, l'absence de concertation peut mener à des incohérences et des effets négatifs dans l'éducation de l'enfant. Dans de telles situations, consulter un psychologue, un thérapeute ou un conseiller conjugal et familial peut aider à organiser une séparation de manière plus harmonieuse et à maintenir une cohérence éducative indispensable pour l'enfant[78].

Les conséquences à moyen et long terme d'une telle dissonance parentale sont souvent l'épuisement psychique et physique, pouvant conduire à un burn-out parental. Ce phénomène demande un accompagnement par un professionnel de la santé mentale, car jongler entre les responsabilités professionnelles et familiales, tout en gérant les défis financiers, émotionnels et relationnels, place le parent isolé sous un stress important, aggravé par un sentiment de solitude si celui-ci ne se sent pas soutenu dans ses décisions par son entourage.

Parent unique, fronts multiples, pilier central

Être l'unique parent d'un foyer, c'est être plusieurs personnages (voir 3 p. 81). Cela demande la capacité d'endosser divers rôles d'autorité tout en demeurant le pilier central de la cellule familiale. Être un parent seul représente un défi de taille, mais cela peut aussi être l'occasion de développer des liens parent-enfant plus forts et une plus grande résilience familiale.

La cellule familiale représente le premier environnement social et affectif dans lequel l'individu évolue et se développe[79]. C'est au sein de cette unité que se construisent les premiers liens, les premières interactions sociales et les premiers modèles de comportements. Elle se doit d'être un cadre sécurisant et bienveillant, permettant le développement de l'estime de soi et de la confiance en soi de votre enfant. Vous pouvez y transmettre, dès les premières lueurs de son enfance, des valeurs, des normes et des repères identitaires pour l'accompagner dans son processus de socialisation et d'autonomisation progressive (voir 2 p. 53), et fournir un soutien affectif et émotionnel, notamment dans les moments de vulnérabilité ou de crise (voir 9 p. 187).

Cependant, la cellule familiale peut aussi être parfois un lieu de tensions, de conflits ou de vulnérabilités, lorsque certains besoins fondamentaux ne sont pas satisfaits. Avec un seul adulte à la maison, il n'y a pas d'autres yeux avec suffisamment de discernement pour détecter l'éventuelle apparition d'un dysfonctionnement intrafamilial derrière de belles apparences ou malgré de louables intentions parentales. L'avantage et l'inconvénient d'avoir un seul décideur pour la définition de la politique de la maison sont les mêmes : une opposition modérée au choix des orientations et des lois du foyer. Et lorsque le parent unique est atteint d'une pathologie psychiatrique, comme la dépression, qu'il en soit conscient ou non, cela peut exposer l'enfant à des troubles et des traumatismes que des sentiments de solitude, de peur ou de culpabilité sont susceptibles d'exacerber.

Si l'on s'en réfère aux religions monothéistes, Dieu peut être considéré comme le père célibataire le plus ancien de l'univers. Mais comme les étoiles d'Hollywood, il a des moyens auxquels peu de parents solos ont accès, ce qui peut conduire ces derniers à se surinvestir dans leur rôle, en essayant de compenser les manques perçus par des efforts surhumains. L'acquisition solitaire de l'omniscience, de l'omniprésence et de la fortune est un exploit rare dont la quête conduit irrémédiablement la majorité des parents à l'épuisement.

La gloire des pères et les châteaux des mères célibataires reposant sur l'amour et la persévérance ne se bâtissent pas qu'avec leurs réserves énergétiques, ils se construisent, avant tout, sur leur capacité à trouver et organiser les ressources matérielles et humaines dont ils ont besoin pour guider leur progéniture vers ses réussites. Le salut des parents isolés dépend donc avant tout de leur faculté à être bien entourés.

Connaissances, réseau, confiance

En Afrique précoloniale, l'éducation était communautaire, mais tous les anciens Makà avec lesquels je me suis entretenue constatent que de nos jours, la société est de plus en plus individualiste. Et pourtant, un seul doigt ne peut pas attraper un palmiste. Traditionnellement, les Bantous ont une parentalité collective, impliquant une vigilance partagée avec la communauté ; la coopération et le soutien mutuel sont essentiels pour élever un enfant.

Les ancêtres sont honorés, car c'est par eux que nous existons. Les anciens importent, car ils jouent un rôle de transmission, de conseil et de pacification des plus jeunes. L'enfant est donc de fait éduqué par ses aînés, qu'il doit considérer comme des co-mères et des co-pères, issus de la famille élargie : des oncles, tantes, grands-parents, et même des copains ou des voisins, qui coopèrent pour veiller à l'intégrité physique et mentale des jeunes, sans pouvoirs surnaturels ni pouvoir d'achat exceptionnel.

Dans les sociétés africaines où l'on enseigne aux enfants à montrer de la déférence envers toutes les personnes plus âgées, qu'elles fassent ou non partie de leur famille immédiate, le respect « étendu » est une valeur fondamentale permettant de répartir les responsabilités et de réduire la pression sur une seule personne[80]. L'éducation est vue comme un effort collectif. Les enfants passent du temps avec différents membres de la communauté, ce qui enrichit leur apprentissage et leur développement social.

Chaque membre de la famille a un rôle déterminé à jouer. Les grands-parents, par exemple, gardent les enfants pendant que les parents travaillent en ville ou aux champs (voir 4 p. 103). Considérés comme les plus sages du fait de leur plus longue expérience de vie, ils content les traditions et racontent les histoires du passé. Et s'ils s'aperçoivent qu'un enfant tarde à marcher, ils l'exerceront.

Dans les familles africaines souvent composées de plusieurs enfants, l'aîné joue un rôle spécifique dans la fratrie : il encadre les plus jeunes dans leurs explorations, participant ainsi à leur développement. Les frères et sœurs veillent et surveillent, les cousins sont compris dans les fratries et sont les meilleurs amis. Si un enfant semble particulier, il sera encouragé à passer du temps avec les autres enfants du village. Les plus jeunes, sous la responsabilité des plus âgés, prendront part aux jeux, favorisant leur évolution grâce aux relations interpersonnelles.

Les oncles et les tantes sont des co-parents qui conseillent, les tantes particulièrement ont la charge de renseigner les filles sur les questions de sexualité, car avec les parents, il peut exister des barrières. Quant aux garçons, ce sont les oncles qui ont généralement ces responsabilités.

Aujourd'hui comme hier, les mères nourrissent, consolent, soignent, supportent, comme partout dans le monde. Mariées, les femmes makà rejoignent leur mari dans le foyer conjugal pour y vivre avec les enfants. Séparées, elles retournent dans leur village natal, auprès de leurs frères, au sein de leur communauté de naissance où, toujours, une solidarité se met en place de telle sorte qu'une mère n'est jamais réellement esseulée.

De nombreux pères bantous, à l'image d'autres hommes déracinés, ont perdu une partie de leurs coutumes et repères ancestraux. Cette déculturation peut compliquer l'adoption de formes de masculinités positives (voir 7 p. 161). En France, le rôle des pères évolue et se réinvente de plus en plus positivement sous l'impulsion des lois et des volontés individuelles de mettre un terme à la transmission de traumatismes[81] (voir 9 p. 187). Historiquement vus comme des pourvoyeurs, tandis que les mères s'occupaient de l'éducation des jeunes enfants, de plus en plus de pères, en couple ou célibataires, composant avec une culture africaine poussent la porte de mon cabinet pour réfléchir à leur identité et aspirent à un statut d'exemple positif pour les générations suivantes.

L'organisation makà illustre l'importance du mentorat familial. Lorsque l'enfant est en crise, un conseil de famille est convoqué pour identifier la stratégie et la personne la plus appropriée pour l'aider à la traverser (voir 10 p. 217). L'enfant peut même lui être confié le temps nécessaire, un week-end, quelques jours de vacances, voire une année scolaire.

Cette dynamique collective où chaque enfant bénéficie d'expériences et de soutiens issus de la famille élargie est moins courante dans les contextes européens, où les familles nucléaires et le recours aux ressources extrafamiliales sont plus fréquents.

Lorsqu'une difficulté dans le développement d'un enfant est constatée, une femme plus expérimentée de la communauté bantoue intervient pour orienter la nouvelle mère. En France, ce sont les services sociaux qui détiennent cette mission ; d'autres pays comme la Suède encouragent les interactions entre grands-parents et petits-enfants et autorisent les parents à transférer une partie de leurs congés parentaux à la personne de leur choix[82].

Le système de solidarité traditionnel des Makà permettait de trouver un équilibre entre protection et autonomisation de l'enfant, à l'échelle d'un village[83]. Mais dans le contexte actuel des villes et des périphéries urbaines vérolées par des affaires de mœurs concernant des mineurs, qui peut être considéré comme un co-éducateur fiable ?

L'Éducation nationale en France joue un rôle fondamental dans le soutien des parents seuls. L'école, obligatoire dès l'âge de 3 ans, assure une partie importante du développement intellectuel et social des jeunes générations[84]. Un parent, pour ne pas s'isoler et par la même occasion isoler son enfant, doit s'entourer d'un réseau solide. Cela peut inclure la famille élargie aux amis, les enseignants, et parfois des professionnels comme les psychologues ou les travailleurs sociaux. Diverses associations, comme celles des parents d'élèves, et initiatives communautaires offrent aussi une boussole, une oreille ou des conseils aux parents solos. De même pour les groupes de soutien locaux et les réseaux sociaux comme www.popmoms.fr ou www.uniparent.com

Le fait d'entretenir des relations avec les autres contribue à rendre les gens plus heureux et en meilleure santé tout au long de leur vie. C'est ce qu'a révélé la *Harvard Study of Adult Development*, une étude ayant duré 75 ans[85] : isolé, l'humain est malheureux et vit moins longtemps ! Se connecter à d'autres peut offrir un soutien ponctuel et plus si affinités, mais quelques parents assimilent à tort les représentants des institutions étatiques à des tiers pouvant endosser leurs obligations, ce qui peut expliquer, en partie, le style désengagé de leur éducation (voir 1 p. 35).

Bien qu'une aide extérieure ponctuelle soit souvent précieuse, une assistance permanente ne devrait être envisagée que dans des cas d'incapacité avérée à améliorer sa situation sociale, comme un handicap. En effet, ce dernier ne prive pas un individu du droit d'aimer ni d'être parent, mais peut nécessiter un accompagnement spécifique.

Un soutien institutionnel n'exonère donc pas un parent d'assurer le bien-être, la sécurité, et le développement harmonieux de son enfant, ni ne doit l'encourager à déléguer totalement les inconvénients de sa mission éducative. Certains responsables politiques et éducateurs insistent sur ce point. Néanmoins, l'autorité publique n'est pas non plus exonérée de sa responsabilité de garantir aux parents un environnement propice à la réalisation de leur mission, avec bientraitance (voir 3 p. 81).

Nombre de parents avec lesquels j'ai échangé expriment leur désarroi face aux exigences d'une éducation moderne sans aucune violence, aux bénéfices prouvés par la science, alors même qu'ils sont contraints de vivre dans des espaces où, banalisée, elle peut infecter leur foyer[86].

Que faire dans ces ambiances malsaines que tant de politiques s'essayent à « karcheriser » sans résultat probant[87], à part tenir son enfant, parfois un peu trop fermement, par peur qu'il ne cède aux tentations des sirènes de la délinquance des quartiers ? Bien éduquer à deux dans de meilleures conditions n'est pas évident, alors comment faire lorsqu'on est seul, dans un espace miné par les trafics, pour préserver son enfant[88] ? Sur qui d'autre compter à part soi, si ce n'est l'État, lorsqu'on part travailler à l'aube ou qu'on rentre au crépuscule[89] ?

Deux yeux valant toujours mieux qu'aucun, surveillez attentivement les signaux faibles, à tout changement de comportement pouvant être la conséquence d'une mauvaise influence ou d'un abus[90] (voir 6 p. 143).

Le modèle makà, ancré dans une tradition de solidarité et de soutien collectif, offre des leçons précieuses pour les parents d'aujourd'hui, mais le principal frein à l'adoption de modèles éducatifs collectivistes, dans nos métropoles, est la crise de la confiance qui traverse les sociétés occidentales envers les adultes encadrant des enfants. Dans les clubs sportifs, chez les scouts, à l'école, dans les copropriétés, rares sont les semaines où les médias ne révèlent pas d'agissements de prédateurs qui sont connus des jeunes victimes dans 75 % des cas selon www.innocenceendanger.org

Enfance, traumatismes, résilience

Les enfants élevés par un seul parent peuvent développer une résilience remarquable et une autonomie précoce, surtout s'ils bénéficient d'un réseau de soutien efficace. Toutefois, l'absence d'un père ou d'une mère, selon les causes et les circonstances, peut aussi entraîner des conséquences négatives sur leur développement psychologique et émotionnel. Quoi qu'il en soit, un enfant développe des stratégies d'adaptation plus ou moins appropriées, comme Gaël, aux situations familiales qu'il rencontre.

Éduquer un enfant seul peut signifier que l'enfant n'a personne d'autre que vous sur qui compter. Cela peut générer de l'anxiété chez le parent, qui doit alors veiller à ne pas la transmettre à l'enfant.

Sophie a poussé la porte de mon cabinet parce qu'elle traversait à nouveau une période de dépression profonde. Elle a débuté la séance par ces mots : « Je suis seule. » Sa mère étant décédée en la mettant au monde, elle avait été élevée par son père jusqu'à ses 6 ans. Après sa mort dans un accident de voiture, elle avait été élevée par sa grand-mère maternelle, septuagénaire, craignant à tout moment de décéder à son tour et d'en faire une pupille de la Nation. Elle l'éduqua avec pour mission prioritaire de lui apprendre rapidement à se débrouiller et à survivre, seule. La peur de perdre le dernier membre de sa famille avait rythmé l'enfance de Sophie de crises d'angoisse, et ce sentiment d'insécurité resurgissait encore régulièrement, alors qu'elle avait 28 ans. Les traumatismes de son enfance alimentaient sa mélancolie.

La principale préoccupation d'un parent solo est que son enfant ne manque de rien. Ni de modèle ni de soutien émotionnel pour préserver sa perception des relations et son mode d'attachement[91]. Il peut développer de l'agressivité et rencontrer des difficultés scolaires s'il manque d'encadrement à la maison. Des figures de substitution peuvent aussi épargner à un enfant le sentiment d'abandon, de rejet ou de manque de sécurité pouvant nuire à sa confiance en lui et à son estime de soi. Sophie avait appris à se détacher pour se préserver de la souffrance, elle était une adulte isolée avec des difficultés de socialisation, craignant autant de s'attacher que d'être abandonnée. Son trouble anxieux alimentait sa détresse, mais il la rassurait aussi, car au fond, il était son plus vieux compagnon.

En France, les familles nombreuses diminuent au profit des duos parent-enfant. La question « Peut-on bien élever un enfant seul ? » peut donc être prise sous l'angle de l'enfant unique. L'absence de frères, de sœurs et de cousins peut être compensée par des amitiés afin d'offrir davantage de perspectives et de diminuer le sentiment de solitude que l'enfant peut parfois partager en miroir avec son parent.

Un parent ne peut pas apprendre à son enfant ce qu'il ignore et doit donc l'inciter à explorer d'autres univers que le sien. « Il ne peut y avoir d'expérience du soi simplement par soi-même », écrivait George Herbert Mead[92]. Plus un enfant ira à la rencontre d'autrui, plus il aura de références pour se comprendre, pour confirmer son existence dans le regard d'un autre. Échanger avec d'autres « nous » éventuels permet de se reconnaître, de se connaître et d'être reconnu. En définitive, bien élever un enfant seul n'est pas une quête solitaire, mais une aventure partagée, ne serait-ce qu'avec l'enfant. Que ce soit à travers le soutien institutionnel en Europe ou le modèle communautaire en Afrique, un parent bien informé n'est jamais vraiment seul. Au-delà des liens du sang, il peut identifier les personnes de son entourage et les professionnels qui contribueront positivement au développement de son enfant.

À lire pour approfondir

- George Herbert Mead : *L'esprit, le soi et la société* (2006, Presses Universitaries de France)
- Robert Wernick : *La cellule familiale* (1974, Éditions Time-Life)
- Salvatore D'Amore : Les nouvelles familles. Approches cliniques. (2010, De Boeck)

Composez un village éducatif

Construire le village éducatif de votre enfant est une démarche proactive qui nécessite de vous ouvrir aux autres avec discernement et vigilance. Bien que certaines méfiances soient légitimes, il est essentiel de trouver un équilibre entre la protection de vos valeurs et l'ouverture à l'altérité, sans tomber dans la paranoïa.

1. Évaluez ses besoins émotionnels et sociaux. Notez ses comportements avec ses pairs et les adultes qu'il côtoie.

2. Sélectionnez avec soin votre réseau de soutien. Entourez-vous de la famille et des amis en qui vous avez une confiance absolue, qui vous respectent. Créez un cercle restreint. Choisissez des professionnels alignés avec la loi et vos valeurs. Vérifiez leurs références.

3. Favorisez la socialisation de votre enfant dans un cadre sécurisé. Privilégiez des associations ou clubs ayant signé la charte de prévention contre les violences sexuelles. Participez aux événements et discutez avec tous les adultes qui l'encadrent.

4. Maintenez un environnement stable et bienveillant. Établissez des routines et des habitudes comme « le mercredi chez mamie », « les vacances avec les cousins ».

5. Prenez soin de vous pour mieux prendre soin de votre enfant. Veillez sur votre santé. Voyez des amis, vivez vos passions.

6. Réévaluez la qualité de ses connexions en discutant régulièrement avec votre enfant. Sensibilisez-le aux risques selon les contextes et selon son âge. Ajoutez et retirez des membres de ce village éducatif selon les besoins.

6. Qui influence mon enfant ?

Notion clé : le champ social

« Les cheveux ne cachent pas la teigne. »
Proverbe makà

Influences, ascendances, incidences

Avec qui votre enfant discute-t-il réellement dans sa chambre, sur cette plateforme de jeux ? Et qui donc « like » ses photos de vacances, innocemment postées pour partager ses humeurs adolescentes ?

Bien que certaines influences externes puissent sembler anodines ou invisibles, elles peuvent impacter progressivement, profondément et durablement votre enfant. Des difficultés, des faits inappropriés ou des idées extrêmes instillées, subrepticement, par des camarades ou des vidéos en ligne, peuvent se cacher derrière une façade faussement rassurante, par peur, par honte, ou pour d'autres raisons.

À l'instar de la teigne dont les conséquences finissent par être découvertes, les influences, négatives ou positives auxquelles votre enfant est exposé peuvent modifier, plus ou moins visiblement, son comportement. Être un parent investi et conscient réclame donc aussi d'être vigilant aux messages, bruyants ou silencieux, qu'émet votre enfant.

Omniprésente dans l'espace social, l'influence extérieure façonne notre sphère mentale, nos pensées, nos comportements et nos aspirations. Elle peut être définie comme la capacité d'une personne, d'un groupe ou d'un environnement à modifier ou orienter les attitudes, les opinions et les comportements d'autrui. Directe ou indirecte, intentionnelle ou involontaire, elle peut aussi faire l'objet de trafic, par exemple lorsqu'un maire utilise sa position pour obtenir les faveurs d'une citoyenne en échange d'un emploi ou d'un logement social.

Destin, destination, libre arbitre

Délégueriez-vous la conduite de votre véhicule à quelqu'un sans savoir où il va vous emmener ?

> *Imaginez qu'une personne, que vous connaissez plus ou moins, décide de prendre le volant de votre automobile. Vous vous mettez donc sur le siège passager et l'observez en silence entrer son itinéraire sur votre GPS. Elle règle le siège à sa hauteur, ajuste le rétroviseur, lance sa playlist puis démarre le moteur pour vous balader à sa guise. Il vous conduit sur son lieu de travail, et puisque vous êtes là, vous l'aidez à finir un projet. Il vous emmène ensuite au centre commercial et en bon copilote, vous l'aidez à mettre ses courses dans votre coffre, ce qui ne laisse pas de place pour les vôtres, qui sont abandonnées sur le trottoir. Vous faites ensuite halte chez elle, puis chez ses amis, et malgré votre curiosité, vous réalisez que vous n'appréciez que peu ces escales qui n'ont guère d'intérêt pour vous. Lorsque vous tentez d'exprimer cette légère gêne, votre chauffeur envahissant vous invite à apprécier les paysages qui défilent sous vos yeux et vous rappelle à quel point vous êtes chanceux de pouvoir rouler sans avoir à vous concentrer sur la route. Vous avez bien l'impression d'aller de l'avant dans ce voyage, puisque vous voyez que votre compteur kilométrique tourne, mais ignorer l'endroit où vous vous trouvez et où vous allez vous donne la nette impression d'être perdu.*

Imaginez maintenant que ce trajet est votre vie, que la voiture est votre véhicule corporel qui normalement est exclusivement dirigé par votre volonté. Vous pensiez avoir économisé votre temps en laissant à autrui la charge de l'organisation du périple et des excursions, mais vous tournez en rond et après un bout de chemin, en y réfléchissant bien, cette conduite assistée vous coûte bien plus de ressources qu'elle ne rapporte de gain. Vous partagez le confort de votre habitacle cérébral, mais pas vos charges d'énergie renouvelable, d'assurance tous risques ou d'entretien, si bien que lorsque la panne survient, vos clés vous sont rendues sur la bande d'arrêt d'urgence de l'espace social afin de vous laisser vous débrouiller, seul, avec les dysfonctionnements de votre sphère mentale. Après tout, ce véhicule corporel vous appartient et vous avez librement laissé quelqu'un l'utiliser à ses fins en déterminant ses trajectoires à votre place, sans garantie que cela ne vous rapproche effectivement plus de la réalisation de vos objectifs que de la casse.

Rien ne vaut la sensation d'être maître de son destin. Rien n'égale le plein exercice de son pouvoir de décision. N'est-ce pas ?

Bien naître, bien être, savoir vivre

Vous demander ce qui influence votre enfant, c'est identifier les choses, les lieux et les personnes pouvant avoir une incidence sur son corps, son esprit et ses choix de vie (voir 5 p. 127). L'analogie de la voiture souligne l'intérêt de cultiver son autonomie et son esprit critique. L'indépendance mentale est essentielle au milieu de sept milliards d'influences.

Naître est un peu comme se voir offrir une voiture sans la totalité du mode d'emploi, et donc sans savoir comment l'utiliser de manière optimale dans l'immédiat. Le parent est cet accompagnateur de conduite qu'aucun enfant n'a réellement choisi, mais contrairement à n'importe quel manipulateur qui chercherait à prendre directement le contrôle de son véhicule en exerçant une emprise, il s'installe sur le siège passager, tel un moniteur. De là, il diffuse ses conseils à l'oreille plus ou moins réceptive du jeune apprenant. Cela pour faciliter l'obtention de son permis « adulte autonome et responsable » (voir 2 p. 53). Certains jeunes le passent en dix-huit ans, d'autres un peu plus tôt ou beaucoup plus tard.

En tant que moniteur de bonne conduite, vous enseignez à votre enfant l'art de rouler en toute sécurité vers des horizons choisis, en pleine conscience et confiance, sur des routes agréables et éclairées. Vous lui ouvrez les voies du plein accomplissement, dans l'espace politique, économique et social, sans qu'il consacre, de manière insensée, son temps de vie à l'exécution des plans de siphonneurs d'énergie.

Il existe des moniteurs qui ne pointent que les erreurs de leur apprenti, tandis que d'autres les ignorent. Il y a ceux qui ne sont jamais disponibles pour transmettre leurs expériences plus ou moins fournies et d'autres au contraire qui passent tout leur temps dans la zone proximale de développement de leur enfant, au prix de leur indépendance mutuelle. Parfois méfiant, parfois confiant, dans tous les cas selon son degré d'implication et de vigilance, l'accompagnateur est plus ou moins disposé à intervenir si son apprenti choisit une voie susceptible de les mettre l'un comme l'autre en péril (voir 1 p. 35).

Au milieu de la circulation dense, l'enfant tente de suivre la cadence. Pour cela, il se fie souvent aux conducteurs autour de lui. Il imite ses semblables, ceux en qui il se reconnaît, sans savoir que certains roulent sans permis, avec des pneus dégonflés, ou pire, qu'ils n'alimentent pas leur moteur avec le bon carburant, car ils ignorent qu'il en existe plusieurs, autant qu'il y a de voitures en fait. C'est ça, la diversité.

Certains chauffeurs se fichent des conséquences de leur conduite sur la route, comme s'ils étaient seuls à la fréquenter. D'autres se mettent et mettent la pression pour dépasser, quitte à faire des queues de poisson et risquer la collision, comme s'il fallait absolument se hâter d'arriver à destination, alors qu'au final, que cela soit conscientisé ou pas, tout le monde atteindra la même : la mort. Autant donc s'y rendre à sa propre vitesse !

Influence, conditionnement et conformisme

L'influence a offert une reconversion et une existence monétisée sur les plateformes digitales à d'anciens candidats de la télé-réalité. Avec ou sans qualification, ces influenceurs sont parfois suivis par des millions de personnes, adultes et adolescents, qu'ils abreuvent de leurs recommandations en mode, santé, politique et bien d'autres sujets, dont l'éducation.

Face au sentiment de solitude qui caractérise des sociétés industrialisées de plus en plus individualistes, les jeunes se trouvent des familles numériques sur les réseaux sociaux. Ce sont des communautés auxquelles se raccrocher par les liens du web. En Chine par exemple, les jeunes en manque de considération parentale se tournent même vers des parents virtuels. Ce sont des autorités familiales de substitution qui leur fournissent des conseils, du réconfort et des tranches de vie partagées qui comblent partiellement les manquements et défaillances de leurs géniteurs.

Ces personnages médiatiques prospèrent sur douyin.com, la version chinoise de TikTok ou sur YouTube à l'instar de @DadHowDoI. Ils permettent à des pré-adultes de vivre une relation parentale idéale par écran interposé. Si cette influence virtuelle peut être perçue comme positive en cela que les enseignements d'un e-papa ou d'une e-maman constituent une réponse à leurs difficultés relationnelles, il subsiste un risque de transfert et de perte de connexion avec le réel pour les profils les plus vulnérables sur le plan émotionnel[93].

Dans ses premières années, votre enfant ne possède généralement pas la maturité nécessaire au tri et au choix de ses influenceurs, ni des enseignements et valeurs qu'il souhaite intégrer. Il est conditionné selon les normes et les conceptions de la famille que le sort a mises à sa disposition dès la naissance. À l'adolescence, en quête de sens et d'indépendance, en revanche, il s'attelle à exercer avec plus ou moins de fureur de vivre et de discernement sa liberté décisionnelle.

Les références et les modèles qu'il sélectionne durant cette période de transition où votre autorité parentale peut être malmenée et dribblée comme un défenseur débutant face à Kylian Mbappé sont cruciaux pour son avenir. En effet, son besoin et son désir d'appartenance à un groupe, un clan choisi, peuvent se manifester par l'imitation et un conformisme plus ou moins prononcé.

Les expériences sur la conformité du psychologue Solomon Asch illustrent les dynamiques auxquelles les adolescents sont confrontés lorsqu'ils cherchent à être acceptés par leurs pairs (voir 3 p. 81). En effet, elles démontrent que la pression du groupe et la peur de l'exclusion incitent un individu à se conformer aux prises de position majoritaires, même lorsqu'elles sont manifestement incorrectes. Seuls 25 % des participants résistaient. Cela montre l'importance d'offrir des modèles solides et positifs à un enfant, de lui apprendre à se faire confiance et à ne pas toujours se fier aux apparences (voir 8 p. 177).

Socialisation, systèmes et mobilités

La socialisation, la participation active à la société, implique l'apprentissage des règles de conduite et des comportements attendus dans un système donné : par exemple, la règle de politesse consistant à dire bonjour en croisant un voisin. Elle inclut aussi l'appropriation des idéaux partagés par les membres d'une nation, tels que la valorisation de la liberté, de l'égalité et de la fraternité. Cela se fait à travers les parents, l'école, les amis, les entreprises, les associations ou les médias.

La socialisation primaire se produit dans la petite enfance, principalement au sein de la famille, qui est le premier et souvent le plus influent agent de socialisation. Le père, la mère, les frères et sœurs, et les proches, sont bien souvent les figures d'influence les plus significatives aux yeux d'un enfant. Il apprend les traditions familiales et les valeurs morales en les observant et en participant aux activités, fêtes et rituels religieux. La répétition de ces scénarios contribue non seulement à créer des souvenirs agréables, mais aussi à établir des habitudes stables et des routines utiles. Par exemple, un parent qui lit régulièrement des livres à son enfant peut influencer positivement ses habitudes de lecture et son amour de la littérature.

Éduquer, c'est façonner l'esprit d'une autre personne en lui transmettant une culture, des idées et des opinions sur la vie. C'est un transfert de savoirs, mais aussi d'opinions. Ainsi, être plusieurs à éduquer un enfant, c'est lui offrir diverses sources et ressources pour affûter ses capacités d'analyse et son jugement.

L'école, les pairs, les médias, les institutions religieuses sont d'autres agents de socialisation secondaires par lesquels il pourra se façonner son identité. À l'école, les enfants apprennent non seulement les connaissances académiques, mais aussi les comportements sociaux appropriés, les règles du vivre tous ensemble et les valeurs civiques ainsi que les attentes propres à chaque culture. Par exemple, les élèves apprennent la ponctualité, la coopération et l'importance de faire leurs devoirs.

Ces caractéristiques culturelles sont également diffusées à travers les films, les émissions de télévision, les livres et les réseaux sociaux. Ainsi, les dessins animés de superhéros peuvent transmettre des idées sur le courage, la justice et le sens du collectif à votre enfant. Les médias diffusent aussi des modes vestimentaires, des expressions linguistiques et des comportements intégrés par les jeunes. Quant aux organisations religieuses, elles fournissent des enseignements moraux et éthiques pesant plus ou moins sur les prises de décision.

Les mobilités académiques puis professionnelles permettent aussi aux individus de découvrir de nouvelles sphères sociales, avec de nouvelles personnes, tout en favorisant leur apprentissage par observation et expérimentation, leur curiosité et leur indépendance. Les lieux de vie en collectivité, l'exploration de nouvelles sphères sociales sont autant d'occasions d'élargir ses horizons et d'être exposé à des influences positives ou non.

Imitation, reproduction, imperfection

L'expérience de « la poupée bobo », menée dans les années 1960 par le psychologue Albert Bandura, a étudié comment les enfants imitent le comportement agressif d'un modèle adulte envers un jouet (voir 1 p. 35). Elle a mis en lumière l'importance de l'apprentissage par observation, ou vicariance. Ainsi, un parent violent peut avoir été un enfant battu et avoir intériorisé le rapport de force comme un mode de communication normal. Chez les Makà, c'est ainsi que les enfants acquièrent de nouvelles compétences : en imitant les modèles de leur environnement, en se basant sur des expériences passées qui ne sont pas directement liées à la situation présente. Les aînés et les anciens de la communauté se doivent donc d'être exemplaires pour influencer positivement les plus jeunes.

Bandura définit l'apprentissage vicariant comme un processus d'influence par démonstration, où l'imitation est particulièrement puissante lorsque l'observateur voit que le comportement reproduit est récompensé. Ce principe est souvent exploité dans les messages sponsorisés sur les réseaux sociaux, par exemple lorsque des influenceurs sous-entendent qu'ils ont facilement augmenté leurs revenus en pariant sur des applications ou en investissant dans le bitcoin. Plus le démonstrateur est célèbre et socialement valorisé, plus sa parole et ses comportements font foi.

Les industries du divertissement érigent parfois en icônes des antihéros fictifs comme Tony Montana et des artistes charismatiques mais ambivalents, comme Bob Marley, Kurt Cobain ou Amy Winehouse. En plus de leurs talents et succès enviables pour les jeunes, ils présentaient tous des comportements toxiques et des addictions que nul parent ne souhaite voir sa progéniture reproduire.

Les célébrités et les leaders d'opinion, qu'ils soient familiaux, politiques, historiques ou culturels, sont comme tous les humains. Ils sont parfois confrontés à des conflits internes en essayant de concilier leurs croyances, leurs actions et les contextes. Cela est plus ou moins camouflé par les équipes de communication et de marketing, mais lorsqu'elles sont perceptibles, ces contradictions morales peuvent mener à la confusion et à l'adoption de mauvaises attitudes pour des observateurs immatures (voir 2 p. 53). Ce qui est souhaitable ou indésirable, bénéfique ou toxique n'est pas toujours évident, d'autant plus en présence de particularités cognitives pouvant altérer la compréhension (voir 4 p. 103). Des erreurs de raisonnement peuvent influencer le jugement des adultes comme des enfants.

L'effet de halo décrit par le psychologue Edward Thorndike[94] dans les années 1920 explique pourquoi une célébrité ou une figure publique ayant une image positive peut voir ses actions excusées même lorsqu'elles sont discutables. Par exemple, un célèbre chanteur, romancier ou réalisateur de cinéma ayant des relations amorales avec des jeunes filles mineures peut être jugé plus favorablement en raison de son statut. Inversement, un migrant arrive dans une communauté avec des stéréotypes négatifs associés à son origine. Si les médias ou les rumeurs locales présentent son groupe ethnique comme incivilisé, tous les individus en partageant les caractéristiques physiques subiront les préjugés, indépendamment de leur attitude réelle. L'effet de halo peut persister même en présence de preuves contraires. Ainsi, votre enfant peut continuer à juger un camarade comme amical en dépit de fourberies répétées et inversement.

Les biais cognitifs sont des distorsions systématiques dans la manière dont les individus perçoivent, jugent et se souviennent des informations. Ils influencent inconsciemment les croyances et les décisions et sont souvent le résultat de raccourcis mentaux ou d'heuristiques[95]. Biais de validation, d'ancrage, de disponibilité, de complaisance ou d'attribution, ils sont nombreux et expliquent l'importance de la diversification des modèles pour un enfant. Personne n'étant parfait, chacun ayant une part d'ombre et des défauts, il est sage d'apprendre à un enfant à recueillir des opinions et vérifier les fondements. Imiter permet à l'enfant d'explorer et d'affirmer sa personnalité, mais il lui faut une vision claire des attentes, des possibilités, et des significations des comportements qu'il observe, afin de l'aider à discerner ce qui est positif et bénéfique pour son épanouissement à court, moyen et long terme (voir 12 p. 257).

Croyances, épreuves, preuves sociales

La parentalité est un processus de communication complexe dans lequel parent et enfant s'influencent mutuellement. Vous influencez votre enfant et votre enfant vous influence. Vos discussions peuvent guider ses choix et l'aider à apprivoiser les biais cognitifs. Un enfant convaincu par les arguments de ses parents pourra par exemple adopter une attitude de persévérance face aux difficultés scolaires, même si le biais de confirmation l'incite à se focaliser sur des échecs dans une matière en particulier.

Pour inculquer la croyance au pouvoir de l'éducation, parlez à votre enfant de précurseurs s'étant distingués grâce à leurs savoirs scientifiques ou politiques : Maé Jemison, ingénieure, médecin, professeure et astronaute ; Tu Youyou, prix Nobel de médecine ; Édith Cresson, première femme Première ministre de France ; Aïssata Seck, militante pour la valorisation des contributions des soldats africains ayant combattu pour la France, directrice de la Fondation pour la mémoire de l'esclavage… Ils sont nombreux, choisissez donc ceux auxquels il pourra facilement s'identifier.

La sphère politique est celle de l'influence par définition. Je m'y suis intéressée pour la première fois en 2017, à la suite d'une réflexion de ma fille Eden. Elle avait 13 ans et était en seconde dans un lycée des beaux quartiers parisiens. Nous avions emménagé dans la prometteuse ville de Noisy-le-Sec, persuadés de contribuer positivement à une mixité sociale alignée avec nos valeurs du vivre ensemble. Le décalage entre la Seine–Saint-Denis de mes souvenirs d'enfance et celle dans laquelle j'avais convaincu mon époux d'acheter un appartement, deux ans auparavant, certaine de faire le meilleur investissement pour l'avenir de nos enfants, me paraissait grand. Les sarcasmes avaient déjà remplacé mon enthousiasme et un soir, alors que nous regardions la télévision, je me moquai des propositions d'un candidat à l'élection présidentielle pour rendre le futur désirable grâce à des chèques magiques. Mais au lieu d'en rire, Eden m'a calmement rétorqué : « Lui, au moins, il essaie. »

Cinq mots simples qui m'ont instantanément renvoyée vingt ans en arrière. J'écoutais alors en boucle les chansons d'Ace of Base, Tupac et Passi dans mon Discman Sony et comme ma fille, je faisais mon entrée au lycée. J'avais été admise dans un établissement dont j'ignorais encore tout du symbole social, mais dont les valeurs d'émulation et d'excellence m'imprégneraient durablement. À l'évidence, les angoisses et les microblessures émotionnelles de mon passage à Louis-le-Grand s'étaient invitées dans ma politique éducative.

Là-bas, de l'autre côté du périphérique, hors de ma zone de confort, j'avais appris l'existence des classes d'élite. Mon innocence rebelle adolescente y avait cultivé mon aversion de l'iniquité. Ainsi, jour après jour, cours après cours, avec cette étiquette d'élève désinvolte collée par certains enseignants, les notions d'égalité des chances et de droit à la différence prenaient sens. Je m'étais découvert une âme militante en participant à mes premières manifestations, puis je l'avais dissimulée grâce à l'art de la prestidigitation, auquel je m'exerçais depuis l'enfance, par peur de la marginalisation.

Comme la majorité des gens, je voulais juste demeurer du « bon » côté de notre société. Mais je n'avais pas vraiment été initiée aux règles et aux codes de ce monde invisible les quinze premières années de ma vie. Je l'étudiai attentivement, pour tenter de le comprendre, en plus de mes leçons. Néanmoins, malgré mes efforts de conformation, je n'ai jamais vraiment eu l'impression d'être perçue comme, et donc ne m'étais jamais sentie, légitime dans cette sphère sociale (voir 11 p. 243). La socialisation implique l'apprentissage des rôles et des attitudes associées à une position, un statut particulier dans un contexte donné. Par exemple, le rôle de parent, celui d'enseignant, celui d'élève ou celui de citoyen. Comme dans toute organisation, familiale, académique, économique, politique, religieuse ou biologique, tout est fait pour que chaque membre, agent, employé, militant, croyant, remplisse rigoureusement la mission définie par le chef d'orchestre. Par exemple, dans votre corps, chaque élément est connu et reconnu pour son rôle spécifique de préservation de votre physique. Lorsqu'une anomalie est repérée, votre organisme s'active automatiquement pour l'isoler puis l'éliminer, car vous maintenir en santé est la priorité absolue de votre cerveau. Vos anticorps traquent chaque cellule suspecte pouvant créer des dysfonctionnements et seules celles qui mutent suffisamment persistent. Mais jusqu'à quel point fallait-il accepter de se transformer pour être validé en méritocratie ? Et si les divergents résistants aux tentatives d'expulsion des systèmes scolaires, administratifs, économiques n'étaient pas des virus, mais des antidotes à l'uniformisation ?

« Lui au moins, il essaie. » J'ai cessé de rire, mais pas d'y penser. Cette phrase piquante réveilla comme un sentiment de culpabilité. Mon échappée créative, loin du monde du pouvoir volontiers abandonné à une classe d'élus l'ayant reçu de leurs aînés, ne dupait pas ma descendance. Je comprenais soudain qu'en renonçant à agir pour moi, je l'avais en partie privée des opportunités d'agir pour elle-même : avais-je créé un traumatisme transgénérationnel ?

Chez les Makà, pourtant, chaque génération se doit d'accomplir sa mission auprès de la suivante (voir 5 p. 127). « Chaque génération doit, dans une relative opacité, découvrir sa mission, la remplir ou la trahir », écrivait le psychiatre Frantz Fanon[96] dans *Les damnés de la Terre*. Il semblait bien que renoncer à écrire sa part de l'Histoire revenait à s'emprisonner dans son éternel recommencement. J'écoutais Eden formuler mot pour mot les mêmes craintes que l'ado anxieuse chronique que j'étais internalisait. Je l'avais incitée à reproduire, comme un écho de ma propre existence, un parcours dont elle redoutait déjà l'issue : « Tu me demandes toujours de redoubler d'efforts pour cocher les attentes de notre société et ne pas en être exclue, mais que fait la société, elle, pour ne pas m'exclure ? »

Troublée, je réalisai que m'avoir pour modèle revenait pour Eden à se projeter deux décennies en avant, alternant des boulots de vendeuse et de barmaids pour financer des projets plus inventifs que lucratifs, malgré un cursus académique honorable. J'avais dû commettre une erreur dans mon décodage du système. J'avouais alors n'avoir pas vraiment de réponse à sa question. Néanmoins, ce jour-là, notre contrat de confiance mère-fille a évolué (voir 3 p. 81). Je m'engageais à tenter d'explorer la sphère politique de notre pays pour comprendre, d'apprendre et prendre part à ce qu'il s'y faisait concrètement pour améliorer le quotidien et le sentiment d'inclusion de sa génération. Elle s'engageait à continuer de jouer le jeu de l'école républicaine, parce que malgré les doutes, c'était le plus sûr des modes de mobilité sociale. De la forêt tropicale de Ntankuimb à mon charmant bout de jardin partagé de Noisy, j'avais emprunté la route de l'instruction. J'avais cru en ses promesses d'émancipation et j'avais encore foi en ses bienfaits. Malgré l'épreuve qu'elle pouvait représenter, j'avais autour de moi des preuves de son intérêt.

La chimie corporelle, la famille, les amis du quartier, et les professeurs de l'école ; les médias, le contexte sociétal, l'histoire connue ou inconnue du monde et toute personne dont nous suivons le point de vue et observons les comportements nous influencent. Mais c'est à nous de déterminer les rôles que l'on souhaite donner à ce et ceux qui croisent nos chemins.

À lire pour approfondir

- Burrhus Frederic Skinner : *Par-delà la liberté et la dignité* (1973, Raison Présente)
- Richard Thaler : *Nudge. La méthode douce pour inspirer* (2008, Vuibert)
- Daniel Kahneman : *Les deux vitesses de la pensée* (2011, Flammarion)
- Antoine Auger : *L'Histoire de France à travers ses personnages* (2021, Bled)
- Delphine Gaston : *Almaniak 365 femmes extraordinaires* (2024, Éditions 365)
- Dominique Chagnollaud : *Code junior* (2023, Dalloz)

Influencez positivement votre enfant

1. Renforcez les actions et réactions recherchées avec le conditionnement opérant (voir 3 p. 81).

2. Montrez l'exemple, démontrez vos principes en les appliquant. Soyez la preuve d'un possible satisfaisant malgré les épreuves.

3. Variez les langages et les techniques. Utilisez les contes, les récits historiques et les proverbes. Racontez votre légende personnelle et votre mythologie familiale (voir 12 p. 257) pour transmettre des connaissances et traditions précieuses, tout en nourrissant le sentiment d'appartenance à un groupe valorisant. Enseignez-lui la communication assertive et la PNL (voir 10 p. 217). Présentez-lui les options qui s'offrent à lui en lui expliquant les conséquences de chaque choix.

4. Créez des protocoles, des routines et des bonnes habitudes avec la méthode expérimentale (voir 2 p. 53). Répétez, ensemble, des chaînes d'actions pertinentes et satisfaisantes pour imprimer émotionnellement sa mémoire avec des souvenirs positifs. Nommez vos rituels, inventez des cérémonies de transmission de savoirs, conversez fréquemment.

5. Rédigez un contrat de confiance (voir 3 p. 81) pour instaurer un respect et une confiance mutuels, des valeurs solides. Favorisez son estime de soi pour qu'il croie d'abord en lui avant de croire en n'importe quoi et n'importe qui.

6. Exercez son esprit critique. Un enfant qui a appris à questionner les sources d'information et à réfléchir par lui-même sera mieux équipé pour rejeter les influences négatives provenant de camarades ou des médias.

7. Utilisez la technique des nudges[97] (voir 10 p. 217) : mettez des pommes à portée de main pour encourager à manger sainement au lieu de grignoter des gâteaux par exemple. Placez des visuels attrayants rappelant les règles et les protocoles, empilez son linge sale devant la porte de sa chambre pour l'inciter à le ramasser et faire sa lessive pour y accéder.

8. Vérifiez les lieux et personnes qu'il fréquente. Ajustez son village éducatif (voir 5 p. 127). Si votre enfant est sous influence toxique, coupez-le de la source (changement d'activités, d'école, déménagement…).

III

DES RESSOURCES ESSENTIELLES

Le monde pour mon enfant

De 12 à 17 ans – Aire des passions – Axe des découvertes

Ces réflexions vous invitent à sélectionner les outils utiles à l'exploration de votre enfant. Cela est particulièrement utile durant l'adolescence, une période marquée par les passions et les émotions intenses, où les jeunes multiplient les interactions et les découvertes qui renforceront ou transformeront leur éventail de valeurs.

7. Comment éduquer en conciliant différentes références culturelles ?

Cette question vous permet de réfléchir à la manière d'intégrer et de valoriser les diversités culturelles, de respecter les différences, et de créer un environnement éducatif inclusif pour votre enfant. Favoriser l'éveil multiculturel peut être une belle opportunité d'enrichir son capital cognitif.

8. Quelles aptitudes dois-je aider mon enfant à développer en priorité ?

En répondant à cette question, vous pouvez préciser vos priorités éducatives en fonction du profil, des besoins spécifiques et des compétences essentielles pour les réussites futures de votre enfant.

9. Comment apprendre à mon enfant à traverser les moments difficiles ?

Il s'agit de songer aux méthodes qui transforment les défis de votre enfant en opportunités de croissance, en développant ses intelligences émotionnelle et relationnelle, ainsi que sa résilience.

Cette étape invite à concevoir des stratégies pour respecter la nécessité de votre enfant d'éprouver ses capacités, son autonomie et ses limites. En favorisant la création d'espaces propices à la prise de risques calculés – des capsules d'audace – votre enfant pourra apprendre de ses erreurs, s'adapter aux changements, sans compromettre son bien-être ou son avenir.

7. Comment éduquer en conciliant différentes références culturelles ?

Notion clé : les valeurs

« La main gauche lave la main droite et vice versa. »
Proverbe bantou

Rencontres, échanges, enrichissement

La mondialisation entraîne la rencontre de cultures parfois opposées. Si elle a pu engendrer et engendre encore des conflits armés, elle a également favorisé l'émergence de familles pluriculturelles, une richesse potentielle pour les enfants. Toutefois, cela peut amener à s'interroger sur la pertinence des valeurs à transmettre, de nos jours, en France, dans ce pays dans lequel nos enfants vivent et tentent de se réaliser.

Les multiples agents de socialisation et influences peuvent parfois désorienter et nous pousser à nous demander si nous devons privilégier nos propres références éducatives, celles de notre conjoint ou celles des voisins pour éduquer un enfant (voir 5 p. 127 et 6 p. 143). La question de la conciliation culturelle est aussi celle de l'équilibre entre le moderne et le traditionnel. C'est celle de la coexistence au même endroit de ce qui s'oppose sur le papier, à table ou dans des livres sacrés. Mais en quoi la mixité nous enrichit-elle vraiment, nous et nos enfants ?

Références, résistances, différences culturelles

Est inculte celui qui ne connaît pas sa culture. Ainsi, pour éviter cette étiquette à nos enfants, nous les éduquons, nous les enculturons. Les processus d'enculturation, les situations d'apprentissage, permettent aux agents de socialisation que nous sommes de leur apprendre à se comporter de certaines façons.

Les manières dont les parents éduquent leurs enfants varient grandement selon les histoires personnelles qui forgent les mémoires et les schémas de pensée, mais aussi selon les relations avec les différents groupes qui peuplent les environnements. Comme des poupées gigognes russes, la sphère mentale s'inscrit dans une cellule familiale, elle-même située dans la dynamique d'un quartier, d'une ville, d'une région, puis d'un État. Une nation régie par un régime politique et des institutions, ainsi qu'une histoire avec laquelle chacun se trouve des liens hier, se connecte aujourd'hui et se projette demain.

De la solitude de sa boîte crânienne au foisonnement démographique de la planète, plus l'échelle spatiale fréquentée par votre enfant est grande, plus ses possibilités de rencontres interculturelles s'élargissent. Il peut alors devenir délicat d'établir et de maintenir le cap d'une politique éducative puriste.

Espaces et processus d'enculturation

Tenter de relier un enfant à des racines non occidentales, dans l'espace culturel français, c'est lui léguer des spécificités de minorités ethniques. Le puzzle du métissage peut être un véritable défi pour tout parent tentant de promouvoir le patrimoine de ses aïeux auprès de sa descendance. Le risque de dissolution complète du souvenir de peuples ancestraux par des vagues de mondialisation déchaînées n'a en effet jamais été aussi élevé. Car à notre époque numérisée, marketée pour stimuler les sens plutôt que les esprits, le courant culturel dominant, le *mainstream*, se diffuse et se mélange à une vitesse sans précédent, transformant parfois profondément les cultures traditionnelles.

Selon l'anthropologue Claude Levi-Strauss[98], les relations familiales et les rôles parentaux sont façonnés par des structures et des mythes culturels. Bien que différents en apparence, ces systèmes révèlent des schémas universels de la pensée humaine comme l'interdit de l'inceste ou la nécessité de préparer son enfant à la vie d'adulte (voir 2 p. 53). Les âmes des cultures, qu'elles soient françaises ou makà, vivent et se ravivent grâce aux éléments symboliques, conceptuels et comportementaux témoignant de l'histoire, des croyances et des valeurs.

Selon le psychologue social Shalom Schwartz[99], les valeurs sont des croyances trans-situationnelles qui impactent la perception et orientent les actions. La culture est un liant communautaire grâce aux traditions, rituels et valeurs transmis, intériorisés et hiérarchisés depuis l'enfance jusqu'à l'âge adulte. Partager un système de valeurs prioritaires compatibles est indispensable pour pérenniser une relation professionnelle, sentimentale ou parentale dans laquelle plusieurs cultures se côtoient. Cela facilite la recherche de compromis lorsque les secondaires s'opposent.

À l'image de la dissonance cognitive théorisée par le psychologue Leon Festinger[100], la dissonance culturelle se produit lorsque les valeurs, croyances et pratiques d'une personne ou d'un groupe entrent en conflit avec celles d'une autre culture. Ce phénomène, fréquent chez les migrants ou les familles biculturelles, génère des tensions internes et des sentiments de confusion ou d'aliénation.

Dans des contextes familiaux ou sociaux où les individus doivent naviguer entre des normes et des traditions parfois contradictoires, il est crucial pour leur santé mentale qu'ils trouvent un équilibre. En effet, je reçois régulièrement en consultation de jeunes afro-descendants dont les dilemmes culturels provoquent parfois des troubles psychologiques.

Le poids du respect de certains aspects de la culture familiale est parfois si lourd que beaucoup préfèrent sacrifier leur bien-être plutôt que de risquer de décevoir leur entourage en remettant en question des valeurs ou des pratiques transmises par leurs parents. Citons un exemple touchant :

Ismaël, en fin de vingtaine, avait poussé la porte du cabinet, car depuis quelque temps, il faisait des crises d'angoisse. Il pensait en avoir identifié la cause et avait besoin d'en parler à quelqu'un de neutre pour alléger sa conscience. Ismaël était né d'un père musulman et d'une mère athée. Son père était devenu très pratiquant à sa naissance et les avait religieusement élevés, son frère et lui. Ce changement avait d'ailleurs provoqué la séparation de ses parents.

Ismaël avait un travail d'informaticien qui le satisfaisait et il était en couple depuis plusieurs années avec Laura. Un soir, elle avait commandé un Big Mac sur Uber Eat, et puis ils l'avaient partagé en amoureux. Depuis, il se sentait hypocrite vis-à-vis de son petit frère qu'il voyait chaque semaine. Il aurait aimé lui dire qu'il n'était plus aussi rigoureux qu'avant et qu'en fait, cela l'avait libéré d'une contrainte moins importante pour lui que pour leur père. Le conflit de loyauté culturelle perturbait son esprit et son corps.

À la séance suivante, Ismaël arriva apaisé. Quelques jours auparavant, il avait déjeuné avec son frère au Mc Donald's, décidé à lui montrer la vérité. Au moment de commander sur la borne, il sélectionna un menu Big Mac, et à sa grande surprise, son frère lui dit qu'il en voulait un, lui aussi. Ce dernier lui avoua avoir changé ses habitudes alimentaires depuis longtemps, mais avoir lui aussi craint d'être mal jugé. Soulagé et amusé, Ismaël avait vu s'envoler son angoisse : son frère ne l'aimait pas moins, même si sa hiérarchie des valeurs s'était modifiée.

Les valeurs sont les fondements sur lesquels nous bâtissons nos vies et élevons nos enfants. Elles guident nos actions, motivent nos décisions et régulent nos échanges avec les autres. Lorsqu'elles s'entrechoquent, dans un cœur, en amour, en famille, il devient vital de trouver son équilibre unique.

Les principes éthiques, les idéaux, les préférences et les priorités peuvent changer à la suite de l'exposition à la nouveauté. Tout ce qui génère des dysfonctionnements plutôt que des solutions doit pouvoir être réexaminé en pleine conscience de la densité qu'il apporte à l'identité.

Les individus ne sont ni les racines ni le tronc de leurs cultures. Ils en sont des fruits, produits sur des branches plus ou moins solides, avec des inclinaisons cédant parfois à une pression endogène ou exogène. Ils peuvent aussi naturellement s'en détacher après avoir atteint une certaine maturité, pour découvrir et exprimer toutes les facettes de leur identité. Leur évolution n'altère pas les cultures, elle les enrichit, tout comme la spéciation enrichit la forêt.

Communautés, communautarisme, séparatisme

Dans l'espace social, la construction de l'identité et l'expression de la personnalité des enfants passent par l'adhésion à des sous-cultures, la première étant celle de sa famille. Les sous-cultures sont des microcosmes au sein d'un écosystème plus large. L'accès à internet et le développement des réseaux sociaux ont rendu visibles et mesurables des milliers de microcommunautés, que chacun peut rallier avec un pouce et quelques clics.

Paradoxalement, la virtualisation de la création de liens a simplifié les connexions entre humains tout en révélant leur égoïsme communautaire, une tendance des individus à se réunir en collectif pour ne défendre que leurs propres intérêts, et n'être utiles qu'à eux et leur ego. Elle est associée à des comportements contraires aux intérêts de la sphère supérieure dans laquelle ils cohabitent. On peut citer la monopolisation des ressources et des opportunités par certains membres de groupes politiques ou économiques, limitant leur accessibilité pour les autres.

Que cela soit dans une même maison, une même entreprise, une même nation ou au niveau planétaire, les cultures rassemblent plus ou moins largement autour d'artefacts, ces objets matériels et pratiques immatérielles, produits, utilisés et modifiés par des pensées et des mains humaines. Ce sont :

1. Les styles de vie spécifiques	Les hippies des années 1960, les punks des années 1970, les rockers des années 1980 ou les grunges des années 1990 avaient un style musical et vestimentaire distinct. Les Aborigènes d'Australie ne vivent pas comme les Touaregs du Sahara.
2. Les objets tangibles et les symboles	Les outils, habits, tissus, ornements, tatouages, œuvres d'art, bâtiments et autres objets matériels. Par exemple les sculptures et masques papous, le kimono japonais ou les poteries traditionnelles indiennes.
3. Les pratiques et traditions	Il s'agit de coutumes, rituels et cérémonies intangibles comme les célébrations des mariages berbères, les chants, et danses traditionnels maoris, les fêtes religieuses comme le Dìa de los Muertos mexicain dérivé de la Toussaint.
4. Les langages et modes de communication	La langue, les expressions idiomatiques et les récits oraux qui véhiculent l'histoire, les valeurs et la sagesse d'une culture. Par exemple, les membres d'une culture régionale parlent un dialecte local, comme les Ch'tis du nord de la France. Les membres de la culture populaire utilisent le verlan, et tous ceux de la communauté francophone parlent français.
5. Les savoirs traditionnels	On peut citer les systèmes agricoles et médicinaux, comme les pratiques curatives issues des connaissances de la nature des Baka, le tannage des peaux de saumon des Nanai, la rizipisciculture chinoise ou la technique des percussions aquatiques du Vanuatu et du Cameroun.

Il y a bien d'autres sources de cohésion, comme l'hérédité et l'affection qui encouragent souvent la coopération et la convivialité comme expression d'une microculture familiale. À l'échelle de la société, pour se valider mutuellement comme membres d'une même équipe, les gens se réfèrent à d'autres critères que les liens du sang et du temps.

Ces sources de densité identitaires, naturelles ou artificielles, biologiques ou sociales, génèrent une solidarité intragroupe susceptible de se muer en militantisme. Inversement, les mouvements sociaux peuvent évoluer et se structurer en cultures à part entière avec divers points de ralliement :

1. L'adhésion à une idéologie	Par exemple le marxisme, le capitalisme, le racisme, le décolonialisme, le féminisme, le nationalisme, etc.
2. Une activité socioprofessionnelle, un hobby	Une manière de vivre avec ou sans uniforme. Par exemple, les fans d'Harry Potter, de hip-hop, les punks, les otakus, ces adeptes japonais de cultures d'intérieur dont les mangas, les agriculteurs, les nonnes, les politiciens ou les wesh-wesh.
3. Une tranche d'âge	Par exemple les générations des boomers, Millennials et alphas, avec des références propres à leurs époques. Certaines sous-cultures, comme celle des skateurs, sont plutôt constituées d'adolescents.
4. Une expression des génotypes visible	Les caractéristiques biologiques comme le nanisme pour la stature, l'albinisme pour la carnation, ou le sexe, peuvent être des éléments constitutifs d'une identité culturelle. Par exemple les Queers, les Tradwives ou les masculinistes qui prennent des positions particulières sur les rôles des genres.

L'appartenance culturelle ne se réduit pas au métier, à l'âge ou à l'apparence et regrouper les gens par sexe ou couleur de peau ne suffit pas à définir une culture sans tomber dans le stéréotype. Contrairement aux valeurs, les facteurs biologiques décrivant une communauté ne sont jamais choisis. Comme le dit Maxime Le Forestier : « Être né quelque part pour celui qui est né, c'est toujours un hasard. »

Prenons le cas de l'ethnicité tibétaine. Les membres de cette communauté culturelle partagent plus que leur peau mate, leurs cheveux noirs et des parapluies en poils de yak. Ils parlent et écrivent le tibétain, ils sont bouddhistes et ils utilisent un calendrier qui leur fait célébrer le Losar, le Nouvel An, en février. Ils connaissent aussi l'histoire de leur pays marquée par des luttes pour son autonomie et cet ensemble de références fait qu'un humain s'identifie et est reconnu comme tibétain.

La Gestalt[101] explique la manière dont les individus perçoivent et organisent les informations en structures cohérentes dites de « bonne forme », comme les systèmes culturels. Selon cette théorie « le tout est plus que la somme de ses parties », autrement dit, un humain est plus qu'un esprit, qu'un corps, que des habits et un habitat. Une culture est plus que l'addition des traditions et des traits physiques d'une civilisation. Plus que ces éléments auxquels l'alpiniste Heinrich Harrer[102] a été quotidiennement exposé durant ses sept ans au Tibet, auprès du quatorzième Dalaï-Lama, sans qu'il ne soit pourtant jamais confondu avec un Tibétain. « Pour quelles raisons n'a-t-il donc guère été présenté autrement qu'en étranger respecté dans cette région autonome chinoise ? À cause de son physique d'Aryen ? De la dominance de son origine autrichienne dans son identité ? Ou bien peut-être du fait de son adhésion aux SS et donc au nazisme ? »

L'intégration à une culture demande une volonté et une reconnaissance réciproques. Toutefois, il est difficile pour le cerveau de valider les données de la vue lorsqu'elles contredisent les répertoires de la mémoire. C'est peut-être pour cela qu'afin d'être totalement Omatikaya, Jake Sully, héros du film *Avatar* de James Cameron[103], transférera définitivement sa conscience dans son corps Na' vi.

Lorsque des personnes originaires d'un même pays migrent et se dispersent à travers le monde, ils deviennent sa diaspora. Le communautarisme est une tendance au repli souvent reprochée aux diasporas et aux peuples autochtones anciennement colonisés tels les Hispaniques aux États-Unis. Il consiste en la formation de groupes homogènes, isolés, qui privilégient la solidarité interne au détriment de l'intégration dans la société. Ce séparatisme ne caractérise pas que les ethnocentristes. Il concerne toute personne ou groupe dont le déficit en empathie culturelle accentue la désunion.

Comme le montrent les communautés Haredim ou Amish, aucune famille ne saurait appliquer une politique de séparation sans déboucher sur une impasse sociale pour l'enfant. En effet, élevé strictement à l'aide des références d'une seule communauté, il risque de se sentir isolé ou en conflit de valeurs et de pouvoirs permanent avec le reste de l'humanité. Cela peut aussi limiter sa capacité à interagir harmonieusement avec autrui et avec les opportunités offertes par une réalité cosmopolite. Un jeune qui n'adopte ni la culture d'origine de ses parents ni celle de la société où il vit se marginalise.

Le bouillon de culture des différentes ethnies en présence en France conduit parfois à des frictions que l'État s'efforce de limiter en rappelant ses principes fondamentaux. Celui de la laïcité[104] guide les relations entre ce dernier et les religions. Dans le foyer ou dans la société, la conciliation des cultures est facilitée par ce qu'elles ont de plus important en commun. En France, c'est le respect des valeurs de la République inscrites dans sa Constitution, la Charte environnement et la Déclaration des droits de l'Homme qui unifie tous les citoyens.

L'art de concilier les contraires

La théorie de l'acculturation de John Berry[105] révèle quatre stratégies adaptatives mises en œuvre par les individus et les groupes dans un pays d'accueil : l'assimilation, l'intégration, la séparation et la marginalisation. Elles reflètent l'ouverture ou la fermeture vis-à-vis de la culture dominante.

L'assimilation est le processus volontaire ou forcé par lequel une communauté minoritaire adopte des traits de la culture dominante, souvent au détriment de traditions d'origine. En phase d'intégration, les individus s'efforcent de participer pleinement à la société d'accueil tout en préservant leurs traditions. C'est souvent la stratégie la plus positive en termes de bien-être et d'adaptation. Prenons l'exemple d'un microgouvernement familial normand :

> *La mère, Déborah Keda, assistante sociale protestante, aux racines congolaises, a un style éducatif autoritaire. Ancienne militante républicaine dans sa jeunesse, c'est la main droite. Le père, Christian Gomez, né en France de parents venus d'Argentine, est technicien de laboratoire. Athée adepte du hatha yoga, c'est un papa permissif. Ancien militant socialiste, c'est la main gauche. Déborah et Christian ont deux enfants, un garçon de 14 ans, Jean Pablo Bisso, et une fille de 12 ans, Marie Alma Nayo, qui parlent le français et maîtrisent les bases de l'espagnol et du lingala grâce aux enseignements de leurs grands-parents. Ils sont scolarisés dans le quartier de la Madeleine à Évreux.*
>
> *Passionné par les mangas, le fils Jean apprend le japonais dans une association. La fille Marie, qui préfère qu'on l'appelle Alma, joue du violon au conservatoire. Et bien que Déborah et Christian aient des visions éducatives différentes sur bien des points, ils se respectent, s'accordent sur les principaux idéaux, trouvent des compromis pour*

le reste. Ainsi, lors des fêtes, des plats et de la musique de chaque pays sont partagés et ils ont une approche collaborative dans l'intérêt supérieur des jeunes générations de leur famille-nation, à l'image d'un duo de dirigeants issus de deux bords politiques différents durant une cohabitation.

« La main gauche lave la main droite et vice versa » suggère que deux systèmes culturels apparemment opposés peuvent s'enrichir mutuellement selon les circonstances. Ceux qui s'opposent se complètent lorsqu'ils s'allient. Ainsi, Christian et Déborah peuvent tirer parti des richesses de toutes leurs cultures pour offrir ce qu'elles ont de meilleur à leurs enfants.

Dans le contexte de microgouvernement familial, le mariage de la rigueur traditionaliste de Déborah avec la permissivité progressiste de Christian n'engendre pas que des désordres éducatifs dont leurs enfants s'empareraient malicieusement. Au contraire, une forme d'harmonie peut aussi apparaître et produire une synergie unique, bénéfique pour eux comme pour leurs enfants. Ce qui s'oppose se complète lorsqu'on le lie. Mais pour créer un lien, même numérique, il faut *a minima* tendre une main. Le proverbe suggère également que le contact prolongé et les frictions peuvent procurer aux deux cultures une plus-value non atteignable autrement : l'hygiène.

« L'hygiène culturelle » est l'ensemble des actions d'actualisation relative à une culture, favorisant la santé et le mieux-être d'un individu, d'une communauté et d'une société. Elles visent à transformer ou abandonner des pratiques dégradantes ou obsolètes, des croyances limitantes, après l'exposition à la diversité. Par exemple, la mythologie makà parle de guerriers cannibales qui mangeaient leurs ennemis. Quand bien même cela serait plus qu'une légende, l'anthropophagie n'a plus cours de nos jours, sûrement du fait de l'appropriation quasi unanime de l'Évangile.

Lorsque les ancêtres nomades arrivèrent du Soudan, l'adaptation des Makà au Cameroun fut facilitée par l'assimilation de nouveaux savoirs, notamment en coopérant avec les Baka qui vivaient déjà dans la forêt[106]. Avec l'arrivée des Occidentaux au XVIIIe siècle, la religion chrétienne fut intégrée au quotidien. Ces éléments ont été transmis des anciennes aux jeunes générations dont l'inventivité a réincarné l'âme makà, au fil des siècles, épargnant sa poignée de représentants de la déculturation[107].

Au niveau sociétal comme au niveau domestique, l'exposition à la diversité ne déclenche pas forcément une évolution des pratiques polémiques lors des dialogues intercommunautaires. En Inde, les menstruations sont encore perçues comme des abominations dans certaines sphères de leur société de castes. Bien que colonisée par les Anglais et exposée aux sciences de la vie occidentale, l'Inde continue les mises à l'écart et humiliations imposées aux femmes durant leurs règles[108].

La simple présence de nouvelles connaissances ne garantit pas leur intégration dans les processus d'enculturation et d'éducation. L'*insight*, le changement de perspective, est complexe lorsque les données sont réputées incompatibles avec les plus profondes racines d'un arbre culturel. Les tissus de valeurs d'une ethnie s'importent parce qu'ils se portent dans les cœurs migrants, cousus par des fibres émotionnelles. Ils s'exportent également via les flux commerciaux et les technologies d'information et de communication.

Dans ces dialogues intercivilisationnels, le questionnement par le modèle occidental des rites et normes du reste du monde a quelquefois engendré des rejets et réponses radicales avec des armes variées. Citons l'offensive des créateurs japonais d'avant-garde dans le système parisien de la mode des années 1970-1980 : la première vague de retour à l'expéditeur des exportations de l'hégémonique haute couture française. L'intégration d'Issey Miyake « le métisseur », Rey Kawakubo « l'alter-mode-ialiste », Hussein Chalayan « l'actistyliste », ou Sakina M'sa « l'éconologiste inclusive », démontre qu'un système culturel se nourrit aussi de ses contestations. Son hybridation le renforce grâce à de nouvelles branches, comme les propositions universalisantes d'Imane Ayissi, sans déracinement.

L'inventivité et l'intelligence interculturelles des jeunes générations favorisent cette transculturation[109]. Par exemple, Jean ayant savouré le *saka-saka* préparé par sa mère et les *empanadas* de son père pourrait les mixer dans des recettes fusion. Les jeunes adaptent les traditions ancestrales léguées à leurs besoins corporels, spirituels, sociaux et aux exigences de leurs vies modernes. Cependant, c'est bien à vous, parent, de décider de la forme, du fond, des priorités de votre culture familiale lors de l'élaboration et des mises à jour du plan d'autonomisation et de responsabilisation de votre enfant. Pour cela, vous pouvez identifier les outils disponibles dans votre environnement, comme l'école ou les activités proposées par les médiathèques, les musées ou les conservatoires. Complétez votre héritage en le combinant aux ressources externes les mieux adaptées au profil cognitif et à la personnalité de votre enfant, quand bien même cela paraît improbable pour la majorité. Ainsi, vous lui offrez le meilleur des mondes pour son éducation et une vision plus large, plus réaliste de la planète sur laquelle nous vivons. Vous le dotez de meilleures chances de survivre et d'exprimer son potentiel dans les lieux qu'il est amené à explorer[110].

Un parent sera d'autant plus ouvert à l'intégration de références « étrangères » dans sa stratégie éducative qu'il a pu déconstruire les stéréotypes de sa communauté à leur égard. Ainsi, il est probable que l'expérience de Heinrich Harrer l'ait conduit à abandonner quelques préjugés durant son long séjour de sans-papiers au Tibet. De même, si le père de Venus et Serena Williams s'était arrêté à l'idée que le tennis était un sport inaccessible aux Afro-Américains, il n'aurait pas fourni à ses filles l'opportunité de devenir deux des plus grandes joueuses de tous les temps. S'il leur a fait assimiler des pratiques aberrantes pour leurs ancêtres, c'est parce qu'il les a identifiées comme émancipatrices.

En tant que guides, nous sommes naturellement enclins à un prosélytisme parental, car éduquer, c'est façonner des prisonniers de nos cultures capables de s'en libérer. Montrer à votre enfant qu'une croyance limitante peut être dépassée, c'est lui démontrer que rien ne lui est impossible. Pour qu'il ait une chance de survivre socialement plus longtemps qu'une publicité ethnocentrée[111] d'une marque de mode en mal de buzz, sensibilisez-le au plus tôt aux diversités. Assurez-vous que votre plan éducatif contienne des valeurs fidèles aux origines variées de votre clan, tout en restant pertinent pour le présent et le futur de votre enfant.

À lire pour approfondir

- Claude Lévi-Strauss : *Les structures élémentaires de la parenté* (1949, Presses Universitaires de France)
- Audrey Heine : *Introduction à la psychologie interculturelle* (2012, De Boeck)
- Perig Pitrou : Les anthropologues et la vie. (2022, Éditions Mimésis)

Favorisez l'hygiène culturelle

1. Notez les caractéristiques de vos diverses cultures et celles du pays où vous vivez.

2. Hiérarchisez vos valeurs selon leur importance pour vous, votre conjoint, votre bien-être, comme le respect, la solidarité, le travail, etc.

3. Notez les valeurs et traditions communes aux cultures en présence d'un côté, de l'autre listez les points de divergences. Par exemple : Christian et Déborah partagent l'importance de la famille, mais divergent sur les pratiques religieuses.

4. Évaluez l'intérêt des activités culturelles et analysez leur impact sur l'autonomisation et la responsabilisation de votre enfant. Analysez également comment chaque élément culturel lui permet de s'épanouir au quotidien, et son utilité réelle pour sa future vie d'adulte indépendant. Certaines pratiques, bien qu'elles soient sources de richesse culturelle, peuvent devenir contraignantes et nécessiter une adaptation au fil du temps.

5. Gérez les frictions en notant si les troubles émotionnels réclament le maintien ou le détachement de la valeur la moins importante pour votre mieux-être. Dans toutes les religions, le libre arbitre donne au parent la charge de composer son propre bonheur et celui de son entourage. Par exemple, face à une tradition stricte, mais difficilement applicable ou non pertinente dans le contexte contemporain, un parent peut décider de l'assouplir, offrant ainsi à son enfant l'opportunité d'explorer différentes options en s'appropriant son héritage global. L'espace de liberté et de créativité, créé grâce à l'hygiène culturelle, sera comblé lors de la recherche identitaire, dès l'adolescence.

6. En s'inspirant du principe républicain de la laïcité pour réguler l'espace collectif au sein de leur ménage, des parents ayant des cultures et des cultes différents peuvent éduquer leurs enfants sans favoriser ni discriminer leurs dogmes respectifs. Vous pouvez décider de ne pas imposer de pratiques religieuses spécifiques à la maison, tout en permettant à chacun de partager ses croyances de manière équilibrée. Par exemple, célébrez vos fêtes religieuses alternativement et discutez ouvertement des croyances et pratiques sans prosélytisme.

8. Quelles aptitudes dois-je aider mon enfant à développer en priorité ?

Notion clé : les intelligences

« L'héritier du léopard hérite aussi de ses taches. »
Proverbe bantou

Diversités, égalité, similitudes

Que souhaitez-vous concrètement transmettre à votre enfant ?

Vous lui avez peut-être déjà donné quelques-unes de vos particularités grâce à vos gènes : un sourire à fossettes, votre rousseur ou même un TDAH (voir 4 p. 103). Les hommes naissent peut-être libres et égaux en droits, selon la Déclaration des droits de l'homme et du citoyen de 1789, mais pas en aptitudes ou en traits de caractère.

La nature serait-elle injuste ?

En réalité, elle respecte simplement son principe de diversité. Cela même lors de la distribution des qualités innées. Cependant, les prédispositions psychiques et comportementales présentes dès la naissance ne racontent qu'une face de l'histoire des succès d'une vie. Les réussites de votre enfant s'appuient aussi largement sur ce qu'il développe au fil des ans ; grâce à votre éducation et à l'école, aux interactions sociales et aux opportunités qu'il rencontre, autrement dit à ses acquis. Une partie de la chance que l'on attribue aux étoiles les plus brillantes à nos yeux peut donc se provoquer afin de favoriser la réalisation de notre plein potentiel et de celui des plus jeunes. En effet, si les qualités d'une personne lui confèrent certaines aptitudes cognitives ou psychomotrices, son intelligence facilite aussi l'acquisition de nouvelles compétences. Et de l'intelligence, même si les formes et les niveaux peuvent considérablement varier, tous les humains en sont dotés.

Cognition, intelligences, neuroéducation

L'intelligence englobe l'ensemble des processus mentaux permettant à un individu de percevoir, comprendre, apprendre, raisonner, résoudre des problèmes, s'adapter à de nouvelles situations et réfléchir de manière abstraite. C'est un facteur clé de la réussite et de l'adaptation d'une personne à son environnement, étroitement lié à la cognition, aux mécanismes par lesquels nous acquérons, traitons, stockons et utilisons l'information. L'intelligence se manifeste à travers l'efficience et l'efficacité des processus mentaux. L'efficience se réfère à la capacité de réaliser des tâches en optimisant les ressources cognitives, tandis que l'efficacité concerne l'atteinte d'objectifs de manière précise et appropriée. Des déficiences affectant la capacité d'un individu à comprendre, à raisonner ou à résoudre des problèmes peuvent entraver le fonctionnement optimal de l'intelligence (voir 4 p. 103).

Pour le psychologue Howard Gardner[112], l'intelligence n'est pas un concept unique, mais se compose de multiples formes distinctes, chacune représentant une manière différente d'interagir avec le monde. Chaque enfant posséderait un mélange unique de ces intelligences. Elles peuvent être développées et renforcées grâce aux processus d'apprentissage formel comme la scolarisation, ou informel à travers les expériences et interactions quotidiennes.

Dimensions	Types d'intelligence
Corps	Kinesthésique – Musicale
Esprit	Logico-mathématique – Intrapersonnelle
Habit	Interpersonnelle – Linguistique
Habitat	Spatiale – Naturaliste – Existentielle

Pour Karl Gustav Jung[113], c'est un mélange de qualités masculines et féminines, l'*Anima* et l'*Animus*, qui contribuerait à l'équilibre psychique de votre enfant et à son exploration sereine du monde d'aujourd'hui et de demain.

Mais alors, quel éventail d'aptitudes s'assurer que votre enfant prenne bien dans son sac à dos ?

C'est précisément ce que se sont demandé Richard Bandler et John Grinder[114], les inventeurs de la programmation neurolinguistique (PNL) dans les années 1970. En étudiant les comportements et les techniques d'individus performants, ils ont cherché à comprendre comment certaines personnes réussissent de manière exceptionnelle dans leurs domaines respectifs. Ils se sont intéressés en particulier aux thérapeutes renommés Milton Erickson[115], Virginia Satir (voir 10 p. 217) et Fritz Perls[116]. Leur objectif était de découvrir des structures sous-jacentes pouvant être enseignées et reproduites pour améliorer sa propre performance et pour aider les autres à faire de même.

L'application des neurosciences à l'éducation permet de mieux comprendre comment le cerveau apprend et se développe et comment optimiser les méthodes d'enseignement pour favoriser le développement des compétences chez les jeunes. Neuroéduquer, c'est tenir compte des différences individuelles pour aider son enfant à comprendre son essence et à lui donner du sens. Cela dans un écosystème qui l'influence et qu'il peut également impacter en tant qu'habitant de la cité (voir 10 p. 217).

La manière dont nous élevons nos enfants est soumise au regard arbitraire des autorités des sphères qu'ils investissent. À l'école, dans les lieux publics, au travail, ce sont elles qui valident ou non leur attitude comme vertueuse par rapport aux normes et aux lois en présence dans le système.

Dans le parcours menant à la condition d'adulte, un enfant bien « élevé » à la maison est une prémisse nécessaire à un enfant « civilisé » en société, mais ça n'est pas suffisant. L'accès aux connaissances et la possession de *soft skills*, d'aptitudes interpersonnelles et comportementales, n'impliquent pas toujours leur mise en pratique avec les autres, ni dans tous les environnements sociaux. Faire société, c'est avant tout une question de volonté. La vôtre, vous qui œuvrez pour éduquer un citoyen capable de contribuer positivement à l'histoire de celles et de ceux qui croisent son chemin. La sienne.

« To be » list prioritaire

Huit triptyques de compétences me paraissent essentiels d'après mon vécu de maman et de psychologue ; soit vingt-quatre aptitudes communes aux jeunes leaders rencontrés dans les quartiers populaires de France, engagés pour le mieux vivre, être et faire ensemble.

Valeur centrale		Aptitudes et qualités
1	Humanité	Empathie, sympathie, compassion
2	Solidarité	Coopération, réciprocité, gratitude
3	Espoir	Adaptabilité, persévérance, résilience
4	Confiance	Autonomie, responsabilité, constance
5	Vérité	Esprit d'investigation, critique et ouvert
6	Excellence	Régulation, planification, autodiscipline
7	Citoyenneté	Civisme, éthique, ethnorelativisme[117]
8	Paix	Prudence, modération, tempérance

Développer ces qualités chez votre enfant lui permettra de cultiver la valeur centrale associée.

1. Humanité : s'émouvoir et s'intéresser à autrui (voir 9 p. 187)	
L'empathie	C'est comprendre et partager les sentiments des autres comme s'ils étaient siens. Elle favorise des réactions saines face à la diversité de culture, de croyances ou de capacités (voir www.empathic.fr). Votre enfant est empathique, si, voyant un camarade de classe triste, il s'assied à côté de lui pour lui demander s'il veut parler.
La sympathie	C'est ressentir de l'affection, de la pitié ou du chagrin pour autrui, mais pas forcément sa douleur. Par exemple, Armel, l'ami de Lufian, a perdu son chat, il lui exprime sa sympathie en proposant son soutien émotionnel ou opérationnel : « Je peux t'aider pour les affiches et si tu veux te changer les idées, je suis là. »
La compassion	C'est le désir d'aider quelqu'un en souffrance, même si l'on ne partage pas exactement ses sentiments. Votre enfant est compatissant s'il remarque qu'un voisin âgé a du mal à porter ses courses et se propose de le soulager : « Monsieur Mams, je vois que c'est lourd, puis-je vous aider à porter vos sacs ? »

C'est essentiellement parce que vous lui adressez régulièrement des gestes d'humanité que votre enfant finit par les imiter et se les approprier.

2. Solidarité : créer des liens bénéfiques (voir 5 p. 127)	
La réciprocité	C'est l'échange mutuel de services et de bienfaits essentiels qui consolide le savoir vivre ensemble. Si vous avez enseigné à votre enfant les notions du « temps de vie[118] » et de « l'échange équivalent[119] », il peut arroser vos plantes pendant que vous travaillez en attendant que vous le conduisiez à son activité du lundi.
La coopération	C'est travailler avec les autres pour atteindre des buts communs. Elle nécessite la bienveillance et la bienséance. Pour stimuler l'esprit d'équipe de votre enfant, faites les courses, la cuisine, le ménage ou le bricolage ensemble.
La gratitude	La « gratitude attitude » est une reconnaissance et une appréciation des aspects positifs de la vie, des expériences et des contributions des autres. Elle implique de choisir de se focaliser sur ce que l'on a. Demandez à votre enfant au dîner ce qu'il est heureux d'avoir accompli. Il fait preuve de gratitude lorsqu'il remercie les enseignants qui l'aident à s'instruire et à réussir.

3. Espoir : voir au-delà des défis (voir 10 p. 217)	
L'adaptabilité	C'est la faculté de s'ajuster efficacement aux changements et aux imprévus. Cela implique la créativité et la flexibilité cognitive pour modifier ses stratégies de manière appropriée. Lorsque le parc est fermé, votre enfant fait preuve d'adaptabilité s'il accepte, sans bouder, d'aller à la médiathèque à la place.
La persévérance	C'est continuer ses efforts, malgré les difficultés, les échecs et les obstacles. Elle implique la détermination et la motivation. Si votre enfant apprend à jouer de la guitare, vous pouvez lui dire : « Grâce à ton entraînement, tu y arrives de mieux en mieux. Continue ainsi ! » Votre enfant peut aussi devenir persévérant en vous voyant travailler avec diligence sur vos propres projets, même lorsque vous rencontrez des obstacles.
La résilience	La résilience consiste à surmonter les difficultés et à rebondir face à l'adversité tout en maintenant un état d'esprit positif et constructif. Votre enfant fait preuve de résilience lorsque, après un échec, il cherche comment s'améliorer pour la prochaine fois.

Ces qualités, souvent au cœur de mes consultations, sont particulièrement développées chez les Makà en raison de leur histoire à travers l'Afrique et l'Occident.

4. Confiance : s'engager et gérer sa vie (voir 4 p. 103)	
L'autonomie	C'est la capacité de votre enfant à prendre des décisions et à agir seul, développant ainsi diverses formes d'indépendances : sociale, intellectuelle, affective, financière, etc. En offrant à votre enfant des choix adaptés à son âge, il s'entraîne à prendre des décisions. Par exemple, « Veux-tu lire une histoire ou dessiner avant de te coucher ? » Votre enfant fait preuve d'autonomie pratique lorsqu'il prépare son propre petit-déjeuner et range sa chambre sans qu'on le lui demande.
La responsabilité	Elle implique d'assumer les conséquences de ses actions et de faire des choix éclairés. Cela inclut la responsabilité financière. Donnez à votre adolescent un petit budget à gérer pour l'entraîner à allouer ses ressources de manière avisée, par exemple en économisant pour un cadeau de Fête des Mères au lieu de tout dépenser en bonbons.
La constance	C'est la stabilité et la régularité dans ses engagements. Elle implique un investissement personnel continu dans une tâche ou une activité, garantissant ainsi la fiabilité sur le long terme. Votre enfant fait preuve de constance lorsqu'il suit son emploi du temps hebdomadaire.

5. Vérité : rechercher les savoirs (voir 6 p. 143)	
L'esprit d'investigation	C'est la recherche active et approfondie des connaissances. Elle implique la curiosité intellectuelle et un désir de comprendre le monde, mais aussi soi-même. Pour trouver l'objet dont il perçoit l'ombre et ne pas s'arrêter aux apparences, votre enfant peut poser des questions, lire, voir des documentaires ou expérimenter.
L'esprit critique	C'est l'analyse et l'évaluation des informations de manière objective. Il aide à distinguer l'opinion du savoir en évitant les démarches intellectuelles paresseuses et biaisées. Certains ont en effet des opinions sur tout, mais des connaissances sur rien à défaut de preuves solides et de sources fiables. Lire plusieurs articles sur un sujet aide à comprendre les diverses perspectives.
L'esprit ouvert	C'est la disposition à considérer de nouvelles idées et perspectives, même si elles diffèrent de ses propres croyances. Cela favorise l'acceptation de la diversité et l'adaptabilité face aux changements.

6. Excellence : poursuivre l'amélioration (voir 12 p. 257)	
La régulation	C'est la gestion de ses émotions et de ses comportements de manière efficace. Elle implique la reconnaissance de ses propres états d'âme et l'utilisation de stratégies appropriées comme les techniques de respiration, pour se concentrer, maintenir un équilibre ou s'apaiser.
La planification	C'est la capacité à organiser et structurer ses actions pour atteindre des objectifs. Cela inclut l'établissement de priorités, la gestion du temps et l'anticipation des obstacles. Votre pré-adulte fait preuve de planification lorsqu'il prépare un calendrier de révision pour son baccalauréat et suit son programme.
L'autodiscipline	C'est se contrôler et suivre des règles ou des objectifs personnels. Elle nécessite de la constance et de la détermination pour résister aux tentations, suivre ses routines, respecter ses engagements et atteindre ses objectifs. Un système de récompenses peut motiver votre enfant. Il fait preuve d'autodiscipline lorsqu'il termine ses devoirs avant de jouer à des jeux vidéo, suivant ainsi les règles qu'il s'est fixées.

7. Citoyenneté : vouloir faire société	
Le civisme	C'est le respect des lois, règles et normes sociales, ainsi que la participation active à la vie citoyenne. Il s'agit de comprendre et de valoriser son rôle et ses responsabilités en tant que membre de la communauté. Votre enfant fait preuve de civisme lorsqu'il participe à un projet de nettoyage de quartier ou aide à organiser une collecte de nourriture ou de fonds pour une cause (voir 11 p. 243).
L'éthique	C'est l'adhésion aux principes moraux guidant un comportement juste et équitable. Elle implique de faire ce qui est correct et honorable, même lorsque ce n'est pas facile, et repose sur des valeurs comme l'équité ou la responsabilité républicaine. Votre enfant fait preuve d'éthique lorsqu'il défend un camarade de classe victime d'intimidation ou de moqueries en disant que cela n'est pas correct. Vous pouvez discuter avec lui de dilemmes moraux pour muscler son éthique (voir 2 p. 53).
L'ethnorelativisme	C'est la compréhension et la reconnaissance de la diversité des cultures. Exposer votre enfant à des livres, films ou événements multiculturels comme la Japan Expo peut l'aider à réfléchir sur les similitudes intercommunautaires et à comprendre qu'autrui est un autre possible soi (voir 7 p. 161).

8. Paix : discerner et prévenir les excès (voir 10 p. 217)	
La prudence	La prudence est la capacité à évaluer les risques et à agir de manière réfléchie. Elle implique de prendre des décisions basées sur une analyse soigneuse des conséquences potentielles. Votre enfant fait preuve de prudence lorsqu'il prend le temps de penser aux conséquences de ses actions avant de réagir impulsivement.
La modération	C'est éviter les extrêmes dans les choix et les actions, la mesure dans tous les aspects de la vie. Pour montrer à votre enfant l'importance de l'équilibre, que ce soit dans l'alimentation, le temps passé devant les écrans ou les activités de loisir, adoptez vous-même des habitudes saines, fixez-lui des limites raisonnables et proposez-lui des alternatives intéressantes.
La tempérance	C'est la maîtrise de soi et la modération dans les désirs et les actions. Elle implique le contrôle des impulsions et la retenue. Par exemple, votre enfant fait preuve de tempérance lorsqu'il résiste à la tentation de manger tous les bonbons d'un coup.

À lire pour approfondir

- Karl Marx : *Le Capital* (1867)
- Marcel Mauss : *Essai sur le don* (1925, L'année sociologique)
- Viktor Frankl : *Découvrir un sens à sa vie* (1946, Éditions de l'Homme)
- Fritz Perls : *Gestalt-thérapie* (1951, ESF Sciences Humaines)
- Carl Gustav Jung : *L'homme et ses symboles* (1964, Robert Laffont)
- Richard Bandler et John Grinder : *La structure de la magie* (1976, InterEditions)
- Milton Erickson : L'hypnose thérapeutique : Quatre conférences (2017, ESF)
- Howard Gardner : *Les intelligences multiples* (2004, Retz)
- Martine Abdallah-Pretceille : *La rencontre interculturelle* (2004, Presses Universitaires de France)
- Geert Hofstede : *Cultures et organisations* (2010, Pearson)
- Béatrice Lamboy, Catherine Guegen, Marie-Odile Williamson: *Les compétences psychosociales* (2021, De Boeck supérieur)
- Hartmut Rosa : *Résonance* (2018, La Découverte)

Développez les soft skills

Tous les enfants sont doués pour quelque chose en particulier, même si cela n'est pas toujours évident à découvrir.

1. En reconnaissant et en nourrissant les diverses intelligences et les centres d'intérêt naturels de votre enfant, vous valorisez son unicité tout en l'encourageant à explorer d'autres domaines afin de devenir non pas un enfant parfait, mais un adulte complet (voir 2 p. 53).

2. Prenez le temps d'observer votre enfant pour identifier ses intérêts et ses forces naturelles. Notez les activités où il semble le plus engagé et satisfait.

3. Encouragez votre enfant à explorer ses passions et à essayer de nouvelles activités. Offrez-lui des ressources et des opportunités qui correspondent à ses centres d'intérêt. Utiliser la suggestion indirecte et des métaphores comme en hypnose ericksonienne peut stimuler son imagination et renforcer sa confiance en lui. Par exemple, au lieu de dire « Sois plus gentil avec ta sœur », racontez une histoire sur quelqu'un dont la gentillesse a généré des bénéfices individuels et collectifs.

4. Soyez un exemple en démontrant les qualités que vous souhaitez voir se développer chez votre enfant. Il sera d'autant plus convaincu que quelque chose est possible s'il vous a vu le réaliser. Comme Fritz, utilisez le jeu de rôle et l'expression des émotions pour aider votre enfant à comprendre et intégrer de nouveaux comportements. Théâtralisez et accentuez vos tons et vos expressions pour aider les plus jeunes à identifier les sentiments et les différentes façons de réagir.

5. Créez un environnement bientraitant où votre enfant se sent en sécurité pour explorer, faire des erreurs et apprendre progressivement. Concentrez-vous sur une compétence à la fois et tenez compte de sa personnalité et de ses particularités. Utilisez la neuroéducation.

6. Bien que votre enfant puisse avoir des prédispositions naturelles, pour lui permettre de développer une gamme complète de compétences, assurez-vous qu'il a accès à une variété de sources et supports éducatifs, d'activités sportives, artistiques et culturelles, en intérieur comme en pleine nature.

9. Comment apprendre à mon enfant à traverser les moments difficiles ?

Notion clé : les résiliences

« La mort est moins pénible à deux. »
Proverbe makà

Goûts et dégoûts de la vie

Bien sûr qu'en tant que parent conscient, investi et éveillé, vous souhaitez le meilleur à votre enfant. Le préserver des périls et des dangers, lui épargner le chagrin et la souffrance. Mais comme le disait Forrest Gump dans le film du même nom sorti en 1994 : « La vie c'est comme une boîte de chocolats, on ne sait jamais sur quoi on va tomber ! »

Si les fourrages pralinés sont doux et sucrés, l'amertume des compositions à la liqueur de cerise peut contrarier des papilles. Certains les recrachent, plus ou moins discrètement, d'autres les avalent, grimaçant ou souriant. Ils se disent intérieurement qu'au moins, il leur restera le meilleur pour la fin. Optimistes ou pessimistes, les tactiques varient, mais la réalité reste la même pour tous : l'existence est pleine d'imprévus, de surprises et de moments tantôt agréables, tantôt difficiles à passer.

Humanité, solidarité, espoir

En tant que parent, vous pouvez préparer votre enfant à affronter ses obstacles en établissant un programme éducatif qui l'aide à développer certaines aptitudes et valeurs. L'humanité, la solidarité et l'espoir sont les bases d'un état d'esprit positif et constructif permettant d'aller de l'avant (voir 8 p. 177).

Le proverbe « la mort est moins pénible à deux » parle de coopération et de persévérance ; ces qualités qui ont permis aux Makà de faire face aux épreuves de leur histoire. Hier, l'exil face aux djihads des Fulani[120] et les rencontres avec les Bakà, puis les Allemands, les Français, les Britanniques et les Américains. Aujourd'hui, la lutte pour la préservation des héritages culturels, forestiers et fonciers des villageois, parfois abusés par des organes politiques, religieux et des chefs d'entreprises locales ou internationales mercantiles. Demain, les métissages technologiques et économiques, l'universalisation des catastrophes climatiques, et toujours, la résistance pour le droit à continuer d'exister, différemment, pour la survie de la spécificité culturelle.

Lorsque mon ancêtre Ziogue Ampah s'installa en ces lieux devenus le village de Ntankuimb, un autre Makà se joignit à lui. La coopération aide à voir les barrières comme surmontables et incite à la répartition des efforts puis au partage de leurs bénéfices et de la gloire. Si l'idée de partir rencontrer la « Faucheuse » à deux n'est pas très engageante, j'en conviens, elle fait avant tout écho à la solidarité. Il s'agit de débattre puis de se battre côte à côte, avec espoir et persévérance face à un risque collectif. Un peu comme la majorité des électeurs français qui depuis plus de trente ans font « front républicain » en choisissant le moindre mal à chaque scrutin, pour faire barrage aux candidats des extrêmes. En effet, le partage des craintes et des angoisses rapproche et ranime la Fraternité. L'empathie et la compassion stimulent la conscience de ce que nos destins d'humains ont en commun. La décision de faire corps nourrit l'espoir de meilleurs lendemains, même incertains.

Ce dicton informe aussi sur la gestion émotionnelle de l'issue d'une bataille chez les Makà. Bien qu'ils soient peu enclins aux combats, des situations d'oppression les ont tout de même déjà contraints à des rébellions motivées par la sentimentalité communautaire d'antan. Dans la défaite, leur grand sens de l'honneur et leur combativité les menaient à une stratégie rappelant les kamikazes japonais, la mutualisation et la maximisation des dégâts. Elle ne laissait pour options que la cessation forcée du conflit ou une faillite collective, mais acceptable. En effet, la confiance en ses résiliences, communautaire et culturelle, ainsi que la mémoire de son passé permettaient au peuple makà de relativiser les pertes et de ne pas voir les échecs comme des destinations finales. Un passé de nomades peut sans doute nourrir la conviction qu'il est toujours possible de reconstruire ailleurs, un peu plus loin. Que ce soit pour traverser des obstacles ou supporter une défaite inévitable, ne pas se sentir isolé rendra les moments difficiles plus supportables.

Expérience, connaissance, reconnaissance

La première idée qui vient à l'esprit d'un parent souhaitant préserver son enfant de la tristesse et de la colère, c'est de baliser et sécuriser son parcours comme le ferait le chef du cabinet d'un diplomate en visite en terre inconnue, planifiant chaque étape pour éviter tout imprévu. Pourtant, au-delà du fait qu'une exposition à toutes les émotions est nécessaire à tout humain pour saisir et apprécier l'expérience de sa vie, les situations qui les provoqueront durant la maturation de votre adulte en devenir ne sont ni toutes prévisibles ni toutes contrôlables. D'abord parce que la compréhension du corps, de l'esprit, des sphères sociales et des personnes qui les fréquentent n'est jamais totale. Ensuite, les formes et les intensités des luttes varient selon votre situation géopolitique, économique, socioculturelle et familiale. Enfin, la personnalité et les ressources psychologiques de votre enfant conditionnent ses réactions, parfois décalées, et le niveau de dommages psychiques occasionnés par les coups du sort. Tout cela est déterminant pour le choix des instruments et la vitesse de la cicatrisation.

Qu'il faille survivre au milieu d'une guerre et des bombardements, guider sa fratrie quarante jours dans la jungle après un crash d'avion en piochant dans la variété de ses ressources culturelles (voir 7 p. 161), ou évoluer au collège sans jamais s'y sentir à sa place, les mécanismes d'adaptation et de survie sont les mêmes, car une souffrance est une souffrance.

Reconnaître et valider les émotions de votre enfant est important pour le développement de sa capacité à surmonter les difficultés. Plutôt que de chercher à éliminer ou à minimiser ses émotions négatives, il est plus constructif de le guider pour les accueillir et les comprendre. Dans mon cabinet, je suis encore plus attentive à la création d'une alliance thérapeutique solide avec les plus jeunes. Ainsi, ils peuvent librement faire part de leurs difficultés comportementales, relationnelles, académiques, médicales, familiales et des violences éventuelles.

Pour aider votre progéniture lors d'un moment difficile, vous devez déjà le repérer, et, selon votre style pédagogique, votre relation parent-enfant, son stade de développement, et vos particularités neurologiques, cela n'est pas toujours évident. De même, pour que votre enfant puisse solliciter votre bienveillance lors d'une période de tourmente, il doit avoir une bonne conscience de lui-même, de ses forces, faiblesses et émotions, mais aussi savoir contextualiser, ce qui peut particulièrement faire défaut aux neurodivergents.

Tout le vécu est traité par le système cognitif et émotionnel. La profondeur et le mode d'expression des blessures psychiques dépendent de notre perception et du sens que nous lui donnons. Les défis que votre enfant rencontre et leurs issues lui permettent de mieux se définir et se repérer dans le monde qui l'entoure pour tenter d'y écrire sa légende personnelle (voir 12 p. 257).

Imaginez qu'il subisse des moqueries à l'école. Lorsqu'il entre dans la cour de récréation et voit ceux qui l'ont précédemment humilié, il se sent en danger. Ce stimulus inquiétant est transmis à son amygdale qui évalue la menace au niveau cérébral et, si nécessaire, active une réponse de peur. En déclenchant la libération d'adrénaline et de cortisol, son corps se prépare au combat ou à la fuite. Un enfant en détresse émet des signaux plus ou moins discrets auxquels vous pouvez rester attentif.

Reconnaissez les signaux

CORPS : indices physiques et psychosomatiques

1. Yeux rouges ou gonflés, pleurs, ongles rongés, abîmés, perte de cheveux, éruptions cutanées, manque d'hygiène.

2. Troubles du sommeil : insomnies, parasomnies, cauchemars, sommeil excessif, manque ou excès d'énergie.

3. Douleurs inexpliquées : problèmes de santé réels ou simulés, maux de tête, d'estomac, gêne musculaire, hématomes.

4. Automutilations : urgence vitale !

ESPRIT : indices psychologiques et émotionnels

1. Anxiété : craintes excessives, peurs irrationnelles ou augmentation de l'angoisse à l'école ou dans les lieux publics.

2. Changement d'humeur : irritabilité, agressivité ou colère inhabituelle, tristesse, apathie ou retrait des activités favorites.

3. L'expression du désespoir : urgence vitale !

Auto-invective, autodévaluation, l'entendre se dire inutile ou exprimer des pensées suicidaires.

HABIT : indices comportementaux et sociaux

1. Changements dans les habitudes : modification de l'appétit, achats incohérents, modification du style vestimentaire, incurie.

2. Difficultés scolaires : baisse des performances, manque de concentration.

3. Changements dans les relations sociales : besoin accru d'attention et de proximité avec un proche ou au contraire évitement des amis, refus de participer aux activités, conflits plus fréquents avec l'entourage.

4. Autodestruction : urgence vitale !

Imprudences, activités dangereuses ou illégales, mauvaises fréquentations.

HABITAT : indices environnementaux et contextuels

1. Encombrement de l'espace : négligence de la propreté et du rangement, accumulation d'objets.

2. Réactions à l'environnement : rigidités à des changements dans l'environnement familier.

3. Déplacements étranges : dissimulation de la localisation, école buissonnière, vagabondage, visite d'endroits malfamés.

Apprentissage, résiliences, archétypes

Aider votre enfant à traverser les moments difficiles, c'est lui donner l'opportunité d'élaborer seul des stratégies de résolution de problèmes correspondant à son niveau de développement en termes de responsabilités et d'autonomie (voir 2 p. 53). C'est en faisant face à des petits défis et frustrations tout en célébrant les efforts et les petites victoires qu'il construit sa confiance en lui. L'apprentissage se fait par exposition et exploration. Ainsi, même un parent ne souhaitant que le meilleur pour son enfant ne doit pas le préserver de toutes les contrariétés. Les difficultés permettent le dépassement de soi, une métamorphose, et il n'y a pas de papillon sans le parcours de la chenille.

Même la dépression a une utilité pour l'être humain. Cet état survient lorsque notre corps et notre esprit réclament de profondes transformations contre lesquelles nous résistons, par peur, par incompréhension ou simplement parce que nous ne pensions pas être prêts à dire au revoir à notre ancienne version. L'absence de mouvements, c'est la stagnation, et pour nous réaliser, nos enfants et nous devons évoluer. Recherchant la maximisation du profit hédonique et l'économie d'énergie, la majorité préfère que cela se fasse en douceur plutôt que dans la souffrance, naturellement ! Mais vous pouvez apprendre à votre enfant dès le plus jeune âge à déployer ses résiliences psychologique, émotionnelle, sociale ou académique en l'aidant à voir chaque difficulté, chaque sortie de zone de confort, comme une opportunité de croissance.

Les situations sont nombreuses, mais, au-delà de la variabilité des cultures et des expériences personnelles, il existe des récits et des structures universels. J'utilise fréquemment les analogies, les métaphores et le symbolisme dans ma pratique pour aider mes patients à comprendre et intégrer leurs expériences.

Les archétypes représentent des modèles universels et intemporels de comportements et de personnalités présents dans l'inconscient collectif[121]. Ils jouent un rôle majeur dans le développement psychologique et spirituel de l'individu et apparaissent dans les mythes, les rêves, les arts et les religions des civilisations d'hier et d'aujourd'hui.

Alors que les archétypes sont des modèles complexes et riches en signification, les stéréotypes sont des simplifications exagérées et réductrices. Ils peuvent entraîner des préjugés et des raisonnements simplistes et superficiels pouvant mener à des conflits interpersonnels, des discriminations ou des incompréhensions culturelles (voir 7 p. 161). Par exemple, croire que les jeunes issus des banlieues sont destinés à l'échec peut empêcher de voir leurs potentiels uniques. Il existe pourtant de nombreux prototypes de réussite, plus ou moins célèbres et dans divers domaines, même si les industries du sport et du divertissement sont largement représentées. Ces têtes de série, comme Jamel Debbouze, Omar Sy, Teddy Riner ou Mory Sacko, illustrent comment la détermination et le talent peuvent mener à des succès remarquables, malgré les difficultés.

Discuter des stéréotypes avec votre enfant l'aidera à prendre conscience des biais et à les questionner, ce qui renforcera sa capacité à prendre ses distances des jugements malveillants. Lui présenter des prototypes de réussite lui offrira des modèles inspirants, montrant comment d'autres ont surmonté des obstacles similaires, ce qui encourage la résilience et la persévérance. Enfin, explorer les archétypes à l'aide de contes, mythologies et légendes faisant écho aux situations rencontrées par votre enfant lui fournira des repères universels qui l'aideront à mieux comprendre et gérer ses propres émotions et réactions.

Utiliser ces concepts cognitifs apprendra à votre enfant les dynamiques sociales et personnelles, à être attentif aux ressources et qualités chez les autres qui peuvent être des alliés précieux, à toujours plus croire en lui-même qu'en autrui en étant son meilleur ami, à analyser et nuancer les moments perçus comme difficiles pour s'efforcer de les traverser avec assurance.

Un jour où mes fils conversaient, l'aîné, Babel, 12 ans alors, dit à son frère de 8 ans : « Jéricho, je suis heureux d'être ton frère, on s'amuse bien tous les deux, je t'aime, tu seras toujours mon meilleur ami, et toi ? » J'observais Jéricho froncer les sourcils quelques secondes en réfléchissant, un peu surpris par cette marque d'affection, un peu gêné par l'attente sous-jacente, avant de répondre avec honnêteté en souriant : « Mon meilleur ami, c'est d'abord moi, mais je t'aime aussi ! »

Je les regardais rire ensemble, satisfaite de leur complicité fraternelle et surprise, encore une fois, par les raisonnements pragmatiques et justes que peuvent parfois avoir les enfants.

Présentez son #BFF à votre enfant

Questionnez votre enfant pour vous assurer qu'il est bienveillant envers lui-même et en chemin pour devenir son meilleur ami. Adaptez selon l'âge.

	Autocompassion	« Quand tu fais une faute en dictée par exemple, te dis-tu que ça n'est pas si grave et que tu vas t'améliorer ? »
+	**Acceptation de soi**	« Aimes-tu tes dessins même s'ils ne sont pas tous parfaits ? » ou « Sais-tu que tout le monde fait des erreurs, et que ce n'est pas grave ? »
+	**Vulnérabilité**	« Sais-tu que c'est normal de montrer tes sentiments et de demander de l'aide quand tu en as besoin ? » ou « Si tu as besoin de parler à quelqu'un d'autre que moi, tu peux appeler tonton Max, mamie, ou mon amie Lucie. Nous sommes tous là pour toi. » (voir 5 p. 127)
+	**Auto-encouragement**	« T'arrive-t-il de te dire des gentillesses comme "Tu peux y arriver !" avant un contrôle, ou "Bravo, quelle efficacité !" après avoir fini tes devoirs ? »
+	**Prendre soin de soi**	« Fais-tu attention à bien manger, à faire de l'exercice et à bien dormir ? Te reste-t-il du temps dans ton planning pour faire les activités que tu aimes le plus ? »
+	**Respect et limites**	« As-tu déjà dit non à un camarade qui voulait jouer à un jeu dangereux ou faire quelque chose qui te dérange ? » ou « Comment sais-tu que tu es fatigué et qu'il est temps de te reposer ? »
+	**Développement personnel**	« Qu'as-tu appris de nouveau aujourd'hui ? Moi, j'ai lu que les arbres aussi sont solidaires ! »
+	**Authenticité**	« Dis-tu la vérité, même quand c'est difficile ? » ou « T'est-il déjà arrivé de faire semblant d'aimer quelque chose pour faire comme les autres ? »
+	**Esprit critique**	« Comment sais-tu que ce que tu vois sur internet est vrai avant de le répéter ? »
+	**Bien s'entourer**	« Comment sais-tu que tu peux me faire confiance ? Et à quelqu'un d'autre ? »

Dans la dynamique des résiliences, l'amour-propre est la base indispensable. Aidez votre enfant à le consolider sans devenir arrogant ni narcissique.

L'appropriation de notions et l'usage d'outils cognitifs favorisent son équilibre dans ses composantes et champs d'action multiples.

Dynamique des résiliences

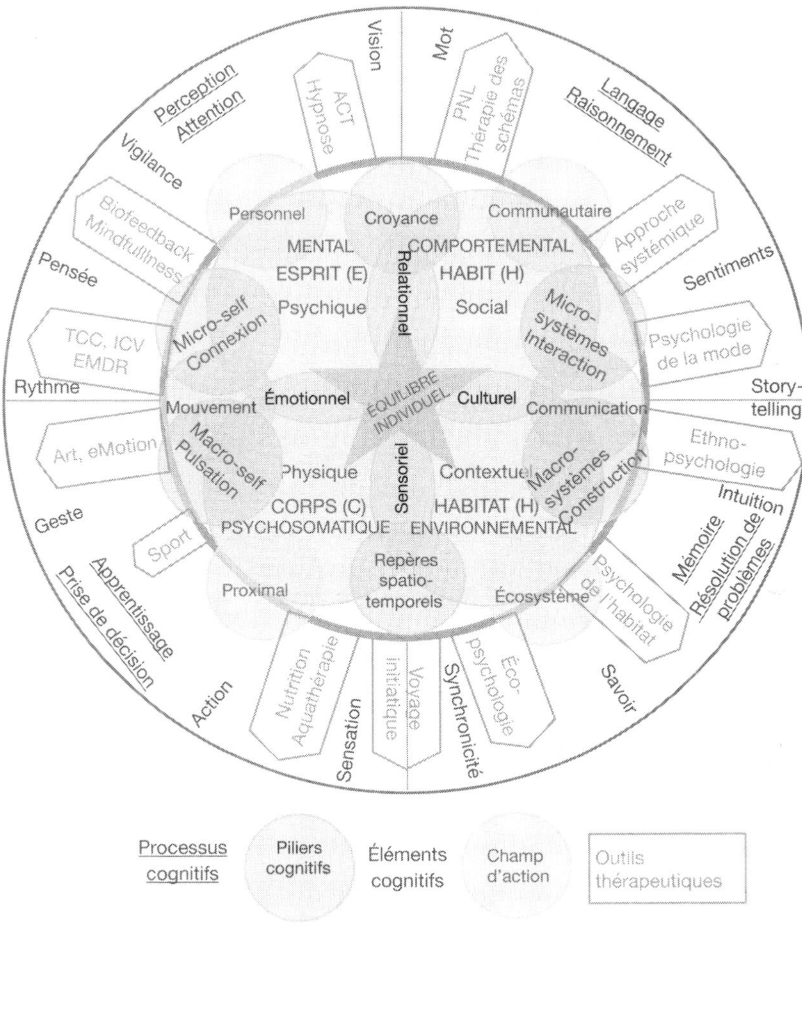

Un enfant peut rencontrer une multitude de défis :

CORPS : LA DIMENSION PHYSIQUE

Peurs et phobies

Scolaires : Tia, 10 ans, a une peur intense de l'école et refuse d'y aller.

Crises d'angoisse : Willyana, 15 ans, ressent des palpitations et des sueurs avant les évaluations orales.

Autres émotions incarnées

Colère : Achille, 9 ans, explose et casse des objets lorsqu'il est frustré.

Troubles du comportement alimentaire

Anorexie : Raja, 16 ans, évite de manger et se trouve toujours trop grosse.

Hyperphagie : Pierre, 14 ans, mange de grandes quantités de nourriture sans pouvoir s'arrêter.

Addictions

Drogues : Maxime, 15 ans, fume du cannabis pour gérer son stress.

Jeux d'argent : Antoine, 17 ans, dépense tout son argent de poche en paris sportifs.

Troubles somatiques

Maladie chronique : Ugo, 11 ans, a du psoriasis.

Énurésie : Bali, 8 ans, a des accidents nocturnes.

Discriminations

Charge ethnique : Aloïs, 13 ans, se sent exclu et moqué à cause de ses origines.

Autres formes de discrimination : Chen, 15 ans, est discriminée à cause de son orientation sexuelle.

Violences

Sexuelles : Natacha, 15 ans, a été agressée par un adulte de son entourage et ne sait pas comment en parler.

Voir kit d'urgence psy : Le candide, le vicieux et l'érudit, p. 207

ESPRIT : DIMENSION PSYCHIQUE

Troubles du sommeil

Lenny, 5 ans, a des cauchemars récurrents et a du mal à dormir seul.

Échec scolaire

Sacha, 13 ans, a des mauvaises notes malgré ses efforts, ce qui affecte son estime de soi.

Troubles de l'humeur

Mélancolie : Aya, 14 ans, se sent constamment triste sans raison apparente.

Anxiété

TOC : Juan, 16 ans, vérifie plusieurs fois que les portes sont bien fermées avant de pouvoir dormir.

Chronique : Paul-Marie, 13 ans, s'inquiète constamment sans cause spécifique.

Voir kit d'urgence psy : Le guetteur, le borgne et l'oracle, p. 202

HABIT : DIMENSION RELATIONNELLE

Crises familiales

Divorce : Zineb, 11 ans, n'accepte pas la nouvelle compagne de son père.

Parentification : Taku, 13 ans, s'occupe beaucoup de ses frères et sœurs et se sent épuisé.

Deuil

Fraternel : Emmanuel, 3 ans, ne comprend pas où est partie sa petite sœur.

Ruptures relationnelles

Amoureuse : Meriem, 16 ans, a du mal à se remettre d'un chagrin d'amour.

Amicale : Maki, 12 ans, se sent trahie, car son amie Tina profite de sa gentillesse.

Oppression et harcèlement

Chantage : Selma, 14 ans, subit des menaces de divulgation de secrets personnels si elle ne fait pas ce qu'on lui demande.

Scolaire : Anna-Chloé, 11 ans, est quotidiennement insultée et bousculée par d'autres élèves.

Voir kit d'urgence psy : L'intello, le harceleur et l'artiste, p. 204

Traumatisme intergénérationnel

Andréa, 13 ans, ressent une pression constante à réussir et prouver sa valeur à cause des attentes élevées de sa mère.

Voir kit d'urgence psy : L'héritier, le transporteur et l'affranchi, p. 209

HABITAT : DIMENSION SOCIALE

Pression sociale et civilisationnelle

Charlotte, 15 ans, se sent obligée de suivre les tendances sur TikTok.

Fragilité économique

Cindy, 10 ans, ne peut pas participer aux voyages scolaires.

Handicap géographique

Camille, 13 ans, vit dans un quartier avec des infrastructures limitées.

Séparation des parents : Leandro, 10 ans, ne veut plus de la garde alternée.

Traumatismes imprévisibles

Témoins de délits ou de crimes : Farid, 16 ans, a assisté à une agression et n'arrête pas d'y penser.

Cambriolage : Elias, 12 ans, a du mal à dormir depuis que leur maison a été cambriolée.

Enlèvement, séquestration : Leila, 15 ans, est choquée, car elle a été coincée par un garçon qui voulait sortir avec elle.

Conflits armés : Igor, 17 ans, est réfugié et a fui un pays en guerre.

Délinquance

Sirou, 16 ans, participe à des rixes contre les jeunes d'un autre quartier par loyauté avec ceux de sa cité.

Voir kit d'urgence psy : Le follower, le dealer et le leader, p. 206

Kit d'urgence psy

Lorsque le comportement ou les mots d'un enfant signalent une urgence psychologique, l'adulte doit maîtriser ses propres émotions pour y apporter la meilleure solution, mais il n'est pas toujours simple de trouver les informations adéquates. Le kit d'urgence psy contient donc cinq cas concrets avec une proposition de protocole pour des situations lourdes : les futurs adultes et les anciens enfants qui se confient dans mon cabinet sont encore trop nombreux pour que je m'abstienne de sensibiliser. La société française est ainsi faite : certains dangers y persistent dans le temps malgré l'adoption de la Convention des droits de l'enfant. Des problèmes et des traumatismes s'héritent sans être résolus par la génération d'avant, à croire qu'ils sont structurels.

Les situations sont présentées à l'aide de trios de personnages : prototype, stéréotype, archétype. Le prototype représente le profil de base de l'enfant dans la situation évoquée, le modèle initial. Le stéréotype personnifie la source de difficulté, c'est un modèle de problème imité, perpétué, reproduit par et dans certains environnements culturels, malgré les initiatives des autorités en présence et des institutions compétentes pour lutter contre. L'archétype symbolise la solution ou l'allié avec lequel il est moins pénible de traverser la zone de turbulences. C'est une référence dont les qualités sont souvent complémentaires avec celles de l'enfant dans le contexte. Cette présentation rappelle le triangle de Karpman[122] qui met en scène trois rôles classiques : la victime, le persécuteur et le sauveur. Cependant, ici, nous nous concentrons sur des modèles plus constructifs et résilients en suggérant un protocole de résolution du problème et des outils clés pour soutenir votre enfant.

1. L'ANXIÉTÉ Le guetteur, le borgne et l'oracle	
Le guetteur (ou la sentinelle)	Représente l'enfant anxieux qui est constamment en état de vigilance pour repérer ce qui arrive vers lui. Observant à la loupe les moindres détails qui pourraient représenter une menace. Son attention est focalisée sur le visible et l'instant présent.
Le borgne	Symbolise une vision limitée et focalisée uniquement sur les aspects négatifs. C'est l'enfant qui maintient son attention sur ses peurs et ses inquiétudes sans voir les ressources disponibles, les solutions possibles ou les aspects positifs d'une situation.
L'oracle	Incarne la capacité de voir ce qui est invisible à l'œil nu et de prophétiser l'avenir avec une perspective positive. Cet archétype invite l'enfant à se projeter dans un futur où il a surmonté ses peurs et défis actuels.

Le lycée fut éprouvant pour ma fille Eden et elle se renfermait sur elle-même. Pour la motiver à aller en cours le matin, je mis alors en place un discours inspiré de « I am a champion », prononcé par le coach de football américain et ancien militaire Jonathan Flowers. Elle résista les premiers jours, bien évidemment, mais à force de m'entendre, elle se mit à répéter : « Je suis capable d'affronter les défis de ma journée ! » Constatant chaque soir qu'elle y était effectivement parvenue, elle recommença à croire en ses facultés. Lentement mais sûrement, la peur rendit sa place à la confiance et l'estime de soi.

L'anxiété d'Eden n'avait pas forcément disparu, le courage n'étant pas l'absence de crainte. Cependant, grâce au pouvoir des affirmations, des mots, à celui des petites actions et des mouvements victorieux, grâce au rythme et à la répétition créant la mémorisation, ses émotions ne la paralysaient plus.

1. Soyez vigilant.

Notez les moments et les situations spécifiques où l'anxiété de votre enfant se manifeste le plus pour tenter d'identifier les déclencheurs et les signes avant-coureurs de ses crises d'angoisse.

2. Écoutez et évaluez.

Encouragez votre enfant à parler de ses peurs et de ses inquiétudes pour comprendre ce qu'il repère comme un danger.

3. Cadrez et encadrez.

Créez une routine quotidienne stable pour réduire les imprévus et aider votre enfant à se sentir en sécurité. La prévision peut réduire le sentiment d'incertitude qui alimente l'anxiété.

4. Rendez-lui la vue.

Invitez votre enfant à compléter la vision négative du borgne. Par exemple, mettez-lui un cache-œil à droite pendant cinq minutes, puis à gauche, pendant qu'il fait un puzzle. Expliquez-lui ensuite l'importance d'avoir différents points de vue pour bien évaluer une situation et voir les moyens disponibles.

5. Jouez les voyants. Montrez-lui son meilleur futur.

Pour cela, utilisez des objets talismans et des pratiques magiques comme la cartomancie, la chiromancie, la géomancie ou l'horoscope pour ancrer la croyance en une probabilité favorable. Par exemple, pour soulager l'inquiétude de Siloé sur ses performances scolaires, son père lui a tiré des cartes qui prédisaient qu'elle obtiendrait son bac avec mention si elle poursuivait ses efforts d'apprentissage en acceptant aussi ses petites imperfections. Il a utilisé le tarot pour faciliter une visualisation rassurante.

Outil clé : La prophétie autoréalisatrice[123] positive.

Énoncez des prédictions et des attentes bienveillantes, pas vos angoisses ni vos inquiétudes concernant l'avenir de votre enfant. Cela influencera son comportement, qu'il modifiera plus ou moins consciemment, de manière à confirmer votre prophétie. Jouez sur la tonalité et le rythme de votre voix pour capter son attention ; la solennité du moment ou un fond musical peut vous aider à ancrer la prédiction dans l'esprit de votre enfant.

Si le moral de votre enfant est au plus bas, ritualisez les encouragements, créez une routine motivationnelle pour activer les mécanismes de la prophétie autoréalisatrice, dont le pouvoir est comparable aux bénédictions que les parents donnent à leurs enfants chez les Makà. Incluez des éléments de sa « kiffes liste[124] » dans la formulation des prédictions. Ajouter une touche d'humour peut aider à dépasser les résistances.

2. LE HARCÈLEMENT L'intello, le harceleur et l'artiste	
L'intello	Représente l'enfant brillant et curieux, souvent moqué pour son amour du savoir et ses compétences intellectuelles. Il est la cible des harceleurs en raison de sa différence et de son originalité.
Le harceleur	Personnifie l'agresseur, souvent motivé par l'envie, l'insécurité ou le désir de domination sociale. Ce personnage cherche à affaiblir l'intello pour se sentir supérieur. Il n'a identifié que la moquerie et l'intimidation d'autrui pour renforcer un ego fragilisé.
L'artiste	Incarne la créativité et la résilience. Cet archétype utilise l'expression artistique pour transformer la souffrance en opportunités de croissance personnelle.

Outil clé : Le mur d'expression

Consacrez un mur de votre maison ou de la chambre de votre enfant à l'expression artistique. Accrochez-y une ardoise, un tableau Velleda ou une grande toile pour qu'il puisse y dessiner, écrire ou coller des créations librement. Offrez un espace d'expression artistique des émotions et des pensées, pour développer la créativité et l'autorégulation. Vous pouvez aussi proposer un grand bloc à dessin et fournir de vieux magazines à découper pour désigner ses humeurs et sa vision d'un futur radieux.

1. Soyez vigilant.

Notez les changements de comportement chez votre enfant : isolement, tristesse, baisse des performances scolaires, blessures inexpliquées, évitement de l'école.

2. Écoutez et documentez.

Créez un environnement sûr et ouvert où votre enfant se sent à l'aise pour partager ses expériences. Par exemple, emmenez-le faire une activité en binôme. Profitez-en pour lui confier une anecdote montrant que vous vous sentiez aussi vulnérable à son âge et ouvrez la porte à une discussion sur ce qu'il vit actuellement. Notez les dates, les descriptions des incidents et les personnes impliquées.

3. Cadrez et encadrez.

Sécurisez le trajet scolaire : accompagnez votre enfant à l'école et assurez-vous qu'il rentre en sécurité. Si nécessaire, suivez-le de loin pour ne pas l'embarrasser ou organisez un groupe pour qu'il ne soit pas seul sur le chemin. Renforcez les routines quotidiennes et les activités en famille pour aider votre enfant à se sentir soutenu.

4. Dénoncez les bourreaux.

Contactez l'école immédiatement. Parlez au professeur principal, au conseiller scolaire ou au directeur. Fournissez des détails concrets sur ce que votre enfant vous a dit et ce que vous avez observé. Demandez une réunion avec les parents des enfants impliqués et l'école comme médiateur pour une discussion calme et constructive.

5. Suivez les progrès et restez engagé.

Assurez-vous que les mesures prises par l'école sont efficaces et ajustez au besoin. Vous pouvez participer à l'encadrement d'activités et de sorties scolaires pour rassurer votre enfant et signaler aux harceleurs qu'ils sont sous surveillance par votre présence. Continuez à discuter avec votre enfant et vérifiez régulièrement son bien-être. Sans amélioration immédiate de la situation, ne faites pas justice vous-même, déposez une plainte contre chaque harceleur et éloignez votre enfant de cet environnement nocif.

6. Transformez sa peine en créativité.

Il s'agit de transformer ses expériences de harcèlement en expressions créatives, comme des œuvres d'art, des histoires ou des chansons, ce qui peut lui permettre de donner un sens à ce qu'il vit et de constater qu'une expérience difficile peut tout de même le conduire à se découvrir et à développer des potentiels inattendus. L'idée est de sublimer ses émotions négatives en une énergie positive et créatrice. Inscrivez aussi votre enfant dans des clubs ou des activités où il peut rencontrer d'autres jeunes partageant ses centres d'intérêt. Proposez-lui des techniques de respiration, comme la méditation, pour l'aider à gérer son stress.

3. LES RELATIONS TOXIQUES Le follower, le dealer et le leader	
Le follower	Symbolise l'enfant qui soutient et suit les autres, souvent avec une attitude positive, mais pouvant être influencé facilement. Il cherche au fond à être lui-même encouragé et répond au besoin d'appartenir à une équipe. Il suit les autres pour se sentir intégré et apprécié, mais cela peut le rendre vulnérable aux influences négatives.
Le dealer	Représente la toxicité. Il exploite les faiblesses pour entraîner dans des comportements nuisibles pour le corps et l'esprit. C'est un adulte ou un autre jeune qui initie votre enfant à des comportements destructeurs, des addictions ou des situations dangereuses.
Le leader	Incarne la prise d'initiative et l'indépendance. Le leader montre l'exemple par des engagements pour le bien-être collectif et des actions inspirantes suscitant l'admiration.

1. Soyez vigilant.

Notez dans votre agenda les comportements inquiétants que vous constatez chez votre enfant, les indices d'influence néfaste et les personnes impliquées. Faites le point au bout d'un mois.

2. Écoutez.

Échangez avec votre enfant sur ses fréquentations, occupations, rêves et aspirations.

3. Cadrez et encadrez.

Encouragez votre enfant à établir des limites claires dans ses relations en lui racontant par exemple une anecdote où une ancienne amitié vous a entraîné dans le pétrin (ça nous est tous arrivé !). Énoncez-lui les signes qui auraient pu vous alerter sur le caractère toxique et abusif de cette ancienne relation et confiez en quoi y mettre un terme a eu des répercussions positives dans votre vie. Limitez l'accès aux réseaux sociaux et aux smartphones pour réduire l'influence négative.

4. Menez-le vers une plus grande victoire.

Vous devez extraire votre enfant de l'environnement toxique. Proposez-lui une aventure plus séduisante qui l'éloigne de la source de poison pour briser les liens néfastes. Si le lien toxique persiste après l'éloignement temporaire et que l'intégrité physique ou psychologique de votre enfant est menacée, optez pour un éloignement définitif et déménagez.

Outil clé : L'extraction contextuelle via le voyage initiatique (voir 10 p. 217**)**

Encouragez votre enfant à participer à des activités qui offrent des expériences enrichissantes, loin des mauvaises ondes. Par exemple, une retraite en forêt tropicale, un stage linguistique pour approfondir ses connaissances de vos références culturelles, du volontariat international ou un service civique. Optez pour une activité qui lui permette d'éprouver le sentiment de communauté, de renforcer son estime de soi et de répondre plus sainement à son besoin d'appartenance. Adaptez selon ses centres d'intérêt pour obtenir plus d'engagement. Le but est de lui montrer, par l'expérimentation, des alternatives à son rapport problématique au monde.

4. LES VIOLENCES SEXUELLES **Le candide, le vicieux et l'érudit**	
Le candide	Représente l'enfant naïf, souvent sans méfiance face aux dangers. Ce personnage symbolise la vulnérabilité et l'innocence, facilement manipulables.
Le vicieux	Incarne l'agresseur, exploitant la confiance et la crédulité de l'enfant pour des gains personnels, souvent au prix de graves traumatismes psychologiques et physiques. Ce personnage incarne la malveillance.
L'érudit	Symbolise la connaissance, la sagesse et la résilience. L'érudit connaît les lois, les droits et les moyens de protection. Cet archétype représente l'éducation juridique et thérapeutique.

1. Soyez vigilant.

Soyez attentif aux blessures et à tout signe de désintégration psychique chez votre enfant, tels que la confusion, la paranoïa, des actions impulsives ou irrationnelles, des douleurs inexpliquées ou des régressions. Filmez, écrivez et datez toute constatation suspecte.

2. Cadrez et recadrez.

Enseignez à votre enfant les limites de son corps et ses droits. Expliquez-lui que personne ne doit toucher son corps sans son consentement. Utilisez des livres illustrés, des documentaires ou des émissions appropriées. Assurez-lui votre amour et votre soutien inconditionnel : « Je serai toujours de ton côté. »

3. Écoutez.

Créez des espaces sécurisés et sans jugement pour recueillir la parole de votre enfant. Éliminez toute crainte de réprimande et rappelez-lui ses droits et la loi. Offrez plusieurs possibilités d'expression à votre enfant en lui indiquant d'autres personnes fiables de son village éducatif.

4. Signalez les abus aux autorités.

Contactez la police et informez les directions des structures concernées. Fournissez toutes les informations et preuves que vous avez recueillies même si l'agression est ancienne, les plaintes peuvent être déposées jusqu'à vingt ans après la majorité de votre enfant. Prenez un avocat et contactez une association pour être conseillé sur vos possibilités d'action, surtout si l'agresseur est l'autre parent.

5. Activez le processus de résilience.

Initiez un suivi psychologique et des séances d'EMDR (thérapie neuro-émotionnelle) pour votre enfant et vous-même. Rejoignez un groupe de parole, militez dans une association. Pardonnez-vous. Vous êtes un parent vigilant, pas omniscient. Soyez patient, la justice prend du temps.

Outil clé : L'approche eMotion

Lors d'un traumatisme impliquant le corps, l'esprit s'en déconnecte pour optimiser sa survie, ce qui est comparable à un décès psychique temporaire. L'individu se retrouve dissocié. Il peut avoir des trous de mémoire, une absence de réaction émotionnelle et la sensation de ne pas être ancré dans son corps ni dans la réalité physique ou temporelle.

Inspirée des pratiques de régénération autistiques et du vécu embryonnaire de notre mémoire collective, l'approche eMotion favorise la réintégration émotionnelle et physique, dans un processus de résilience. Elle peut néanmoins être appliquée par toute personne désireuse de renforcer l'harmonie entre son corps et son esprit.

L'approche eMotion consiste en l'utilisation du mouvement corporel (action/impulsion) et du rythme (pulsations) pour une réactivation sensorielle et mémorielle positive. La renaissance de l'individu repose sur un réapprentissage et une réacceptation du plaisir par la répétition pulsatoire de micro-accomplissements victorieux, de gestes satisfaisants, même minimes. C'est un peu comme si le résilient devait recomposer pas à pas une chorégraphie existentielle pour ressusciter. On retrouve d'ailleurs une recherche d'apaisement comparable dans les troubles obsessionnels compulsifs (TOC) où des actions répétitives sont exécutées de manière récurrente, souvent sans véritable raison rationnelle.

L'approche s'appuie simultanément sur les dimensions corporelles et spirituelles du résilient qui, point par point, brode des croyances positives sur sa mémoire émotionnelle. Le souvenir du traumatisme passé est progressivement recouvert par des sensations appréciables et agréables ancrant dans le présent. La répétition d'activités rythmiques comme la danse, le piano, la marche musicale, le full-contact ou la natation en écoutant des chansons, engageant plusieurs sens dont l'auditif, le vestibulaire et le proprioceptif (voir *Le meilleur des mondes* p. 13) peut générer ces ressentis psychocorporels, contrôlés, plaisants et apaisants.

La récurrence cyclique et la prévisibilité des pratiques rappellent les comportements répétitifs[125] et stéréotypés observés dans le spectre de l'autisme. Les post-traumatisés partagent des similitudes avec les autistes en surcharge sensorielle implosive, aussi appelée *shutdown*[126]. Ils peuvent perdre des fonctionnalités et paraître éteints, avoir des troubles de la mémoire et de la concentration, être dans l'évitement et l'isolement, et avoir une sensibilité accrue, possiblement douloureuse, à certains stimuli ou être en surcharge sensorielle. Des troubles de la mémoire et de la concentration, ainsi qu'une fatigue extrême et l'épuisement sont généralement relevés.

L'activation sensorielle et mémorielle est instinctivement utilisée par certains profils du spectre autistique pour réguler les émotions et s'apaiser après un stress plus ou moins intense. Cela explique peut-être le besoin quotidien de ma fille Eden de danser, de chanter ou son intérêt pour le piano, depuis qu'elle sait se mouvoir et fredonner. La musique adoucit les mœurs[127]. Une fréquence, un rythme, des mouvements, des vibrations procurant une stimulation sensorielle appropriée, semblent contribuer à reconnecter la tête, les tripes et le cœur, l'âme et le corps. Peut-être parce que cela fait écho aux expériences périnatales que tout humain expérimente dans le ventre, puis parfois sur le dos des mères nourricières, bercé en cadence par leur démarche et les vibrations de leur voix.

5. LE TRAUMA TRANSGÉNÉRATIONNEL **L'héritier, le transporteur et l'affranchi**	
L'héritier	C'est celui qui reçoit des traumatismes et des schémas dysfonctionnels transmis par les générations précédentes. C'est vous ou votre enfant.
Le transporteur	Symbolise le parent qui porte ces traumatismes sans les avoir résolus, perpétuant ainsi les schémas toxiques. C'est vous ou vos parents.
L'affranchi	Incarne l'enfant ou l'adulte qui réussit à briser ces cycles de traumatisme et à se libérer des chaînes des générations précédentes pour vivre une vie plus saine et épanouissante.

Outil clé : Vous !

Si vous vous rendez compte que vous transportez un colis traumatique, vous pouvez à tout moment décider de l'égarer afin de vous libérer, vous et votre enfant. Osez initier une thérapie. Prendre soin de votre santé mentale, c'est aussi prendre soin de celle de votre enfant.

1. Soyez vigilant.

Observez et notez les signes de stress, d'anxiété ou les comportements inadaptés de votre enfant qui font écho aux vôtres ou à ceux de vos parents.

2. Soyez honnête.

Reconnaissez vos propres difficultés et leur impact sur vos interactions avec votre enfant (voir 1 p. 35). Réfléchissez aux problématiques partagées avec vos parents. Comment se répercutent-elles ? Sur vous et votre façon d'éduquer ? Y a-t-il des schémas négatifs dans votre colis tel père/telle mère, tel fils/telle fille ?

3. Déshéritez-le !

Si les moments difficiles de votre enfant deviennent un peu les vôtres lorsque vous le guidez pour vous sortir d'une situation délicate, vos moments difficiles d'adulte ne devraient jamais devenir les siens, peu importe l'étendue de son intelligence et de son empathie. La solidarité, les obligations et le fonctionnement familial peuvent devenir un poids plombant sa santé mentale et son avenir. Évitez donc la parentification et la perpétuation de traumatismes transgénérationnels en maintenant des schémas relationnels sains.

4. Déchaînez votre pouvoir !

Il est difficile de changer à vous seul les tendances et la composition de la société pour en éliminer les influences négatives qui guettent votre enfant. Mais en tant que parent conscient et investi, vous pouvez directement agir dans votre champ personnel et relationnel pour rompre les schémas dysfonctionnels dont vous avez hérité. Libérez votre potentiel individuel en remplissant votre devoir parental de modèle transmettant des valeurs et des comportements équilibrés (voir 7 p. 161).

5. Consultez !

L'autothérapie c'est bien, ça n'est pas moi qui vous dirai le contraire ! Mais il est aussi profitable de recourir ponctuellement ou régulièrement à un éclaireur qui vous orientera sans jugement ni réserve sur le chemin de votre liberté mentale. Trouvez un thérapeute avec lequel faire alliance pour vous affranchir des peurs, des traumatismes ou des préjugés qui vous enchaînent à un fardeau du passé.

Les traumas, les gènes, le générationnel

De nombreux enfants de survivants de l'Holocauste[128], de descendants d'esclaves afro-américains ou de migrants arrivés en France après les indépendances des anciennes colonies portent les traces psychologiques des traumatismes vécus par leurs aïeux.

Un certain nombre d'enfants et petits-enfants de migrants arrivés en France après les indépendances des anciennes colonies françaises, pris entre deux cultures, confient ressentir du stress ou être hypervigilants à cause du poids du passé individuel et collectif influençant leur perception d'eux-mêmes, des autres et leur rapport à la société.

La charge ethnique peut être considérée comme une forme de traumatisme transgénérationnel bilatéral, touchant à la fois les descendants des victimes de discriminations et ceux des groupes perpétuant les inégalités.

Les descendants des victimes de discriminations peuvent hériter de leurs peurs, de leur anxiété et de leurs croyances limitantes. Celles-ci sont causées par les injustices raciales, économiques et sociales expérimentées par leurs ascendants et qui sont parfois confirmées par les expériences de leur vie quotidienne comme une recherche difficile d'emploi ou de logement, ou encore une sur ou sous-représentativité manifeste dans certains espaces ou groupes sociaux du fait d'entrisme, ou de communautarisme. La conscience de cette histoire douloureuse peut influencer l'identité et la résilience des enfants, souvent en leur donnant une force pour lutter contre les inégalités, mais parfois aussi en les submergeant d'un sentiment d'impuissance et de douleur.

Les descendants des groupes ayant perpétué des discriminations peuvent hériter de privilèges inconscients et de préjugés ancrés. Lorsque les parents ne brisent pas ces schémas, ils transmettent des attitudes et des comportements discriminatoires à leurs enfants. Ces descendants peuvent aussi éprouver une conscience accrue de ces injustices historiques et un sentiment de culpabilité ou de responsabilité vis-à-vis des actions de leurs ancêtres.

En démontrant que le stress et les traumatismes peuvent induire des modifications épigénétiques, les neurosciences[129] soulignent l'importance pour un parent de se libérer et de libérer son enfant des schémas de pensée menaçant sa santé. Les parents transmettent aussi des schémas dysfonctionnels à travers les violences domestiques, leurs comportements autodestructeurs et la manière dont ils gèrent leurs propres difficultés.

Éric, 35 ans, avait perdu sa mère avant son entrée à l'école. Après plusieurs tentatives, elle s'était suicidée. C'est lui qui l'avait retrouvée. Il traversait une dépression sévère depuis un an. Malgré les mesures prises par ses proches et les institutions psychiatriques manquant cruellement de moyens, il avait reproduit le geste de sa mère quelques jours après avoir accompagné sa fille Lisa, 3 ans, à sa première rentrée des classes. Son ancienne compagne était terrorisée à l'idée que celle-ci puisse, un jour, l'imiter à son tour.

Les effets psychologiques et émotionnels du suicide de la mère se sont manifestés à travers :

- Un deuil traumatique

Éric a ressenti une profonde culpabilité et de la honte de ne pas avoir pu aider sa mère.

◊ Offrir à Lisa un soutien psychologique régulier pour exprimer ses émotions et de ne pas intérioriser la douleur comme le fit son père.

- Une stratégie de *coping*[130] inadaptée

Le père d'Éric, pour gérer son propre traumatisme, buvait beaucoup. Éric prit aussi l'habitude de boire pour anesthésier sa tristesse.

◊ Proposer à Lisa des activités sportives ou artistiques pour apprendre à se canaliser sainement.

- La stigmatisation et le silence

La famille d'Éric évitait de parler du drame, créant un tabou qui l'a empêché d'examiner et d'accepter ses propres sentiments.

◊ Créer des espaces de discussion sécurisants.

◊ Entamer une thérapie familiale.

- Impact sur la santé mentale

Éric a développé une dépression sévère et des tendances suicidaires, illustrant le risque accru de troubles mentaux chez les enfants de parents suicidés.

◊ Offrir à Lisa un suivi régulier avec des professionnels de la santé mentale pour dépister et traiter précocement les symptômes de troubles mentaux.

◊ Encourager une hygiène de vie saine pour Lisa, incluant une alimentation équilibrée, un sommeil régulier et des activités physiques pour soutenir sa santé mentale.

À lire pour approfondir

- Carl Jung : *Psychologie de l'inconscient* (1996, Le livre de poche)
- Boris Cyrulnik : *Les vilains petits canards* (2004, Odile Jacob)
- Tony Attwood : *Le syndrome d'Asperger* (2007, De Boeck)
- Natalie Zajde : *Enfants de survivants* (2013, Odile Jacob)

IV

L'ÉPANOUISSEMENT PSYCHOSOCIAL

Mon enfant dans le monde

Dès 16 ans – Aire des expériences – Axe des réalisations

L'épanouissement psychosocial est un processus continu tout au long de la vie, mais il prend une importance particulière à la fin de l'adolescence, lorsque les jeunes cherchent activement à définir leur place dans le monde. À ce stade pré-adulte, il devient essentiel de soutenir votre enfant dans son cheminement vers l'autonomie, en lui offrant les outils nécessaires pour qu'il puisse expérimenter d'abord sous votre supervision, puis de manière autonome, afin de se réaliser pleinement en tant que citoyen responsable.

Cette ultime étape vous invite à réfléchir aux moyens d'aider votre enfant à mettre en pratique les connaissances et les compétences que vous lui avez transmises.

10. Comment gérer les crises et les conflits ?

Cette question vous incite à réfléchir à votre approche de la résolution des problèmes familiaux et à la transmission de protocoles permettant à votre enfant d'aborder les crises et les conflits avec discernement. En partageant avec lui des stratégies efficaces, vous l'aidez à développer des compétences essentielles pour la gestion des relations interpersonnelles dans sa vie adulte.

11. Comment offrir un « magic pass » pour l'Élysée à mon enfant ?

Cette question se concentre sur les moyens d'aider votre enfant à accéder à des sphères où ses compétences uniques sont appréciées et valorisées. Il s'agit de l'encourager à jouer un rôle significatif dans la société, à travers ses engagements, ses réalisations, et même ses échecs, car ceux-ci sont souvent indispensables pour atteindre le succès.

12. Comment aider mon enfant à se faire une place épanouissante dans le monde ?

Cette réflexion porte sur la manière de transmettre à votre enfant la conviction que ses actions et ses projets peuvent contribuer à la construction d'une société plus fraternelle et plus juste, tant pour lui que pour autrui.

L'objectif de cette section est de favoriser l'autodétermination de votre enfant, en l'incitant à valoriser son potentiel, à rêver un futur ambitieux, et à identifier les nombreuses opportunités offertes par l'hypersphère des interactions humaines pour vivre pleinement ses vocations.

10. Comment gérer les crises et les conflits ?

Notion clé : la paix

> *« Les marmites d'une même cuisine se cognent,*
> *mais se rangent côte à côte. »*
> Proverbe makà

Les désirs, les conflits, l'autorité

Si un parent s'efforce de répondre aux besoins de son héritier, il n'a pas à céder à tous ses désirs. Certes, la frustration provoquée par un caprice insatisfait peut nuire à la tranquillité familiale, mais elle aide l'enfant à assimiler les notions de limites et d'autorégulation, essentielles à la vie en société. Les conflits, qu'ils soient le fruit de nos dialogues internes ou de nos interactions sociales, surgissent lorsque les opinions, intérêts ou personnalités s'opposent. À l'échelle intercommunautaire, la compétition pour les ressources et la diversité des croyances peuvent provoquer des guerres. Au sein des familles, des pressions académiques, professionnelles ou financières peuvent amplifier les tensions individuelles et fragiliser les relations.

Selon la thérapeute familiale Virginia Satir[131], cinq postures de communication sont adoptées lors des conflits. La qualité des échanges avec votre enfant dépend de votre capacité à les reconnaître et à les ajuster en fonction des situations :

Rôles	Mode de communication
Le complaisant	Évite les conflits en approuvant toujours les opinions des autres, même s'il est en désaccord.
L'accusateur	Critique ou blâme les autres pour les problèmes, créant un climat tendu.
Le rationnel	Privilégie la logique au détriment des émotions, apparaissant froid et détaché dans le système familial.
Le distracteur	Utilise l'humour pour détourner l'attention, ce qui peut apaiser ou empirer la situation, selon le contexte.
L'authentique	Communique ouvertement et exprime ses sentiments et besoins de manière claire et respectueuse, favorisant une communication saine.

Quel est votre personnage récurrent ? Avez-vous déjà été l'authentique ?

En effet, éduquer, c'est bien communiquer pour inculquer les règles de votre programme éducatif à votre enfant. En restant à l'écoute de ses besoins, sans céder à tous ses caprices, car vous n'êtes pas un esclave, ni lui un tyran – en théorie. Si cette idée semble évidente à certains, d'autres, primo-parents surtout, se demandent comment gérer paisiblement les sursollicitations de leur jeune enfant : « Comment équilibrer son autodétermination, ses intérêts, ma volonté, les lois et les autres ? », « Puis-je l'ignorer sans être perçu comme maltraitant s'il refuse de dormir ? », « Que faire quand il crie dans mes oreilles, m'insulte ou me tape ? »

C'est votre autorité qui structure l'autonomisation et la responsabilisation de votre enfant. Elle offre un cadre sécurisant sur lequel il peut s'appuyer, mais dont il teste la fiabilité dès le plus jeune âge. En laissant trop de portes ouvertes, vous lui ôtez le plaisir de déloger les petites pierres des murs durant l'enfance, de ressentir l'adrénaline des tentatives d'évasion adolescentes, et la joie de franchir, pas à pas, les obstacles à son émancipation, au nom de la liberté d'être et des possibilités de devenir. Ce sont ces petites et grandes victoires qui bâtissent sa confiance et façonnent sa légende personnelle.

Selon l'âge et le degré de maturité, laisser un enfant agir à sa guise sur certains sujets peut être une négligence qui conduira inexorablement à une crise. Les crises marquent souvent un point culminant de fatigue, tensions ou frustrations, résultant d'incompréhensions ou d'erreurs éducatives passées – qu'il est toujours temps de corriger. Parce que des élans doivent parfois être tempérés pour que chacun trouve sa place dans l'espace commun, des frictions sont inévitables. Toutefois, elles ne compromettent pas forcément la cohésion. Comme le dit le proverbe makà : « Les marmites d'une même cuisine se cognent, mais se rangent côte à côte. »

La meilleure manière de gérer une crise reste néanmoins de l'éviter. Ainsi, lorsque mon fils Babel s'est retrouvé en conflit avec ses camarades Yvan et Ryan en maternelle, il a naturellement mis en œuvre des techniques pour empêcher l'escalade (voir 2 p. 53).

En tant que parents, nous aspirons à semer de bonnes graines au plus tôt : transmettre des outils et des valeurs, défricher les éventuels terrains conflictuels en amont par l'exercice d'une autorité ferme et bientraitante. Et alors que nous espérons récolter les lauriers de nos pratiques éducatives à l'adolescence, la puberté s'en mêle, plongeant les jeunes dans les doutes des crises existentielles. Heureusement, durant cette phase, vous pourrez compter sur l'amour, la patience et l'humour cultivés jusqu'alors.

L'amour, la patience et l'humour

L'amour est le lien émotionnel qui unit un parent à un enfant. Ce dernier, lorsqu'il se sent aimé, est plus enclin à faire confiance et à écouter. Certains géniteurs refusent ou peinent à établir cette connexion. Pourtant, elle est la corde de sécurité et de soutien à laquelle chacun peut se raccrocher lors d'une crise. Des études montrent que les marques d'affection rendent les enfants plus réceptifs aux discussions et aux compromis, facilitant ainsi la résolution des conflits. Les câlins augmentent l'ocytocine chez les enfants, le réconfort réduit l'anxiété et le stress[132].

La patience est la pause que l'on s'accorde dans le conflit, le recul qui permet de changer d'angle et de dédramatiser. En étant patient, vous montrez à votre enfant qu'il faut parfois prendre du temps pour réfléchir et comprendre. Selon le psychologue Daniel Kahneman[133], la patience fait basculer le cerveau du système 1 impulsif vers le système 2 analytique, celui de la prise de décision, la régulation des émotions et la résolution de problèmes.

L'humour est le démineur qui désamorce bien des situations délicates. Il permet de relativiser et détend l'atmosphère Un sourire ou une plaisanterie bien placée peuvent transformer une crise de nerfs en crise de rire, générant des endorphines[134] favorisant le mieux-être. Rire ensemble renforce la complicité avec votre enfant et rend la discussion plus agréable[135]. L'humour diminue la gravité perçue des situations et rend les solutions plus accessibles.

Désarmer sans blesser

Le nombre de conflits ou de crises que votre enfant devra gérer est imprévisible, mais pas leurs protocoles de résolution. Ce qui importe est qu'il apprenne à comprendre et exprimer ses émotions de manière constructive, qu'il développe ses compétences d'oralité et d'empathie. Cela dépend de son vécu et des enseignements qu'il reçoit, en famille comme en dehors, et de ce qu'il en retient.

Lorsque Yvan et Ryan se sont moqués du prénom de Babel et l'ont bousculé en maternelle, j'ai tenté de lui donner quelques indications pour se sortir des futurs conflits. Par instinct pacifique, Babel avait déjà appliqué la technique de l'extinction[136], recommandée par les spécialistes du comportement. En ne réagissant pas aux moqueries, il privait ses camarades de l'attention qu'ils recherchaient, ce qui aurait pu réduire leurs provocations. Babel préférait les ignorer plutôt que d'alimenter la dynamique du conflit, même pour se défendre. Cela lui était d'autant plus facile qu'il ne se sentait pas personnellement atteint lorsque Yvan et Ryan l'appelaient « Babybel ». N'étant pas engagé dans le conflit, il choisit d'ignorer les attaques. Cela aurait pu les déstabiliser, comme ma question posée sur un ton cordial qui les a surpris et a créé un espace propice au retour au calme. Sans stimuli de danger, leurs cerveaux n'eurent pas à activer de réponse de lutte ou de fuite[137].

Exercez-vous à parler calmement, sourire et passer outre les provocations, dans diverses situations : au travail, au supermarché, au volant. Choisir la non-violence, c'est aussi refuser de réceptionner l'animosité d'autrui. Et vous savez quoi ? Personne n'y est obligé. Certains arts martiaux enseignent que réussir à éviter l'affrontement est une preuve d'intelligence et de créativité. Ce n'est que lorsque toutes les possibilités d'échapper à une menace sont épuisées que, dos au mur, il faut démontrer sa rage de vivre pour se frayer un passage et fuir. Enseignez à votre enfant que la plus grande des batailles à mener est celle contre soi-même pour ne pas se laisser submerger par le tumulte de ses émotions. C'est la lutte contre les instincts bestiaux qui sapent le vivre-ensemble dans cette société que nous leur transmettrons. Pour vivre en paix avec les autres, il doit d'abord être en paix avec lui-même.

Lors de notre discussion au snack, j'ai conseillé à Babel de solliciter une figure d'autorité respectée par toutes les parties impliquées : la maîtresse. Son titre lui permettrait de régler le conflit de manière juste et appropriée en cas de récidive. Je lui ai aussi montré comment utiliser l'humour et l'effet miroir[138] en créant des jeux de mots avec les prénoms de ses camarades. Nous en avons bien ri, et puis nous avons cessé d'y penser. En thérapie cognitivo-comportementale (TCC) et en hypnose, imaginer des moments désagréables en y ajoutant des éléments risibles peut réduire leur impact émotionnel et aider à dépasser les peurs.

Babel n'eut jamais à utiliser ni « Ryanair », ni « Yvan des frites et des kebabs » pour confronter ses camarades à l'absurdité de leurs actions. Alerter la maîtresse suffit à mettre fin aux brimades. Je réalisai néanmoins, quelques années plus tard, à quel point ce que nous disons à nos enfants s'inscrit dans le marbre de leur mémoire. Ce sont des fondations sur lesquelles ils s'appuient pour avancer, même si leurs actes semblent parfois indiquer le contraire. En classe de cinquième, Babel fut encore importuné à cause de son prénom, symbole de diversité culturelle. Toujours avec la même marque de produit de consommation :

> *Depuis la rentrée, Alexandre, petit pour son âge et complexé à ce sujet, se moquait de Babel pour paraître intéressant. Rabaisser quelqu'un d'autre flattait sans doute son ego fragile. Un jour où il voulut à nouveau booster son estime de manière inappropriée, Babel rétorqua : « C'est petit ces moqueries, Alexandre ! Tu devrais pourtant être assez grand en cinquième pour réclamer mon attention plus intelligemment qu'un enfant de maternelle ! » Ces mots firent rire ses amis, qui en rajoutèrent avec ces onomatopées prisées par les jeunes.*

Même les followers d'Alexandre ne purent s'empêcher de pouffer. Cela le vexa tant qu'il alla se plaindre à l'autorité d'avoir été moqué pour sa taille.

Ironie du sort, Babel reçut une sanction pédagogique et dut rédiger une réflexion sur les conséquences des moqueries. Il prit la chose avec philosophie et rappela ce qu'il savait à 4 ans déjà : la violence, c'est mal. Crier ou blesser les autres, surtout pour leur différence, n'a rien d'un jeu. Et il n'avait toujours ni l'envie d'agir comme un bourreau, ni celle d'en être la victime (voir 9 p. 187).

Le complice, le profane et l'engagé

Contrairement à ce que pensait le père de Lila, qui harcelait Eden en primaire, les comportements nuisibles au vivre-ensemble ne sont pas acceptables sous prétexte d'être récréatifs. Certains parents laissent leur enfant s'en prendre à autrui au parc, sans sourciller. D'autres le regardent participer à des activités répréhensibles, sans mot dire. Pourtant, nos postures et (ré)actions inspirent et valident celles anti ou prosociales et morales de nos enfants. En incarnant l'empathie[139] et en préférant des interactions saines[140], basées sur l'intégrité et l'ouverture à l'autre, vous préservez non seulement votre enfant, mais aussi son entourage de conséquences graves : troubles anxieux, stigmatisation sociale, marginalisation, voire procédures judiciaires.

Plusieurs formes d'inaction parentale peuvent favoriser de mauvaises habitudes chez un jeune. Elles ont parfois pour origines le déni ou la peur du conflit avec un enfant ayant pris le pouvoir pour diverses raisons. Un sentiment d'impuissance par manque de compétences éducatives ou de ressources psychiques ou matérielles peut aussi conduire à l'inertie (voir 5 p. 127).

Type d'inaction	Description
La complicité passive[141]	L'approbation tacite, par exemple en ne réprimandant pas un enfant qui se moque de l'apparence d'un autre, ce qui peut lui faire croire que c'est acceptable.
Le laxisme ou la permissivité excessive[142]	Par exemple, laisser un enfant interrompre ou commenter les conversations d'adultes sans le repositionner. Sans limites claires, il risque d'adopter des comportements irrespectueux ou destructeurs.
La neutralité bienveillante	Refuser d'intervenir lors d'un conflit, sous prétexte d'apprendre à l'enfant à se débrouiller. Fonctionne dans la fratrie, et pour des conflits futiles sans mise en danger, mais l'impartialité permet aussi aux abus de perdurer.
La tolérance à l'injustice	Une résignation face à des situations discriminatoires, laissant l'enfant ciblé sans modèle pour se défendre.
L'indifférence[143] **ou la « Balek attitude »**	L'absence de réaction ou d'intérêt face à des signes d'activités antisociales (agressions physiques, vol, vandalisme, incivilités ou manipulation d'autrui).

En réalité, on ne naît pas parent, on le devient[144] en apprenant des pratiques et parfois en désapprenant celles qui nuisent au développement de nos futurs adultes[145]. Cela demande de l'humilité : accepter que personne n'est parfait, ni en tant que parent, ni en tant qu'enfant. Regarder ses imperfections et celles de son héritier[146], sans se mentir, puis chercher de l'aide, requièrent du courage. Un parent éduque avec ses moyens, aussi modestes soient-ils, mais toujours avec la ferme volonté de guider son enfant hors des voies sans issue. Les problèmes socioéconomiques[147], tels que le chômage ou l'absence de figure paternelle, ainsi que des politiques publiques inadéquates[148], peuvent créer un habitat instable et pesant pour les familles. Les 2,76 millions d'enfants vivant sous le seuil de pauvreté en France[149] souffrent souvent de stress chronique, accentué par l'indisponibilité émotionnelle de parents sous pression financière[150].

Selon le criminologue Travis Hirschi[151], les individus sont incités à se conformer aux normes sociales lorsqu'ils ont des liens affectifs solides, car ils ne veulent pas risquer de les altérer ou de décevoir. Les conflits familiaux et sociaux peuvent donc être dus à des troubles de l'attachement[152]. La théorie de l'attachement de John Bowlby et Mary Ainsworth (voir 1 p. 35) étudie comment les premières relations enfant-parents influencent le développement affectif et social. Avoir un style d'attachement sécurisé offre une meilleure régulation des émotions et réduit les risques de comportements antisociaux.

La théorie du conflit social du criminologue Roger Quinney[153] suggère que les inégalités de pouvoir et de richesse favorisent les déviances, lesquelles peuvent à leur tour affecter l'équilibre familial. Pour agir sur les racines internes et externes des crises et conflits touchant son enfant, un parent ne peut donc pas se limiter à une politique familiale stricte, car l'environnement social pèse aussi dans le devenir des jeunes générations (voir 6 p. 143).

Impact du style d'attachement sur l'apparition des conflits

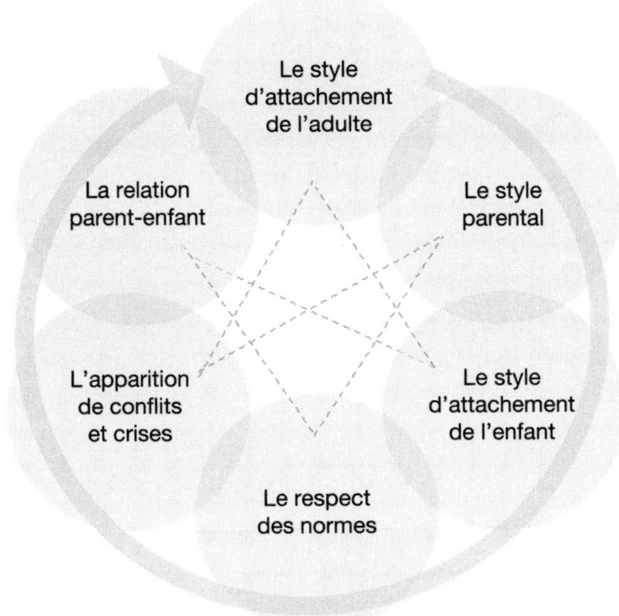

En plus de voter et de contribuer aux démarches de démocratie participative locales, le parent peut s'investir dans l'activisme communautaire[154] et ainsi façonner son quartier autant que ce dernier influence son enfant. Durant les années que j'ai passées auprès de collectifs d'habitants de périphéries urbaines, j'ai constaté que les mères étaient souvent les premières à initier des changements. Nathalie Birimta[155], par exemple, a fondé la Fédération des mères combattantes pour lutter contre les rixes entre jeunes en misant sur le dialogue. Son engagement démontre que des actions collectives peuvent non seulement protéger nos enfants, mais aussi transformer les communautés.

Les maux, les mots, les émotions

Les mots sont de puissants outils ayant le pouvoir d'orienter nos émotions et nos comportements. Mes livres préférés ont longtemps été les dictionnaires et les encyclopédies. Sans doute pour leur utilité à quiconque cherche le savoir et aspire à avoir le fin ou le dernier… mot. Face à ce que je percevais comme de la ténacité, mais que d'autres qualifiaient d'entêtement lors de nos débats animés, mon oncle Gabriel m'offrit pour mes 15 ans *L'Art d'avoir toujours raison* de Schopenhauer.

Par ce cadeau aussi inattendu que révélateur, il répondait simultanément à ma rigidité et à ma curiosité, tout en m'enseignant qu'on ne pouvait pas se disputer n'importe comment, mais en s'appuyant sur trente-huit stratagèmes rhétoriques précisément. Détourner l'attention, amplifier les contradictions, jouer sur l'émotion… Tout ce que votre enfant utilise, parfois innocemment, contre vous s'y trouve. Comprendre ces techniques vous aidera à transformer vos conflits en terrain d'exercice pour l'esprit logique et critique : à enfant malin, parent malin et demi !

Sur mes copies de rédactions, Mme Beau, professeure de français, écrivait toujours une phrase pour encourager ma créativité de collégienne en zone d'éducation prioritaire. Bien que le makà soit ma langue maternelle, depuis l'école primaire, je m'amusais à manier la langue de Molière et à la versifier lors d'activités d'éducation civique sur les droits des enfants ou la préservation de la nature. Les années passent, et certaines luttes restent tristement d'actualité. Durant mon adolescence mélancolique, les mots ont pansé mes maux. Je traduisais alors mes états d'âme, et mes perceptions d'un monde en flammes, en poèmes et en chansons. À travers la rime, je me régénérais, portée par les rythmes d'alexandrins et refrains tantôt mélodramatiques, comiques, cosmiques ou authentiques. Ma mémoire en ressort encore, certains matins : ce qui se répète se retient.

Ainsi, chaque fois que votre enfant tente d'abattre une cloison de votre cadre éducatif pour s'assurer de la fiabilité du refuge familial, renforcez les murs porteurs et les fondations de vos piliers. Reformulez, expliquez calmement, replacez les bornes, mille fois s'il le faut, jusqu'à ce qu'il intègre la certitude qu'elles ne bougeront pas. S'il persiste à tester les limites sans qu'elles ne cèdent, il finira par les considérer comme des repères et se tournera vers des activités plus gratifiantes et économes en énergie. Soyez patient : il faut parfois du temps pour conclure une expérience et pour apprendre ou désapprendre une habitude. Selon plusieurs études[156], cela prend en moyenne deux mois et dépend de la complexité de la tâche et de la personnalité de chacun.

La répétition d'actions ou inactions crée des routines, qui deviennent des habitudes et des automatismes. Les habitudes de votre enfant se forment aussi à partir de la répétition des recommandations et des mots qu'il entend ou lit. Soyez présent : ne vous laissez pas remplacer par un écran. Puisque nous sommes des humains et non des robots, il est naturel de ressentir la fatigue, la frustration, la peur, la tristesse voire du ressentiment, parce que l'aventure parentale que vous vivez diffère de ce que vous aviez projeté. Soyez confiant : tout évolue, naturellement.

Chez les Makà comme dans d'autres cultures où l'oralité est centrale, il existe une conscience aiguë du pouvoir des mots prononcés, notamment par les aînés. Ils peuvent bénir, instruire, consoler, et inversement. Qu'il s'agisse d'une anecdote touchante ou d'une punchline percutante : ce que nous disons complète ce que nous montrons par nos actes à nos enfants. La connaissance des postures associées à chaque membre de la communauté régule les interactions intergénérationnelles.

L'enfant respecte l'ancien qui le guide, ce qui réduit les cris et les crises, mais pas forcément les frustrations. Il est essentiel pour tout éducateur souhaitant le meilleur aux nouvelles générations, d'enrichir ses pratiques culturelles, conformément aux progrès des sciences et des lois (voir 8 p. 177), et de permettre à sa progéniture d'exprimer calmement sa voix et ses sentiments.

L'affection et le respect mutuel sont la clé pour éviter les invectives destructrices. Même si, dans un cadre approprié, dire des gros mots peut avoir un effet cathartique et réguler les émotions[157], les insultes, les critiques sévères ou les petites remarques porteuses d'une charge négative fragilisent les liens en creusant des blessures psychiques. Sans nier l'évidence lorsque votre enfant se comporte ou vous parle mal, évitez de surenchérir avec le mot de trop. La parole est d'argent, et parfois, votre silence est d'or. En revanche, les petits mots d'amour et d'humour, les encouragements et les compliments activent agréablement la mémoire. Un surnom tendre ou une phrase positive dans une discussion peuvent pacifier une situation conflictuelle.

Si vous traversez tant de conflits que vous envisagez sarcastiquement de déposer votre enfant sur une aire d'autoroute, il est temps de consulter un neuropsychologue et d'évaluer ses capacités de compréhension et d'application des consignes. Car bien que, dans la petite enfance et à l'adolescence, les effronteries et la provocation soient généralement porteuses du message « Pourrait-on clairement m'expliquer ce que je suis censé faire ici ? », certains signaux récurrents indiquent des troubles cognitifs (voir 4 p. 103). Dans ce cas, documentez-vous pour éviter des attentes irréalistes alimentant des conflits sans issue et votre future dépression.

Les cris, l'écrit, les crises

Les cris peuvent exprimer nos émotions, motiver pendant l'effort et célébrer les victoires lors des compétitions. Utilisés dans les conflits comme lors de manifestations afin d'attirer l'attention, ils libèrent de l'adrénaline, l'hormone de la lutte ou de la fuite. Si un cri peut, selon le contexte, augmenter la pression ou diminuer le stress, dans les relations, crier ne devrait pas être utilisé pour dialoguer, ni avec un adulte ni avec un enfant[158]. Si vous constatez que vous ne communiquez plus qu'en criant avec votre enfant, que sa présence ou le moindre de ses faits et gestes vous irrite, contactez un thérapeute familial pour un suivi : vous pourriez être en burn-out parental[159].

Lorsque vous vous sentez submergé, faites une pause. Extrayez-vous du contexte, isolez-vous et lâchez des grossièretés là où personne ne les entend. Piochez dans votre « kiffes liste » (voir 9 p. 187) pour diminuer le cortisol. Chantez votre playlist « colère » ou « tristesse » durant 15 minutes, allez courir, faites des tractions, exécutez votre chorégraphie préférée, mangez du chocolat, stimmez[160] ou faites tout ce qui vous aide à vous détendre et à retrouver votre calme.

Rappelez-vous qu'il n'y a pas de fatalité comportementale, vous n'êtes pas condamné à agir comme cette personne que vous n'appréciez pas, vous pouvez apprendre à réguler vos émotions et vous libérer de croyances limitantes. Si besoin, passez temporairement le relais à un membre apaisé et apaisant du village éducatif (voir 5 p. 127), pour alléger votre charge domestique et mentale. Enfin, parlez avec la voix silencieuse : l'écrit. Utiliser l'écrit au lieu des cris épargne des maux de tête, de gorge, de la culpabilité et des regards suspicieux de voisins hésitant à prévenir les services sociaux.

Les crises ne font pas partie du rêve parental, mais éduquer un enfant, surtout s'il a des besoins spécifiques, est souvent difficile, épuisant et peu gratifiant sur l'instant. En rangeant des affaires lors de son déménagement, j'ai retrouvé un « contrat de confiance » (voir 3 p. 81) rédigé par ma fille Eden, lorsqu'elle était en cinquième. En le relisant, je me suis rappelé combien tout était compliqué avant que nous comprenions vraiment ses particularités cognitives. Son père et moi avions essayé moult stratégies, mais nos organisations ne tenaient pas.

Nous passions des heures à redire, réexpliquer, rejustifier, sans grand résultat. Jusqu'à ce que je me souvienne qu'enfant, ma mère affichait mes routines comme le brossage des dents, le lavage des mains, la composition idéale des repas ou encore mon emploi du temps. Ainsi, par cette approche proche des *nudges* (voir 6 p. 143), elle structurait et guidait mon quotidien sans s'épuiser à se répéter.

Par ailleurs, la technique du faux choix, qui consiste à proposer des options encadrées, s'avère particulièrement efficace avec un enfant opposant. Si, par exemple, vous voulez qu'il se prépare rapidement le matin, au lieu de : « Habille-toi maintenant ! », dites : « Tu préfères mettre le pantalon bleu ou le jean aujourd'hui ? » Dans tous les cas, il s'habille, mais l'interrogation favorise la coopération, l'autonomie et la responsabilité en lui donnant une illusion de contrôle.

Certains voient en la présélection d'options une forme de manipulation. Tout dépend de l'intention, celle d'un parent est de servir l'intérêt supérieur de son enfant en l'orientant dans un cadre bienveillant où il peut faire des choix adaptés à son niveau de maturité (voir 2 p. 53), pas de confisquer son libre arbitre, ni de servir ses propres desseins. Utiliser des supports multisensoriels – visuels, auditifs, kinesthésiques – peut faciliter la mémorisation des règles et procédures organisant la maison. Stimuler les différents sens indépendamment ou en synergie lors d'une expérience (voir 9 p. 187) peut faciliter les apprentissages et l'intégration d'habitudes.

Notre famille avait pris l'habitude d'entériner par écrit nos engagements mutuels, après chaque résolution de problème. La transcription des attentes nous a permis des économies d'énergie verbale considérables. Au lieu de rediscuter sans fin d'un sujet, nous nous référions simplement au « traité de paix » correspondant. En relisant les souhaits d'évolution de la relation parent-enfant qu'Eden avait écrits dans son contrat de confiance, je réalisai combien il avait été bénéfique. Non seulement il nous avait offert une ligne directrice éducative limitant les tensions, mais il avait aussi entraîné Eden à structurer ses pensées et ses objectifs sur papier, une compétence qu'elle utilise toujours aujourd'hui. Les contrats de confiance que vous souscrivez avec vos enfants les entraînent aussi à en passer avec eux-mêmes pour aller de l'avant.

Même lorsqu'il vous hurle le contraire, parce que vous l'empêchez de faire tout ce qu'il veut sans réfléchir aux conséquences, ou que vous le traînez en dehors de sa zone de confort pour augmenter sa tolérance à la frustration et qu'il découvre qu'il existe d'autres points de vue, pressé par les délais que notre société nous impose de tenir (voir 2 p. 53), votre enfant ne vous déteste probablement pas. J'ai reçu d'anciens enfants maltraités, abusés, qui malgré les années et l'ampleur des souffrances endurées espéraient encore parfois une possibilité qu'elles soient reconnues et donc une occasion de pardonner l'impardonnable.

Chez les Makà, la demande de pardon est ritualisée. Lorsqu'il y a un conflit important, un conseil de famille présidé par un ancien dont la sagesse est reconnue de tous permet à chacun de s'exprimer, avec des cris et des larmes s'il le faut. Tout est dit, puis un compromis est recherché, des engagements sont pris, des excuses sont prononcées, et on se donne des accolades, on se prend les mains. Ces rituels, semblables à une thérapie familiale, rappellent que le pardon, comme l'éducation, est un processus. Il exige patience, introspection et engagement, mais ouvre toujours la voie à des liens renforcés.

À lire pour approfondir

- Saul Alinsky : *Être radical* (1971, 2012, Éditions Aden)
- Joseph Ledoux : *Le cerveau émotionnel* (1996, Odile Jacob)
- Gary Chapman : *Les cinq langages de l'amour des enfants* (1997, Leduc)
- Antonio Damasio : *Le sentiment même de soi* (1999, Odile Jacob)
- Marshall Rosenberg : *Les mots sont des fenêtres* (2004, La Découverte)
- Giacomo Rizzolatti et Corrado Sinigaglia : *Les neurones miroirs* (2008, Odile Jacob)
- Robert Dilts : *Changer les systèmes de croyances avec la PNL* (2006, InterEditions)
- Thomas Saias : *Introduction à la psychologie communautaire* (2011, Dunod)
- Moïra Mikolajczak & Isabelle Roskam : *Le Burn-out parental* (2020, Odile Jacob)

3 types de crises

Votre enfant, adolescent ou pré-adulte, peut traverser diverses crises au cours de son développement. Chacune nécessite une approche spécifique selon l'âge, les déclencheurs et les dimensions individuelles concernées.

<table>
<tr><th colspan="2">1. LES CRISES EXPLOSIVES[161]</th></tr>
<tr><td colspan="2">Elles touchent surtout les jeunes enfants, notamment ceux ayant des besoins éducatifs spécifiques. Elles se manifestent par des cris, des pleurs et des comportements agressifs. Ces crises peuvent être déclenchées par une incapacité à gérer des émotions intenses de colère, de peur ou de tristesse, des troubles sensoriels, ou une intolérance à la frustration. Chez les enfants ayant un TSA ou avec un TDAH, les surcharges sensorielles explosives sont appelées « meltdown[162] » (voir 4 p. 103, voir 9 p. 187).</td></tr>
<tr><td>Anticipez</td><td>Créez un environnement prévisible et structuré avec des routines claires, limitez la fatigue et enseignez des techniques de gestion des émotions dès le plus jeune âge, comme la respiration profonde et l'utilisation d'un vocabulaire émotionnel varié pour exprimer ses sentiments.</td></tr>
<tr><td>Gérez</td><td>Encaissez et recontextualisez : vous êtes l'adulte, le responsable en charge de l'apaisement dans les moments difficiles. Restez calme et parlez avec une voix douce pour apaiser l'enfant. Éliminez les stimuli excessifs et offrez un espace sécurisé pour l'aider à se recentrer. Proposez des activités apaisantes, comme des jeux sensoriels ou des câlins. Des outils comme une couverture chauffante ou lestée, ainsi que l'approche eMotion (voir 9 p. 187), peuvent faciliter l'accalmie et la résilience.</td></tr>
</table>

Outil clé (esprit) : Le chuchotement

Lorsque vous sentez que vous allez crier, imaginez que vous devez vous parler à vous-même et chuchotez. Cela capte l'attention de l'enfant, car c'est inattendu et force l'écoute. Approchez-vous de votre enfant et parlez-lui calmement pour désamorcer la crise sans accentuer les tensions.

2. LES CRISES EXISTENTIELLES[163] ET IDENTITAIRES

Fréquentes chez les adolescents et jeunes adultes, ces crises se manifestent par des questionnements profonds sur le sens de la vie, des doutes sur l'identité et la place dans le monde. Elles peuvent être déclenchées par des changements majeurs, des conflits internes ou des pressions sociales.

La crise d'adolescence, souvent redoutée par les parents, se traduit par des contestations fréquentes de l'autorité, une baisse de motivation, ou des prises de risques comme l'expérimentation de l'alcool, des drogues, ou des comportements antisociaux sous l'influence des pairs. L'isolement social, le désintérêt scolaire et le refus de partager leurs sentiments peuvent également plomber l'ambiance du foyer, alimentant les tensions familiales. L'adolescence est une période de transition et de prise de risques, où les jeunes explorent leurs limites tout en cherchant leur identité.

Anticipez	Créez des liens solides et des souvenirs positifs auxquels votre adolescent pourra se raccrocher dans le futur. Favorisez un environnement ouvert où il se sent en sécurité pour partager ses pensées et ses émotions. Engagez des discussions régulières sur ses aspirations, ses craintes et ses valeurs.
Gérez	Écoutez activement et validez ses sentiments sans jugement. Proposez des activités qui l'aident à explorer ses centres d'intérêt et à renforcer son identité. Encouragez-le à chercher des mentors ou à consulter un thérapeute si nécessaire, surtout en cas de vulnérabilité face à l'anxiété ou la dépression. Mobilisez le village éducatif (voir 5 p. 127) pour qu'il puisse parler librement à une personne de confiance. Assurez-vous de l'intégrité des mentors et références qui exercent son esprit critique. Vous pouvez mettre en place un suivi régulier avec un psychologue qui pourra le guider et l'écouter se plaindre de vous si besoin avec une neutralité bienveillante.

Outil clé (corps) : L'enfance et la proximité

Entretenez une routine parent-enfant hebdomadaire où il sera libre de faire part d'éventuelles difficultés. Vous pouvez toucher votre enfant sur la main, le bras ou l'épaule lors des fous rires, pour créer des ancrages positifs durant vos conversations, et un sentiment de sécurité que vous pourrez réactiver dans un moment difficile. Si l'ado est en dissidence contre vous, pratiquez l'extraction contextuelle temporaire chez un proche fiable.

3. LES CRISES SUICIDAIRES	
Elles peuvent survenir lors d'une rupture, d'un échec, ou de troubles psychiques. Elles se traduisent par des pensées noires nécessitant une intervention immédiate et l'aide de professionnels de la santé mentale.	
Anticipez	Soyez attentif aux signes avant-coureurs : retrait social, changements d'humeur, commentaires désespérés... Établissez une communication ouverte et régulière avec votre enfant pour qu'il se sente en sécurité et soutenu.
Gérez	Adoptez le style proximal si vous soupçonnez une crise (voir 1 p. 35) et proposez des activités. Identifiez un psychiatre, un psychologue, et des services d'urgence. Favorisez leur coopération pour une prise en charge globale.

Outil clé (habit/habitat) : L'extraction contextuelle et la coopération

La souffrance aveugle et ce qu'on ne voit pas n'existe pas. Pour aider votre enfant à relativiser, vous devez favoriser l'expérimentation de choses nouvelles et inconnues stimulantes, puisque le connu l'a déçu.

Si le jeune adulte vit seul ou s'isole, pratiquez l'extraction contextuelle de durée moyenne à longue, en le mettant dans un cadre chaleureux et stimulant où il sera entouré. Selon les causes identifiées, vous pouvez proposer un voyage humanitaire ou initiatique encadré pour qu'il découvre d'autres perspectives, une activité caritative qui le rende responsable de la survie d'un animal ou d'autres personnes pour qu'il se sente utile. Impliquez-le dans la résolution des problèmes familiaux et des décisions quotidiennes pour renforcer son sentiment d'appartenance et d'importance. Cela peut réduire l'isolement et favoriser l'engagement et la coopération, ce qui est crucial pour les jeunes en détresse émotionnelle.

Dites combien vous êtes fier de lui, et l'aimez. Un thérapeute TCC et PNL peut l'aider à recadrer et déconstruire ses schémas de pensées morbides.

Communiquez avec assertivité

Exprimez vos sentiments et fixez des limites sans passivité ni agressivité. Favorisez des échanges constructifs selon l'âge.

1. Me, myself and I ! Utilisez-le pronom « je » pour parler sans accuser.

Enfant : *« Je suis triste quand tu jettes tes jouets, car cela peut les casser. »*

Adolescent : *« Je suis inquiet quand tu ne fais pas tes devoirs parce que je veux que tu réussisses. »*

Pré-adulte : *« Je suis préoccupé quand tu ne réponds pas à mes messages. J'ai besoin de savoir que tu es en sécurité. »*

2. Transformez, informez, formez-vous ! Participez à des ateliers sur la parentalité proposés par les mairies, écoles ou associations. Documentez-vous et testez des techniques de communication comme la **programmation neurolinguistique (PNL)** pour gérer les tensions.

3. Affirmez-vous ! Formulez vos attentes de manière simple et décomposez-les en étapes pour les rendre accessibles. Soyez créatif dans la forme et constant dans le fond. Afficher un planning ou un tableau des tâches évite les répétitions inutiles et responsabilise chacun.

Enfant : *« J'ai besoin que tu ranges tes jouets avant le dîner pour aider à garder la maison propre. »* ou *« Je vois que tu veux continuer à jouer, mais il est l'heure de dîner. Tu poursuivras ton puzzle demain. »*

Adolescent : *« Je tiens à ce que nous passions du temps en famille le week-end, cela cultive les liens. »* ou *« Je comprends que tu veuilles sortir avec tes amis, mais tes devoirs doivent être terminés avant. »*

Pré-adulte : *« Je souhaite que nous discutions des finances. C'est une donnée importante pour ton choix d'orientation. »* ou *« Je sais que tu veux emprunter la voiture, mais tu dois d'abord obtenir ton permis. »*

4. Écoutez et activez la réflexion ! Posez des questions ouvertes pour clarifier les intentions et éviter les malentendus.

Enfant : *« Pourquoi t'es-tu moqué du prénom de ton camarade ? »* ou *« J'entends que tu es frustré d'avoir beaucoup de devoirs. Comment pourrais-tu réorganiser ton mercredi ? »*

Adolescent : *« Peux-tu m'aider à comprendre pourquoi tu ne veux pas aller en cours ? »* ou *« Je vois que tu es contrarié de devoir ranger les courses. Peux-tu m'expliquer calmement ce qui te dérange le plus ? »*

Pré-adulte : *« Quand tu dis que tu te sens perdu, que ressens-tu exactement ? Comment puis-je t'aider ? »*

Cassez la Barack avec le CO pour résoudre vos conflits familiaux.

Avant d'être élu président des États-Unis, Barack Obama a été organisateur communautaire à Chicago. J'ai moi-même expérimenté ce rôle dans les quartiers prioritaires, où j'ai redécouvert une France authentique. Les familles qui m'ont ouvert leurs portes et parfois leurs cœurs m'ont offert des émotions intenses et une meilleure compréhension des jeux de guerre et de pouvoir, que leurs volontés et leur organisation peuvent parfois rééquilibrer.

Saul Alinsky, pionnier du *Community Organizing* (CO), propose treize règles transposables aux conflits familiaux. Voyez votre enfant comme un leader en devenir : inspirez-le par l'exemple pour développer sa capacité à mobiliser des ressources et penser des solutions.

1. Exercez votre pouvoir *« La perception du pouvoir est aussi importante que le pouvoir. »* **Leadership :** inspirez le respect et la discipline !
Votre autorité repose sur la perception que votre enfant a de votre capacité à faire respecter les règles. Soyez consistant (voir 3 p. 81). Les exceptions doivent être rares, justifiées, et expliquées pour éviter toute confusion.
2. Connectez-vous à sa réalité *« Restez dans le domaine de compétence de vos proches. »* **Leadership :** Mobilisez des ressources pertinentes !
Pour une connexion authentique, comprenez ses expériences et perspectives : les habitants d'un immeuble n'ont pas tous la même vue selon l'étage. Communiquez avec des exemples concrets, partagez vos erreurs et vos leçons de vie. Familiarisez-vous avec son vocabulaire et ses intérêts en suivant ses influenceurs sur les réseaux sociaux (voir 6 p. 143). Créez un espace d'échange familial en ligne pour partager des nouvelles et lancer des sujets clés. Utilisez des outils engageants (infographies, vidéos, podcasts) pour aborder des sujets sensibles. Défendez ses intérêts en distinguant ce qui est important pour vous de ce qui l'est pour lui, aujourd'hui et demain.
3. La troisième loi de Newton *« Pour chaque action, il existe une réaction égale et opposée. »* **Leadership :** Équilibrez les forces !
Soyez conscient des effets de vos actes et paroles autant que des limites de votre enfant. N'exagérez pas sur les règles et les attentes sous peine de provoquer résistance et contestation. Ajustez l'expression de votre mécontentement à la gravité de la situation. Dosez aussi les renforcements positifs selon le contexte et le besoin émotionnel. Par exemple, un moment de qualité partagé pour valoriser un progrès dans les devoirs est plus approprié qu'une récompense matérielle coûteuse.

4. Le contrat de confiance et le traité de paix *« Faites que l'ennemi respecte ses propres règles. »* **Leadership :** Soyez exemplaire et rigoureux.
Fixez des règles claires et appliquez-les vous-même. Si vous demandez à votre enfant de ne pas utiliser son téléphone à table, veillez à respecter cette règle également. Encouragez-le à tenir les engagements qu'il a pris dans le cadre du contrat de confiance (voir 3 p. 81). Cela renforce la cohérence de votre autorité et instaure un respect mutuel. Prenez soin de vous pour aborder les conflits avec sérénité. Un sommeil réparateur, une alimentation équilibrée et une activité physique régulière sont des piliers pour réduire le stress et clarifier vos idées. Favoriser l'amélioration d'une situation conflictuelle ou réparer une relation endommagée par des erreurs et incompréhensions passées demande du temps, de la patience et une bonne préparation.
5. Le ridicule ne tue pas *« Le ridicule est l'arme humaine la plus puissante. »* **Leadership :** Inspirez le respect et la discipline !
Si ce qui ne tue pas rend plus fort, et que le ridicule ne tue pas, alors… l'humour et l'autodérision peuvent renforcer votre relation parent-enfant. Le rire est contagieux, activé par nos neurones miroirs, qui incitent à imiter ce que nous voyons. Par exemple, si votre enfant débute une crise pour une raison mineure, une touche d'humour peut suffire à éteindre la braise avant qu'elle ne s'enflamme. Plus qu'une expression de joie, l'humour et l'autodérision sont des outils éducatifs puissants. En vous moquant parfois de vous-même, vous enseignez à votre enfant l'art de surmonter les critiques et les erreurs sans honte. Ainsi, il faut bien distinguer l'autodérision saine, qui nourrit la confiance, de l'autodévalorisation, qui l'affaiblit.
6. Procurez du positif *« Une bonne tactique est appréciée. »* **Leadership :** Positivez !
Optez pour des stratégies ludiques et motivantes plutôt que des mesures pesantes. Par exemple, transformez les tâches ingrates comme le rangement en jeux ou défis. Frappez régulièrement aux portes des membres de votre foyer pour leur demander s'ils vont bien et partager du positif. Cela renforcera la complicité et la bonne humeur au quotidien.

7. Variez les plaisirs et captivez *« Une tactique qui dure devient un fardeau. »* **Leadership :** Soyez créatif !
La loi, les neurosciences cognitives et votre bon sens s'accordent : frapper et punir sans faire réfléchir est inefficace sur le long terme. Alors, seuls les « coups de théâtre » sont permis ! Si des mots trop lourds ou une babouche ont été lancés, si vous avez déjà cédé à l'emportement et êtes rongé par le chagrin, bonne nouvelle : vous êtes encore assez aimant et conscient pour vous tourner vers des alternatives créatives aux violences éducatives. Réinventez vos approches lors des provocations de votre enfant et surprenez-le, avec des méthodes inattendues. Multipliez les canaux de communication pour capter son attention et assurer la compréhension. Soyez cohérent, mais flexible. Adaptez-vous à son âge, ses besoins et ses intérêts. Diversifiez les langages (verbal : des mots clairs, adaptés à son âge, corporel : des gestes qui illustrent vos propos, symbolique : à travers des choix vestimentaires ou des objets significatifs, artistique : en écrivant, dessinant, dansant ou chantant, sensorielle : un repas, un son, un parfum peuvent aussi véhiculer un message).
8. Une ligne est une succession de points *« Maintenez la pression. Ne laissez jamais l'ennemi se reposer. »* **Leadership :** Persévérez pour progresser !
Présentez et renforcez les objectifs avec créativité. Sortez régulièrement votre enfant de sa zone de confort. Même s'il a un TSA et n'aime pas les changements de routine, car personne ne progresse sans en sortir. Adaptez le rythme et la dose de changement en vous assurant néanmoins de préserver les activités qui lui permettent de se régénérer après un effort. Encouragez les comportements positifs avec constance et renforcez-les plus encore à chaque introduction de nouveauté. Exprimez verbalement votre satisfaction, avec des activités partagées ou de petits gestes attentionnés, comme le conduire au collège pour lui éviter le stress du bus. Utilisez des renforcements kinesthésiques, comme un câlin ou un tapotement sur l'épaule, pour ancrer les moments agréables. En cas de comportement inapproprié, demandez réparation avec des conséquences logiques liées à la situation, comme nettoyer un mur sali.
9. Prendre une décision, c'est prendre une conséquence *« La menace de la sanction est plus terrifiante que la sanction. »* **Leadership :** Saisissez-vous de votre pouvoir d'agir !
Les enfants peuvent se conformer aux attentes s'ils comprennent les conséquences sans qu'une sanction soit appliquée systématiquement. Utilisez donc les avertissements, mais avec parcimonie, pour inciter à la réflexion plutôt que provoquer la peur.

10. La préférence pour le gain

« Une attaque réussie offre une alternative constructive. »

Leadership : Encouragez des alternatives positives.

Profitez des moments où votre enfant est réceptif pour lui enseigner des comportements positifs. Expliquez-lui pourquoi un comportement est inacceptable et donnez-lui une chance de le corriger avant d'appliquer une conséquence logique. Par exemple, au lieu de menacer de confisquer un jouet, clarifiez vos attentes et proposez une alternative appropriée. Apprenez à votre enfant à dessiner sa frustration de manière créative, sur un mur d'expression ou sur un carnet, au lieu de crier.

11. Choisissez vos batailles

« Choisissez une cible, figez-la, personnalisez-la et polarisez-la. »

Leadership : Focalisez-vous sur l'essentiel !

Identifiez les comportements spécifiques à corriger et listez les sujets de conflit par thème (politesse, scolarité, argent, indépendance, fréquentations, vie affective, etc.). Hiérarchisez-les selon leur gravité et leur urgence, en étant clair sur ce qui est important et pourquoi. L'énergie est une ressource limitée, concentrez-vous sur les priorités, en adressant des remarques précises plutôt que de généraliser. Par exemple, préférez « Ne frappe pas ton frère » à « Tu es méchant ».

Cadrez et recadrez votre politique éducative. Fixez des objectifs réalistes. Ni vous ni votre enfant n'avez la capacité de progresser simultanément sur tous les fronts. Décomposez les grandes mesures en petites routines. Instaurez une discussion hebdomadaire, par exemple lors du goûter dominical, pour partager les préoccupations et les réussites. Cet espace régulier favorise les ajustements nécessaires et offre à votre enfant un cadre bienveillant de décharge émotionnelle.

12. Pas d'imposture sur les postures

« La règle d'or est que celui qui a l'or fait les règles. »

Leadership : Identifiez et responsabilisez les acteurs.

Dans votre foyer, en tant que parent répondant aux besoins matériels, physiologiques, affectifs, psychologiques et sociaux, vous détenez l'or, c'est donc vous qui fixez les règles. Exercez votre autorité de manière ferme et bienveillante (voir 3 p. 81).

Ne la cédez pas à votre enfant, si malin soit-il. Formuler des règles claires et cohérentes pour que votre enfant en comprenne les raisons et coopère ne signifie pas qu'il en est décideur, surtout s'il a 3 ans. Il pourra établir les siennes dans son propre foyer, une fois devenu totalement autonome grâce aux vôtres. Comme en démocratie participative, soumettre des idées ne garantit pas leur adoption, surtout si elles nuisent aux conditions de vie commune.

13. L'action pour la réaction *« La vraie action réside dans la réaction de l'ennemi. »* **Leadership :** Provoquez votre succès !
Gardez en vue votre but : faire réagir votre enfant de manière plus appropriée. Agissez avec calme et discernement. Ajustez vos approches avec la méthode expérimentale (voir 2 p. 53).

11. Comment offrir un « magic pass » pour l'Élysée à mon enfant ?

Notion clé : les justices

> *« On n'oublie pas le rêve à cause de la longueur de la nuit. »*
> Proverbe makà

Libertés, pouvoirs, indépendances

L'Élysée, résidence officielle du président de la France située au cœur de Paris, est un symbole des valeurs chères à la République. Emblème de l'unité nationale, où les aspirations et les espoirs citoyens convergent, le palais incarne à la fois la puissance de l'État et la responsabilité immense de celui qui l'habite. Dans la mythologie grecque, l'accès aux Champs-Élysées était réservé aux héros tel Achille et aux élites exceptionnellement vertueuses. Ainsi, un « magic pass » pour l'Élysée est bien plus qu'un simple laissez-passer pour la visite guidée d'un lieu prestigieux : c'est la métaphore de la transmission de l'envie et des moyens de participer activement à la société, c'est encourager votre enfant à aspirer à de grandes ambitions tout en cultivant son goût du concret et son sens de l'éthique. Offrir des clés ouvrant les portes des rêves, si grands soient-ils, à votre enfant, c'est avant tout lui donner accès aux connaissances. Dans toutes les sociétés, sans ce pouvoir, il n'y a pas de véritable liberté.

Chez les Makà, les parents ne transmettent pas que des terres et des traditions. En reliant leurs enfants aux savoirs et à la puissance de leurs ancêtres, ils leur lèguent symboliquement leurs pouvoirs. De manière comparable, en Occident, la descendance hérite parfois des facultés et des attributions des anciens. Si les révolutions, portées par un idéal d'indépendance et d'égalité, ont marqué le retrait des monarchies de droit divin, elles ont aussi vu émerger de nouvelles dynasties économiques et politiques, qui monopolisent à leur manière le pouvoir et les opportunités. Certains parents se demandent donc aujourd'hui comment permettre à leur enfant d'atteindre les sommets lorsqu'il naît sans privilège de classe, de richesse, de genre ou de beauté.

Égalité, justices, contrôle

Vos enfants ont peut-être déjà saisi une occasion de vous rappeler combien les règles chez tel ou tel ami semblaient moins ringardes que les vôtres ?

Si les enfants naissent et demeurent libres et égaux en droits, en principe, l'accès équitable aux opportunités de réussite reste au cœur des débats. Les familles, par essence, sont des marqueurs de divergences. L'idée d'une égalité parfaite dans l'éducation relève de l'illusion : même les jumeaux ne peuvent être égaux. Cette confusion entre égalité et homogénéité conduit à croire que pour être égal, il faut être identique. Dès lors, les variabilités sont vues soit comme des irrégularités, soit comme des injustices. Certaines mènent effectivement à des discriminations devant être fermement combattues. Mais d'autres manifestations de la diversité peuvent devenir des forces. Reconnue et pertinemment valorisée, une vulnérabilité qui dans une situation est un handicap peut, dans une autre, devenir un atout.

Oui, certains profils sont, toujours plus que d'autres, recalés à l'entrée de certaines boîtes. Mais ça n'est pas parce qu'un physionomiste refuse le passage à votre enfant que ce dernier doit se résigner à une posture de victime attitrée. Dites-lui qu'il existe d'autres clubs sur l'avenue, dans d'autres rues, chacun avec ses codes et critères qu'il vaut mieux comprendre et appliquer pour augmenter ses chances d'admission. Et surtout, rappelez-lui que danser, chanter ou écouter de la musique peut aussi se faire ailleurs qu'en discothèque. Soulignez qu'il est bien plus qu'une apparence ou un jugement arbitraire posé un jour ou une nuit par un regard d'inconnu.

Certes, sans justice sociale, il ne peut y avoir d'égalité des chances, mais une fois ce constat établi, à quoi bon entretenir un vain dépit vindicatif ?

Autant apprendre à votre enfant à naviguer dans les réalités du monde avec résilience et détermination, en transformant les injustices en opportunités d'action plutôt que de se laisser envahir par des émotions destructrices. La colère peut être momentanément un carburant pour alimenter le changement, dans les zones d'influence collective et individuelle, comme le montre le *Community Organizing* (CO). En revanche, l'aigreur est un frein à l'avancement : elle enchaîne à un passé qui n'existe plus que dans les ruminations, mais dont l'effet immobilisant est bien réel.

Fraternité, projets, mutualité

Offrir un « magic pass » à votre enfant, c'est l'aider à se libérer des entraves psychologiques qui freinent ses exploits. En tant que parent, enrichir votre politique familiale avec des ressources éducatives et culturelles, parfois accessibles gratuitement comme les médiathèques, est une excellente façon de maximiser ses chances en soutenant son développement personnel. En repérant ses qualités et inclinations naturelles, en favorisant ses apprentissages et en développant ses connexions sociales et émotionnelles, vous l'encouragez à surmonter les difficultés qu'il peut rencontrer dans sa quête de soi et à trouver ou créer sa propre boîte, sans forcément rentrer dans une case, un carré VIP ou un cercle où il ne ferait que contribuer à réaliser les rêves d'autrui.

Avoir un espace où ses talents et ses intérêts sont pleinement appréciés est souvent suffisant pour permettre à votre enfant de s'épanouir. Cela en honorant le principe de Fraternité impliquant de vivre et faire société ensemble, tout en soutenant ceux qui en ont besoin. La crise de la COVID-19, durant laquelle des milliers de soignants ont allié passion de leur mission et compassion fraternelle, dans un élan de solidarité nationale sans précédent, illustre la capacité à se dépasser pour le bien commun.

La mutualisation et l'optimisation des ressources matérielles et intellectuelles caractérisent les sociétés collectivistes. Chez les Makà, passés en quelques générations d'un modèle de chasseurs-cueilleurs nomades à celui de cultivateurs sédentaires, les traditions de solidarité et de partage demeurent les plus tenaces malgré la prédominance des normes capitalistes. Dans les fratries et entre villageois, services et récoltes s'échangent comme des bienfaits, entretenant la paix et le lien social.

Un parent souhaitant offrir à son enfant le plus vaste réseau de solidarité possible doit l'aider à devenir plus qu'une fille ou un fils, plus qu'une sœur ou un frère. Il doit l'initier aux coutumes et aux idéaux du pays où ils vivent et veiller à ce qu'il connaisse son histoire pour qu'il s'approprie son patrimoine culturel. Cela en fera une citoyenne ou un citoyen voulant s'engager et coconstruire un futur apaisé. Parce que sans projets collectifs, il n'y a pas de fraternité.

Destins, destinations, Nation

Peu importe le métier auquel votre enfant se destine. Qu'il s'imagine en président de la République, d'une association, d'une petite entreprise ou d'un fleuron de l'industrie. Qu'il souhaite devenir astronaute, agriculteur, artiste, cuisinier, ou qu'il ignore encore comment il apportera sa pierre à l'édifice de la Nation, la réalisation de son rêve dépend de nombreux facteurs, plus ou moins contrôlables.

La chance résulte de la rencontre entre la préparation, la persévérance et la capacité à repérer et saisir des opportunités. Selon le psychologue américain Julian Rotter[164], les humains perçoivent leur influence sur leur vie selon deux perspectives principales : une maîtrise interne ou externe des événements.

Les personnes ayant un locus de contrôle externe attribuent les résultats de leur vie à des facteurs externes tels que la chance, le destin ou les actions des autres. Par exemple, elles pourraient penser qu'un échec à obtenir un poste est dû aux préférences personnelles du recruteur plutôt qu'à leurs propres qualifications ou préparations. En revanche, celles avec un locus de contrôle interne considèrent qu'elles jouent un rôle actif dans leur réussite. Elles croient qu'en améliorant leurs compétences ou en adaptant leur stratégie, elles peuvent augmenter leurs chances de succès. Ces individus sont généralement plus résilients et motivés, car ils estiment pouvoir influencer leur propre vie et surmonter les injustices.

Niveau d'impact et sphères de contrôle

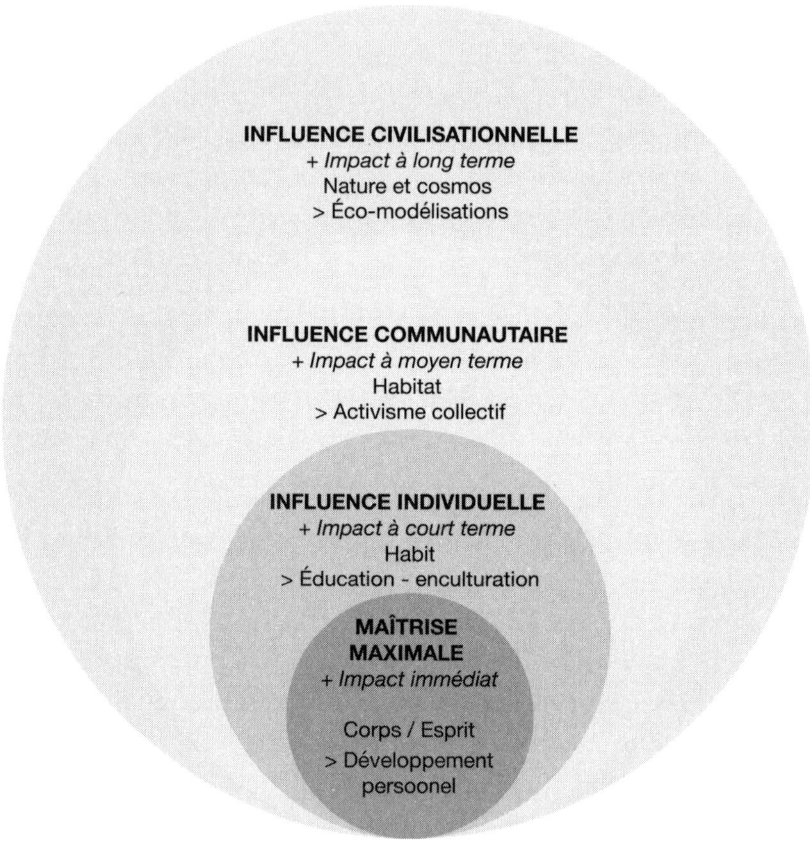

Votre enfant pourrait abandonner son rêve en pensant qu'il n'y a qu'une voie pour le réaliser. Les détours font pourtant partie du parcours et favorisent la maturation. L'important est qu'il ne s'égare pas totalement, et cela tient grandement au soutien, aux encouragements et enseignements qui lui sont fournis lorsqu'il se sent perdu. Exercez-le à formuler les options s'offrant à lui dans chaque situation pour trouver des compromis. Il comprendra ainsi que faire des choix, c'est d'abord créer des conséquences.

Exemple d'arbre à solutions

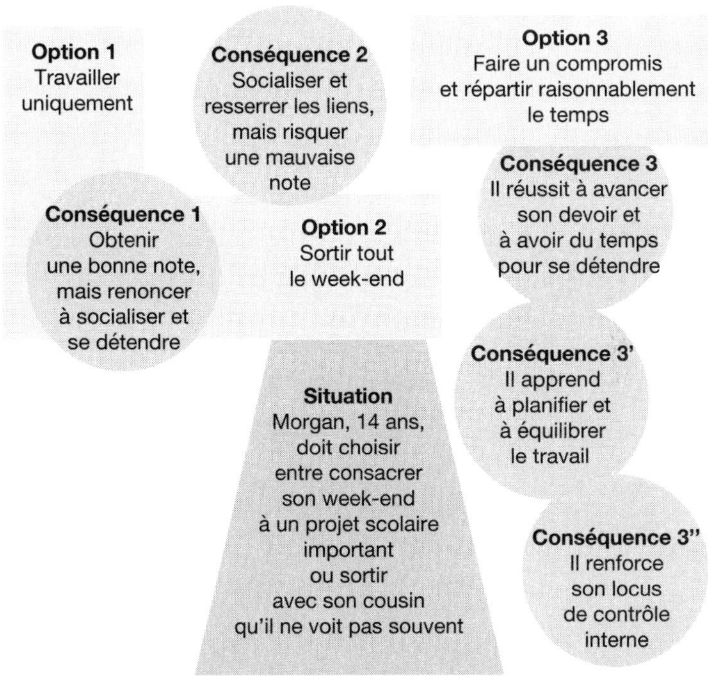

Le rêve ne s'oublie pas à cause de la longueur de la nuit, mais des défis du quotidien d'un jeune adulte. Des responsabilités écrasantes peuvent plomber les ambitions. La pression familiale ou sociale pour se conformer peut aussi mener à des insomnies et à l'abandon des aspirations personnelles. En l'aidant à équilibrer ses valeurs, les influences extérieures et les réalités de la vie, vous apprenez à votre enfant à poursuivre et concrétiser ses projets.

Un rêve ne s'oublie pas à cause de la longueur de la nuit, mais faute d'énergie, de temps ou d'argent pour le réaliser. Le sentiment de ne pas être à la hauteur, souvent lié au syndrome de l'imposteur théorisé par les psychologues américaines Pauline Clance et Suzanne Imes[165], peut freiner la quête du bonheur par peur de l'échec ou du jugement.

Plusieurs techniques peuvent aider votre enfant à réguler son stress et ses émotions. Vous pouvez déjà l'encourager à verbaliser pour explorer et comprendre ses sentiments. Vous pouvez aussi l'initier à des stratégies d'adaptation positives.

Un rêve ne s'oublie pas à cause de la longueur de la nuit, mais des failles de notre mémoire et de notre motivation. Avec le temps, l'intérêt pour un projet peut s'estomper et aboutir à son abandon. La réalisation de votre enfant dépend aussi de sa ténacité dans la poursuite de son étoile.

Pratiques de résilience émotionnelle

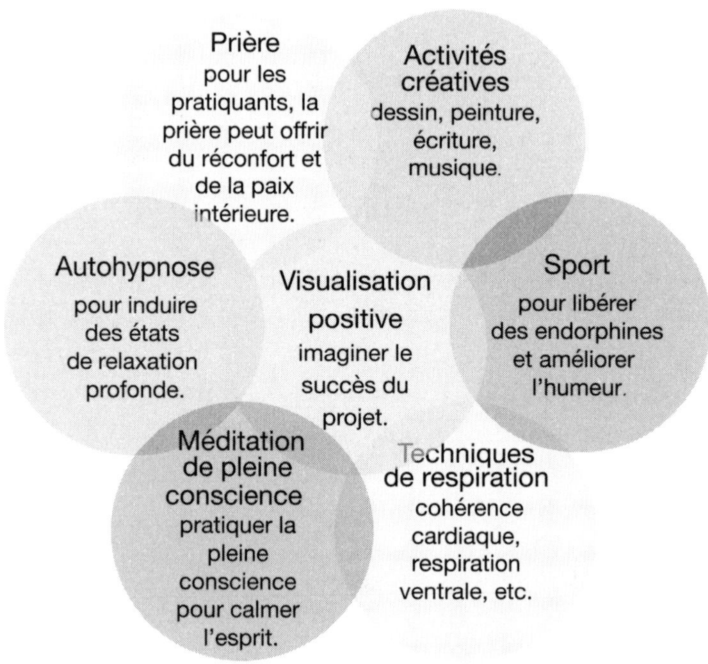

Le temps de vie qu'il possède est sa chance, et s'il est né, c'est que le cosmos l'a validé. Peu importent ses gènes et ses particularités, son existence et ses expériences sont parfaitement légitimes.

En lui contant les prouesses passées des peuples dont il est issu, vous pouvez l'aider à s'ancrer dans le présent, à apprécier d'où il vient et où il se situe, afin de se projeter avec assurance vers demain (voir 7 p. 161).

L'histoire de votre enfant n'est pas la vôtre, mais la sienne. Vos rêves ne sont pas les siens et ça ne fait rien. Confiez-lui tout de même ceux à l'origine de votre relation avec la mère patrie, et les sentiments que vous nourrissez à son égard, que vous ayez été enfanté sur son sol ou qu'elle vous ait accueilli plus tard. Cela consolidera ses liens de filiation, son identité de citoyen et son passe-partout social.

Le « magic pass » pour l'Élysée symbolise la réussite. Cela l'était particulièrement pour la petite fille migrante que j'étais à mon arrivée sur le territoire français. J'ai toujours en mémoire une conversation avec ma mère, dans le bus 251, en 1987. Elle me demandait ce que je voulais faire quand je serais grande. J'hésitai : d'abord couturière, car j'étais déjà fascinée par le langage des vêtements, puis médecin, car je voulais soigner les gens, et enfin militaire ou présidente, car je croyais naïvement qu'ils avaient le pouvoir de mettre fin aux guerres. Amusée par mon indécision, ma mère y répondit avec une bénédiction (voir 12 p. 257) : « Tu deviendras ce que tu souhaites si tu étudies, c'est la France ici. »

J'ai étudié la mode, pratiqué le camouflage sans m'enrôler dans l'armée, et milité, pour qu'un jeune homme d'État et sa séduisante révolution rétablissent les équilibres et les justices sociale, économique, environnementale. À défaut d'avoir été pleinement exaucée, j'ai un ou deux selfies à montrer à mes futurs petits-enfants. En attendant, je m'efforce de démocratiser la psychologie et la santé mentale. À bien y réfléchir, on n'oublie jamais tout à fait les rêves confiés à ses parents, qu'on s'y projette en héros des champs makà, de champs de bataille ou des Champs-Élysées.

Les citoyens, les militants et les élus

La République est cette vieille promesse universelle d'excellence et de citoyenneté qui ne saurait être tenue sans l'action simultanée de millions de volontés. Derrière les institutions souvent blâmées, il n'y a que des gens, faillibles, comme vous et moi. La Nation d'aujourd'hui, c'est nous tous, et nos enfants sont la France de demain. Et parmi eux, il y a un futur président. L'écologie part à vau-l'eau, l'économie crise tous les quatre matins[166], et il reste tant de causes à défendre pour si peu d'élus dont les exploits résonnent. La rupture entre le peuple et les dirigeants traduit un besoin de leaders plus représentatifs de sa diversité. « We need heroes ! »

Mais sur qui compter, sinon nous-mêmes, pour engendrer ces héros porteurs de renouveau ? Qui pour nourrir de discours réellement émancipateurs ces jeunes qui se catégorisent à tort par des termes réducteurs, minant sournoisement leur ambition ?

La mémoire lie les mots aux maux et les « racisés » au racisme et à ses traumatismes : l'Assemblée a besoin de hérauts visionnaires, d'économistes altruistes, d'audacieux inclusifs, d'hyperactifs solidaires. Et le meilleur moyen de garantir l'éthique de ces élites, c'est d'éduquer nous-mêmes ce petit groupe de personnes capable de changer le monde.

À lire pour approfondir

- Robert Kiyosaki et Sharon Lechter : *Père riche, père pauvre* (2021, Un monde différent)
- Laurent Petit : *L'éducation aux médias et à l'information* (2020, Presses Universitaires de Grenoble)
- Janice Richardson et Elizabeth Milovidov : *Manuel d'éducation à la citoyenneté numérique* (2020, Éditions du Conseil de l'Europe)
- Denis Langlois : *La Politique expliquée aux enfants* (2022, La Déviation)

Éduquez votre enfant comme un futur président

Les cartes ne sont pas justement distribuées par Mère Nature ou Mère Patrie ? Fabriquez-lui vous-même un « magic pass » citoyen !

1. PARENTALITÉ CITOYENNE

Objectif : Développer une base solide d'éthique, de leadership et de gestion des finances.

Outils clés : Jeux de rôles, lectures et films sur des leaders inspirants, ludothèque, etc.

Ingrédients DIY magic pass

Mentorat : Favorisez des rencontres avec des experts des domaines qui l'intéressent (www.lementorat.fr).

Éthique et valeurs : Discutez régulièrement des valeurs morales et éthiques en famille. Utilisez des histoires et commentez des séquences de films pour illustrer l'importance de l'intégrité. Proposez-lui des jeux de rôles en adaptant des dilemmes selon son âge, comme celui du Bon Samaritain[167] : comment agir quand un camarade se fait harceler ? Parlez des différentes options (ignorer, intervenir, chercher un adulte) et des conséquences.

Gestion des finances : Entraînez votre enfant à budgétiser, épargner et investir lorsque vous faites les courses. Valorisez sa participation aux corvées par de l'argent de poche. Ouvrez-lui un compte avec une carte bancaire et des opérations limitées dès 12 ans. Jouez à des jeux comme le Monopoly.

Leadership : Impliquez votre enfant dans des activités de groupe où il peut prendre des responsabilités. Par exemple le scoutisme, des sports d'équipe ou des programmes de leaders comme les jeunes ambassadeurs de l'engagement associatif des États-Unis (fr.usembassy.gov).

2. CITOYENNETÉ NUMÉRIQUE

Objectif : Préparer votre enfant à être un citoyen responsable et empathique, dans la vie comme sur internet. Utilisez le web utilement.

Outils clés : Sites sur la citoyenneté, visites virtuelles (visite.elysee.fr, visites-en-ligne-musees.culture.gouv.fr), prévention (www.jeprotegemonenfant.gouv.fr), jeux éducatifs collaboratifs encourageant la résolution de problèmes, médiathèques, etc.

Ingrédients DIY magic pass

Communication efficace : Utilisez la communication assertive (voir 10 p. 217) et vos échanges numériques (voir 12 p. 257) pour l'exercer à s'exprimer avec respect.

Empathie et compréhension : Entraînez-le à exprimer et reconnaître des sentiments dès la petite enfance. Utilisez des visuels et des cartes sur les émotions comme support. Vous pouvez aussi commenter des films et des séries.

Responsabilité du temps d'écran : Fixez des limites et discutez des impacts potentiels sur la santé. Incitez votre enfant à s'autoréguler avec un compteur de temps en ligne. Organisez des journées « Off line ».

3. CITOYENNETÉ MILITANTE

Objectif : Former un citoyen engagé et actif dans sa communauté.

Outils clés : Faire ensemble, vivre ensemble. L'organisation communautaire (voir 10 p. 217), le bénévolat, les Journées du patrimoine.

Ingrédients DIY magic pass

Intérêt collectif : Participez avec votre enfant à des projets comme aider dans un refuge, ou organiser des collectes de fonds ou nettoyer le quartier (www.worldcleanupday.fr).

Engagement civique : Soutenez sa candidature comme délégué ou conseiller municipal junior, emmenez-le aux réunions municipales. Allez à la rencontre des élus traitant des sujets qui l'intéressent. Expliquez-lui la démocratie, montrez que vous votez.

Diplomatie : Enseignez les bases de la négociation à travers des jeux de société de collaboration et de stratégie comme *Risk* ou *Diplomacy*.

Réseautage : Encouragez-le à faire des connexions avec des pairs partageant ses centres d'intérêt. Faites-le participer à des ateliers gratuits comme ceux de www.grainedorateur93.fr

12. Comment aider mon enfant à se faire une place épanouissante dans le monde ?

Notion clé : l'autodétermination

« Marche sereinement, nous nous reverrons près du feu. »
Bénédiction makà

S'épanouir, s'accomplir, s'autodéterminer

C'est dans un climat incertain que chaque parent s'efforce de guider son enfant vers une vie épanouie, en cultivant son développement global, sa curiosité, son autonomie et sa résilience : les piliers de l'éducation proposés dans ce livre (voir 8 p. 177 et 9 p. 187). Chaque enfant est unique. Sa réalisation personnelle dépend de son environnement culturel et familial et, surtout, du sentiment subjectif d'accomplissement personnel et professionnel, de la poursuite de buts alignés avec ses valeurs et aspirations (voir 11 p. 243).

Un enfant a besoin d'être aimé, nourri et abrité au sein d'une famille, simultanément, pour renforcer son amour propre. Cet autorespect et cette autoacceptation reposent sur la reconnaissance de sa valeur, indépendamment du jugement extérieur. L'amour-propre permet de se sentir digne, de respect, de bonheur et de succès, tout en acceptant ses défauts et imperfections.

Cela grâce à la considération et à l'affection de l'entourage, et souvent, jusqu'à l'apparition d'une métacognition élaborée – cette conscientisation profonde de ses propres connaissances et performances, de ses forces et de ses faiblesses, a un impact direct sur l'estime de soi, via l'ego. Dans cette image de nous-mêmes que nous créons, le poids du regard des autres diminue face à celui de nos propres perceptions, avec notre maturation.

Appartenir à un clan et se sentir aimé permet à votre enfant de développer suffisamment d'amour-propre pour, ensuite, vouloir s'appartenir à lui-même, en prenant ses propres décisions. Être reconnu au sein d'une communauté l'aide à se connaître, et le conduit à une meilleure autodétermination. C'est essentiel pour qu'il puisse se réaliser, s'émanciper de votre regard et de votre jugement, et ainsi atteindre la plénitude. Ce qui est plus ou moins facile selon le degré d'individualisme de la société. S'autodéterminer, c'est contrôler sa propre vie, sans être excessivement influencé par des facteurs externes. C'est user pertinemment du libre arbitre du pouvoir de penser et d'agir indispensable à chacun.

Mais quel épanouissement promettre sans culpabilité, à nos enfants citoyens d'un monde d'instabilités économique, politique, climatique et sociale ?

Les aspirations, l'estime, les croyances

Plus une personne se sent « réalisée » dans les différentes sphères de sa vie – son corps, sa tête, ses espaces sociaux et relationnels, dans son pays et sur cette planète –, plus elle est satisfaite, plus elle a de chances de poursuivre et d'atteindre ses aspirations profondes. C'est un cercle vertueux. Selon la théorie de l'apprentissage social d'Albert Bandura (voir 1 p. 35), cela agit comme une récompense intrinsèque, renforçant positivement les comportements et la croyance en ses compétences. Chaque objectif atteint améliore le sentiment d'auto-efficacité et l'estime de soi. De même, voir les réussites des autres peut renforcer cette croyance, ce qui explique notre attirance pour les anecdotes inspirantes et les succès partagés sur les réseaux sociaux : c'est du gain de confiance par procuration.

En tant que parent, pour aider votre enfant à se faire une place dans le monde, vous pouvez déjà l'encourager à agir et se bouger. Initier des actions est bien évidemment une condition nécessaire, bien que pas toujours suffisante pour avancer dans ses projets et avoir une chance d'atteindre une destination perçue comme une réussite. La vie a beau être un long voyage, rien ne nous oblige à toujours dormir dans le même hôtel. Il faut marcher jusqu'à un lieu ou un hôte qui nous convienne.

Manquer d'impact tangible est frustrant dans bien des cas, mais rien n'évolue sans acte. Je dis souvent en séance que même le plus petit pas éloigne du point de départ, et en attendant que la téléportation soit fonctionnelle, se remuer reste le seul moyen de se rapprocher des objectifs que l'on s'est fixés.

Le geste, le mouvement et les migrations

Quand mes patients me demandent comment renforcer la confiance en eux de leurs enfants, je leur réponds toujours que ça commence au pied du lit ! Elle naît de notre capacité à nous mouvoir. C'est le mouvement qui, dès la petite enfance, initie l'exploration et les apprentissages, comme l'a décrit Piaget (voir 2 p. 53). Votre enfant peut se projeter en train de courir parce qu'il est certain de savoir marcher. Depuis le sol, il observait les adultes se déplacer autour de lui. Il a appris à se retourner, à s'asseoir, à ramper, à se tenir debout, et à avancer avec votre aide jusqu'au jour où, prenant confiance en lui, il a lâché votre main pour avancer seul et dans la direction de son choix, sous vos yeux admiratifs.

La confiance repose également sur des certitudes bien établies. Prenez l'exemple de la lecture. Vous ouvrez un nouveau livre parce que vous avez déjà appris à lire. Vous avez peu à peu appris à reconnaître les lettres de l'alphabet, à donner un son et du sens aux syllabes, aux phrases, vous avez buté sur quelques mots au début, mais avec le temps, vous avez gagné en autonomie et avez commencé à choisir vos ouvrages, en fonction de leur longueur ou des sujets. De même, puisque vous lisez ces lignes, vous pouvez habilement optimiser votre programme éducatif, en toute confiance.

La réussite appelant la réussite, vous pouvez apprendre à votre enfant à identifier la plus petite unité de victoire pour alimenter sa motivation et le féliciter pour sa détermination et ses progrès chaque fois qu'il franchit une nouvelle étape, même si elle semble insignifiante. Il n'y a pas de ligne droite, mais une succession de points. Chaque marche est un pas vers un sommet. L'autonomie et le pouvoir sur sa destinée impliquent de lui offrir la liberté de choisir celui qu'il souhaite gravir. Peu importe la vitesse, peu importe la hauteur, et peu importe encore plus si vous, vous rêviez du Kilimandjaro ! Aider votre enfant à se faire une place dans le monde, c'est l'aider à décider de ses propres objectifs, actions, expériences et directions à prendre dans la vie. Cela sans être excessivement influencé ou contrôlé par la pression sociale, les normes culturelles ou les attentes d'autrui, vous compris (voir 6 p. 143).

Chez les Makà et d'autres peuples holistes, il est courant de privilégier le collectif au détriment des intérêts individuels. Les frontières entre don de soi et sacrifice sont alors floues, ce qui peut expliquer la posture de certains parents après un parcours migratoire éprouvant. Les efforts consentis pour offrir à un enfant de meilleures perspectives que celles de leur pays d'origine engendrent parfois des attentes et des pressions excessives. En se sacrifiant pour donner une chance de réussite à son enfant, le parent transforme son succès en principal moyen de se réaliser indirectement.

Vous avez patiemment balisé son chemin et délicatement utilisé vos ressources et leviers pour conduire votre enfant jusqu'à sa maturité et vous devez désormais l'inciter à se détacher de votre tutelle pour s'autodéterminer et se révéler. À oser s'aventurer en dehors des sphères habituelles et des sentiers que vous lui avez éclairés. À partir à la découverte du reste du monde, d'autres habitants de la Terre, et peut-être même d'un autre lui-même. Avoir confiance en votre enfant lui permettra d'accueillir tout ce que l'avenir peut lui offrir, comme un nouvel endroit plaisant où s'établir, ainsi que le fut la région du Haut Nyong pour mes ancêtres.

L'ADN nomade des chasseurs-cueilleurs makà les a conduits à migrer au fil des siècles. Du Soudan au Cameroun sous la pression de l'islamisation, puis du cœur de la forêt dense où ils furent accueillis par les Baka à la lisière, et enfin, du village d'Anzié à Ntankuimb. Là où mon arrière-grand-père, Pierre Diga, dit « le Généreux », accueillit la bonne nouvelle des missionnaires de l'Église presbytérienne américaine au milieu des années 1920. Loyal et dévoué, il prêcha dans toute la région, aussi bien en boulou qu'en lingala, partout où la mission l'envoya. Animé par un grand sens du partage, il fit don d'une partie de ses terres pour que soient construits un hôpital, une église et une école à Nkol-Mvolan, offrant ainsi aux autres familles de cultivateurs du village l'accès gratuit à la santé, à la foi et au savoir.

Ses fils, mes grands-oncles, partirent étudier dans les grandes villes avant de s'engager dans l'armée et l'administration civile d'un État officiellement indépendant en 1960. Ce même esprit de voyage et les élans du cœur conduisirent sa plus jeune fille, Rachel, du Cameroun à la France dans les années 1970. Bravant sa peur de l'inconnu, elle s'installa en Seine-Saint-Denis. C'est là que la confiance en la devise de la République amena la fille de sa sœur aînée et ma mère biologique, partageant son prénom, Marianne, à m'y faire venir pour m'épanouir et me réaliser. Ce que je fis grâce à une bénédiction makà qui résonne encore comme une promesse : « Marche sereinement, nous nous reverrons près du feu. »

Au revoir, adieu, bienvenue

Cette bénédiction « d'au revoir » est celle qui accompagne les longues séparations. Le feu, « kouda », a plusieurs sens en makà, c'est la flamme, la chaleur d'un foyer ou la source des âmes, ou encore la brûlure, la douleur, un coup. Ces mots rassurent non seulement l'enfant sur le fait qu'il peut poursuivre son chemin l'esprit léger, mais aussi que, quoi qu'il arrive, le parent sera à ses côtés lorsqu'il en aura besoin. Voici la traduction d'une bénédiction reçue de ma grand-mère Déborah en exemple :

> *« Tu rencontreras le succès dans ce que tu vas entreprendre, investis-toi et tu réussiras, tu as ma bénédiction. Rien ne te retient, entre nous, tout va bien, je n'ai pas de colère envers toi et je suis heureuse et fière de ce que tu as déjà accompli, poursuis. Je te souhaite le meilleur et la paix, libère-toi et va. Marche sereinement, nous nous reverrons près du feu. »*

Si elles ne sont pas religieuses, les bénédictions makà demeurent profondément spirituelles et font partie de ces rituels ancestraux tellement enracinés qu'ils ont persisté au milieu des injonctions occidentales. Ces phrases comparables aux mantras du yoga, ou aux anecdotes données en exemples en PNL, modifient l'état d'esprit et de conscience environnementale de celui qui les reçoit.

Les Makà sont, à la base, un peuple nomade, de tradition orale. Lorsqu'on change fréquemment de lieu de vie, le seul bagage qui compte vraiment, le plus important, c'est le mental. Sur la route, dans leurs cœurs et dans leurs mémoires, ils transportaient les mots, ceux qui les définissent où qu'ils aillent. Les bénédictions, les paraboles, les proverbes ou les contes préparent les enfants à l'exploration du monde puisqu'ils leur enseignent comment se comporter dans diverses situations.

Les Makà de ma génération restés au pays écoutaient encore les anciens conter notre histoire, les mythes et les légendes de nos valeureux aïeux, ou les « mikana » – les fables – des animaux de nos forêts, à la tombée de la nuit noire, étoilée par les lucioles et les étincelles d'un feu crépitant. Mais la modernité, avec l'arrivée de l'électricité, de la télévision, puis des smartphones, ainsi que l'exode rural et les migrations internationales, a eu raison de cette tradition, qui s'est éteinte avec Adam, le sorcier de Ntankuimb aux pouvoirs magiques de cohésion. Connectez-vous dès la petite enfance avec vos enfants, en discutant sur les chemins, en leur racontant un bout de leur histoire passée, ou celle du Petit Poucet si vous préférez !

Et pourquoi ne pas se servir des nouvelles technologies pour se réunir avec les plus grands et conserver une place dans le cœur des siens ? Rien de plus simple qu'un appel de groupe WhatsApp vidéo pour entretenir vos liens, même lorsque votre enfant aura grandi et peut-être rejoint un pays lointain. Faites l'expérience. Ritualisez un temps de discussion téléphonique avec votre jeune adulte, planifiez une réunion virtuelle pour toute la famille.

En convenant d'un jour et d'un horaire régulier, vous pourrez tenir votre parole de soutien ponctuel. Même si la chaleur des accolades n'a pas d'équivalent numérique. Lorsqu'on part en expédition, il est utile de connaître le chemin de sa base, pour pouvoir s'y ressourcer, se régénérer. Tant pis si la piste pour y aller est digitale.

L'histoire du monde raconte les mélanges, celle des migrations makà raconte la résilience, l'adaptation et la transformation. Façonnés par les forces historiques complexes qui ont marqué le continent africain, mes ancêtres et leurs héritiers semi-sédentarisés ont appris à composer avec les ressources et les contraintes de la mondialisation, tout en s'efforçant de conserver les piliers essentiels de leur mode de vie originel (voir 7 p. 161), jusqu'à la mort.

Les descendants de Ziogue Ampah ont suivi son exemple migratoire et certains vivent désormais dans d'autres régions d'Afrique, en Europe ou en Amérique, parfois avec des partenaires venus d'ailleurs, comme eux. Lorsqu'il sent que son heure approche, le parent makà prépare son enfant à poursuivre sa route, sans sa présence physique. Avant de rendre son dernier souffle, si la distance et les circonstances le permettent, il le fait revenir à lui, pour lui transmettre ses ultimes recommandations et bénédictions.

Dans la tradition makà, les bénédictions « d'adieu » sont les mots les plus puissants qu'un parent puisse formuler en termes de sens et donc de portée. Ils sont partagés tel un trésor entre chaque enfant, pour faciliter le parcours de chacun et prédire sa réussite. Ce sont des paroles apaisantes, des remerciements, des rappels de l'histoire familiale, des souvenirs structurants et des conseils motivants pour que chacun poursuive sa propre voie, chargé de croyances émancipatrices. Les derniers mots que les parents adressent à leurs enfants sont emplis de sens, le premier aussi.

Chez les Makà, les prénoms ne sont pas donnés parce qu'on les trouve beaux ni selon la tendance de l'année. Minutieusement choisi par les parents, le prénom est une référence explicite à un autre membre de la communauté qui s'impliquera particulièrement pour cet enfant, ou à un objet, à une phrase décrivant le quotidien ou en lien avec la nature. Les parents peuvent aussi choisir un adjectif ou une qualité pour qualifier leur nouveau-né. Il y a des prénoms similaires en Occident : Félicité, Constance, Patience, Tempérance, Prosper, Harmonie, Bonaventure. En choisissant un tel prénom que leur enfant entendra régulièrement, toute sa vie, un parent espère intimement qu'il s'y identifiera. En lui choisissant un homonyme mentor pour sa personnalité, son histoire et ses exploits, ils espèrent qu'il le prendra pour exemple et s'en appropriera les qualités (voir 5 p. 127).

Déterminisme, détermination, exceptions

L'avenir est constamment en mouvement, façonné par nos choix, tandis que le passé est immuable une fois vécu et sert de point de repère fiable pour s'orienter et décider. Il faut donc choisir avec précaution nos mots et notre manière de le raconter à nos enfants. Il ne s'agit pas de déformer la réalité ou de réécrire l'Histoire, mais d'utiliser les mécanismes de la mémoire pour encourager votre enfant à choisir l'horizon de la détermination plutôt que le mur de la fatalité. Et c'est grâce à sa détermination qu'un individu s'affranchit du déterminisme[168] qui réduit le champ de vision.

En effet, selon cette philosophie, la classe sociale, le genre, l'origine ethnique, orientent les trajectoires de vie humaines. Les événements arrivent parce qu'ils sont inévitables. Votre enfant pourrait adopter un point de vue fataliste et opter pour la reproduction sociale plutôt que d'aller au bout de lui-même. Les fatalistes croient souvent qu'il est inutile ou impossible de changer leur destinée, car tout est déjà fixé ou préordonné.

Pourtant, nos vies ne se résument pas à des formules mathématiques. Si les conditions initiales d'une situation sont identiques, le résultat n'est pas toujours le même et ce n'est pas parce que vous élevez vos enfants dans un quartier otage des trafics qu'il deviendra forcément délinquant. Il existe des millions d'exceptions. Votre enfant doit fermement croire qu'il pourrait à son tour faire une différence et devenir un exemple positif à suivre. Le poids des variabilités et des volontés individuelles est bien plus grand que celui des circonstances de la naissance ou de l'origine sociale, au moins dans une démocratie européenne. C'est d'ailleurs l'une des raisons pour lesquelles de nombreux migrants d'autres continents choisissent de s'y établir.

La devise républicaine Liberté, Égalité, Fraternité, est un serment vieux de 235 ans, pour tous les citoyens. Il serait naïf de nier l'existence d'inégalités, des stéréotypes ou des réseaux d'influence qui accélèrent ou ralentissent le chemin de certains profils dans certains milieux, mais ce n'est pas une raison pour décourager votre enfant dans la poursuite de son bonheur. Les « transclasses » existent aussi. Ils prouvent une perméabilité des frontières socioéconomiques offrant à des individus bien dans leur tête la possibilité de naviguer à travers différentes strates sociales et d'adopter les identités et les modes de vie de leur choix. Ce sont ces trajectoires qui alimentent le sentiment de justice indispensable à toute l'humanité.

Répétez à votre enfant qu'il peut aller partout, même là où on ne l'attend pas, pour peu qu'il respecte les lois, car il y a toujours un premier. Alan Petre est par exemple le premier Français issu de la Seine–Saint-Denis à travailler comme ingénieur à la NASA[169].

Comment a-t-il fait ? Il a étudié pour remplir les prérequis, et puis il a osé postuler. Et comment Ziogue Ampah, mon ancêtre, alias « l'Éclaireur », est-il devenu le premier chef du village d'Anzié ? Il a osé aller vivre en lisière de forêt, puis il a convaincu par son exemple d'autres membres de sa communauté de le rejoindre, leur permettant ainsi de prendre en route le fameux train du « progrès ». Il faut toujours un défricheur pour créer la voie, il faut de la détermination pour écrire sa légende.

Légende, mythologie, honnêteté familiale

La légende personnelle est le récit que chacun se construit pour donner un sens à son parcours, à ses expériences et à ses interactions avec le monde qui l'entoure. Centrale dans les romans de Paulo Coelho[170] comme *L'alchimiste*, elle s'apparente à une quête de soi et s'écrit à l'aide des trois ingrédients narratifs de James Cameron (voir 7 p. 161) :

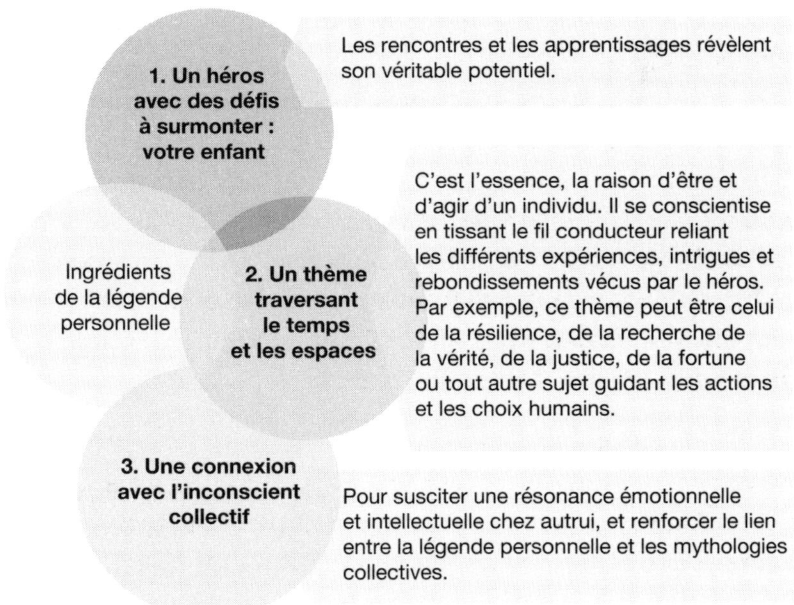

Ainsi, pour répondre à ses besoins d'appartenance, de reconnaissance et se réaliser, votre enfant doit écrire son chapitre dans votre mythologie familiale. Ce sont les histoires sur les origines de votre famille, les exploits des ancêtres, les événements marquants, les succès, les échecs, les traditions de la famille, les valeurs fondamentales, et parfois aussi les secrets ou les tabous. Tout cela participe à l'identité individuelle et collective des membres de votre famille et peut influencer les relations, les choix de vie, les aspirations, et la façon dont les individus se voient et se situent dans le monde. Cette identité fait souvent écho à une mythologie culturelle, une histoire communautaire offrant les racines indispensables à l'équilibre individuel.

Racontez à votre enfant la mythologie familiale pour l'aider à se rappeler qui il est, d'où il vient et éviter la perte d'identité et le déracinement, la désorientation voire l'endoctrinement. Connaître l'histoire ne l'empêchera pas de vouloir être un autre, mais cela l'aidera à ne pas vouloir être n'importe qui et faire n'importe quoi. Elle peut être transmise à travers des histoires lors des réunions de famille, des événements spéciaux, mais aussi de manière plus subtile dans vos comportements, vos normes observées et intériorisées par votre enfant.

Toutes les vies se valent, que votre histoire et celles de vos ascendants vous renvoient à l'est du Cameroun ou sur les côtes de Provence[171]. Et si vous ne trouvez rien d'extraordinaire dans votre passé familial, partagez avec lui l'histoire de sa venue dans votre monde. Restez authentique, ne lui mentez pas, mais allez chercher dans votre vécu un sens positif. Mettez en lumière les personnages de votre généalogie auxquels il pourra s'identifier.

L'œuvre éducative parentale ne prend réellement tout son sens que lorsque l'enfant devient adulte (voir 2 p. 53). Nous prenons alors conscience que nous y avons mis tout ce que nous pouvions partager. Nous avons donné le meilleur de nous-mêmes et pourtant, nous devons accepter de ne pas avoir la capacité de l'achever. Arrive ce moment où le moniteur expert que vous restez doit descendre du véhicule de l'apprenti. Sans savoir d'avance où son chemin unique et sa quête personnelle de sens le conduiront.

C'est à lui seul de vivre et d'écrire sa légende personnelle. Riche et authentique, reflétant son identité unique et ses aspirations profondes. Rappelez-lui simplement que votre cœur restera sa première maison, qu'il pourra toujours y revenir, en pensée ou en vrai, chaque fois qu'il se sentira perdu.

À lire pour approfondir

- Robert Vallerand : *Théorie de l'autodétermination* (2016, De Boeck)
- Johnmarshall Reeve : *Psychologie de la motivation* (2012, De Boeck)

Favorisez l'écriture de la légende personnelle de votre enfant

1. Soyez un exemple. Influencez positivement votre enfant (voir 6 p. 143). Montrez en quoi vous êtes épanoui. Partagez votre histoire et vos expériences. Vos réussites, erreurs, vérités et ce qu'elles vous ont enseigné. Apprenez-lui à esquiver le pire sans pour autant transmettre vos peurs.

2. Inspirez-le avec les histoires de personnes qui lui ressemblent, mais aussi d'autres qui ne lui ressemblent pas. Soutenez son ambition de devenir une référence dans le domaine de son choix. Racontez vos ancêtres et connectez votre enfant à ses mythologies familiales et culturelles (voir 7 p. 161). Donnez-lui envie d'y prendre part. Montrez-lui des photos, des archives.

3. Éduquez votre enfant comme un futur président (voir 11 p. 243). Encouragez-le, dès l'enfance à pratiquer des activités (arts, sports, sciences, caritatif), pour qu'il découvre ses passions, ses talents et ses valeurs.

4. Facilitez l'exploration, la créativité et le développement de *soft skills* (voir 8 p. 177). Incitez votre enfant à prendre des décisions et à résoudre par lui-même des problèmes adaptés à son niveau de maturité. Encouragez sa confiance en soi et son autonomie en le laissant tenter des choses seul même s'il doit se tromper.

5. Donnez-lui des cartes sociales pour s'orienter. Apprenez-lui à repérer dans quelle sphère il se trouve et les règles de fonctionnement qui la régissent pour qu'il sache identifier des opportunités de trajectoires.

6. Entrez le chemin du foyer familial dans son GPS. Indiquez-lui les refuges où il trouvera toujours du réconfort, l'écoute et les conseils dont il pourrait avoir besoin.

7. Complétez son village éducatif (voir 5 p. 127) avec un spécialiste de l'orientation scolaire et professionnelle, si nécessaire.

8. Imaginez un rituel de séparation lorsqu'il quittera votre foyer pour ses études ou pour s'installer dans le sien. Cela vous aidera vous comme lui à accepter l'évolution de votre relation de parent-enfant à parent-enfant adulte.

13. Est-ce vraiment utile de se poser tant de questions ?

« Un enfant instruit est un adulte éclairé. »
Proverbe universel

J'ai donc demandé à Eden, ma fille aînée, son avis sur la manière dont elle a été éduquée.

1. Quel type d'enfant suis-je ?

Le type « trop » ! Du moins, c'est ce que j'ai souvent entendu lors de mes tentatives de socialisation. Mes parents m'ont appris à accepter d'être moi, avec ce « trop », tandis que parfois le monde me pointait du doigt pour cela. Je suis l'enfant qui ressent tout avec excès : trop de douleur, trop de bonheur, trop de tristesse, trop de passion, trop de naïveté, trop de bavardages, trop d'impulsivité, trop d'émotivité, trop, trop, trop… fière d'être « trop » aujourd'hui. Car le trop se modère lorsqu'il le faut dans une société qui n'est souvent « pas assez », et il signifie que j'ai des ressources pour plusieurs vies.

2. Quand est-ce que les adultes deviennent des parents ?

Techniquement, dès qu'ils accueillent un enfant et en deviennent responsables. Mais pour moi, devenir parent, c'est bien plus que cela. J'ai eu la chance d'être entourée d'adultes qui, même sans lien biologique direct, se sont investis dans mon éducation, me guidant et m'armant pour faire face à la société. Les amis bienveillants et les proches deviennent aussi des parents lorsqu'ils prennent régulièrement part à notre éducation.

3. Faut-il éduquer avec fermeté et bientraitance ?

Oui, la fermeté est nécessaire, mais elle doit toujours être accompagnée de bientraitance et de bienveillance, sinon elle est contre-productive. Je me souviens des étés passés au Cameroun, où mes cousines et moi aimions explorer les alentours en inventant des jeux. Ma tante fixait des limites claires : « Amusez-vous autant que vous voulez, mais ne sortez pas du village. C'est ma seule demande. » Toute transgression serait punie.

Un jour, lorsque j'avais 7 ou 8 ans, poussées par la curiosité, nous sommes parties à l'aventure. Une fois au bout du village, nous avions deux options : rester dans le cadre ou en sortir en partant dans le village voisin, contre l'avertissement de ma tante. Nous en sommes sorties. Nous avons rencontré d'autres enfants et avons joué avec eux jusqu'à la tombée de la nuit, ne voyant pas le temps passer. Naturellement, notre famille s'est rapidement inquiétée de ne pas nous voir rentrer. Bien heureusement, les mamans des autres enfants nous ont ramenées à nos familles.

Nous avions dépassé les bornes, ma tante nous a donc punies. Nous devions résoudre une multiplication, dont le résultat déterminait le nombre de coups que nous allions recevoir. Comble de l'ironie, nous devions aller choisir nous-mêmes le bâton pour nous faire corriger le lendemain matin. En revenant de notre recherche, que nous avions pris soin de faire durer, nous lui avions tendu en sanglots les objets de notre torture. À notre grande surprise, elle nous avait conduites au bout du village. Là, elle nous les avait rendus et nous avait fait tracer sa limite, sur la route en terre battue. Je comprends désormais que cela illustrait, au sens propre comme au figuré, la ligne à ne pas franchir que nous avions sciemment ignorée. Je m'en souviendrai très certainement toute ma vie.

4. Mes parents sont-ils normaux ?

Non, mes parents ne sont pas « normaux » au sens commun du terme, mais pour mes frères et moi, ils le sont. À l'adolescence, j'avais tendance à fuir le monde et pouvais passer des journées entières enfermée dans ma chambre, ne sortant que pour satisfaire mes besoins essentiels. Plutôt que de me forcer à en sortir, mes parents ont eu la brillante idée de me laisser vivre ainsi, au sens propre du terme. Puisque je m'étais retranchée dans un mutisme d'ermite, ils ont cessé de me prier de les rejoindre à table. À la place, ils déposaient devant ma porte des plateaux-repas insipides, tandis que j'entendais mes frères se régaler de mon gâteau au chocolat préféré. Au début, j'étais ravie d'avoir obtenu ce que je voulais : ne pas être dérangée, ne parler à personne, jusqu'à ce que je comprenne que mes parents étaient en train de me donner une leçon.

Après avoir vu et revu les séries *Gossip Girl* et *Vampire Diaries*, j'ai fini par avoir envie de retrouver ma famille. J'avais loupé le « Family Friday », notre soirée spéciale films et jeux avec mes frères, mes parents avaient judicieusement programmé un karaoké avec des musiques Disney, sachant que j'adorais les chanter. Les entendre s'amuser sans moi m'a fait réaliser que je n'étais plus heureuse de mon isolement ; je le subissais. Le lendemain matin, je suis allée demander à mes parents que tout redevienne comme avant, que je retrouve ma place parmi eux. Ma mère m'a alors regardée en souriant : « Tu es sûre que c'est ce que tu veux ? Comme tu as pu le constater, obtenir ce que l'on demande n'est pas forcément obtenir ce dont nous avons besoin, mais un choix est une conséquence. »

Je ne pense pas que beaucoup de parents soient aussi « machiavéliques » dans leur façon d'éduquer leurs adolescents sur la prise de décision et l'importance des liens familiaux. Les miens m'ont souvent accompagnée au bout de ma logique, parfois de manière absurde, jusqu'à ce que je réalise moi-même qu'il y avait un hic. Toutes ces actions, aussi frustrantes que faire disparaître le câble de mon chargeur de smartphone pour m'obliger à revenir discuter calmement après une dispute, me font davantage sourire aujourd'hui qu'à l'époque. Mais elles m'ont énormément appris, et m'ont aidée à grandir.

5. Peut-on bien éduquer un enfant seul ?

Mille fois oui ! J'ai de nombreux exemples de familles monoparentales et le plus parlant est celui de mon oncle et de ma cousine de 6 ans qu'il élève tout seul à la perfection. C'est une enfant pleine de vie, équilibrée, mon oncle s'assure qu'elle ne manque de rien. Elle fait deux sports, elle a des copines, et dispose de nombreuses figures féminines et maternelles dans la famille pour la guider et la soutenir dans toutes les situations. En réalité, elle a plusieurs parents.

6. Qui influence mes parents ?

C'est amusant de constater à quel point les gens qui s'aiment finissent par s'influencer mutuellement. Par exemple, mon père, de nature très cartésienne, méthodique et concis, avait une approche plutôt classique en matière d'éducation. Quand j'étais enfant, vers 8 ou 9 ans, il me sanctionnait souvent en m'envoyant « au coin » ou « dans ma chambre », sans distractions, rendant ainsi la punition austère et sans échappatoire. Puis, au fil du temps, il a intégré une dimension plus psychologique dans son approche. Je m'explique : jamais mon père n'aurait eu, seul, l'idée originale de nous servir, à mon frère Babel et moi, le même plat en continu, simplement parce qu'il en avait assez de notre refus de manger équilibré. Nous voulions seulement des raviolis ? Eh bien, nous avons eu des raviolis ! Matin, midi et soir, pendant trois jours, même au goûter, jusqu'à ce que nous réclamions nous-mêmes des fruits et des légumes. Cette stratégie, j'en suis convaincue, est le fruit de l'influence subtile de ma mère sur mon père.

7. Comment concilier différentes cultures ?

Notre famille est un bel exemple de mixité culturelle. Mes parents ont su créer un équilibre entre la culture makà de ma mère et la culture française de mon père. Que ce soit lors de déjeuners en famille dans le Quartier latin ou de week-ends chez mes grands-parents maternels au Blanc-Mesnil, nous avons toujours navigué avec aisance entre ces deux univers. Entre les balades au jardin du Luxembourg avec mon poney attitré « Pinto » et les barbecues improvisés au son de Koffi Olomidé et Papa Wemba. Entre la blanquette de veau de notre père le dimanche et le *ndolé* de mon oncle dans son restaurant du 13e arrondissement de Paris, ouvert avec sa femme d'origine polonaise. Je revois ma grand-mère, Rachel, faire son ménage avec mon plus jeune frère, Jéricho, confortablement installé dans un pagne, sur le dos. Elle a été une pionnière en épousant un Européen, fils d'immigré catalan, malgré les préjugés de leur époque. Ils nous ont transmis à tous leur ouverture nous permettant de voir la richesse de chaque culture sans opposition ni aucune concurrence et la force de leur amour.

8. Quelles aptitudes utiles ai-je pu développer ?

Elles me sont toutes utiles, mais l'optimisme est sans doute celle que mes parents ont le plus cultivée en moi. Ils ont rapidement compris que mes membres agités par l'anxiété avaient besoin d'une occupation. Comme j'aimais littéralement tourner en rond et que j'étais plutôt souple, ils m'ont inscrite à la danse classique afin que j'y apprenne à bouger mes pieds, mes mains et mes bras, avec discipline, en rythme. Cela a été l'un des plus beaux cadeaux qu'ils m'aient faits. La danse m'a sauvée plus d'une fois. Elle m'a non seulement aidée à canaliser mon stress, mais elle m'a aussi offert un langage pour m'exprimer lorsque les mots me manquent. Quand les yeux du monde voient une bizarrerie, ceux des parents cherchent comment en faire une force. Grâce à la danse, j'ai appris que les différences, même les plus originales, peuvent se transformer en atouts.

9. Comment ai-je appris à gérer les difficultés ?

Lorsque ma sœur Sinaï est décédée subitement il y a onze ans, ce fut une tempête dévastatrice dans mon univers d'enfant de 10 ans. Mes parents, frappés de plein fouet, ont dû choisir : s'accrocher l'un à l'autre et à nous, ou se laisser emporter par la douleur.

J'ai vu ma mère hurler, pleurer, s'effondrer, puis se relever. Mon père l'a exprimé avec la discrétion qui lui est propre. Pourtant, ils se comprenaient et se soutenaient mutuellement. Ce que j'ai retenu en les observant, c'est qu'ils ont fait preuve d'une grande indulgence l'un envers l'autre, et j'ai appris que l'indulgence est une forme d'amour. Mes parents m'ont ainsi enseigné que, même dans les moments les plus sombres, il est possible de survivre et de se reconstruire, de différentes manières.

10. Comment ai-je appris à gérer les conflits ?

Mes parents tiennent à certains principes, ce qui a parfois créé des tensions avec l'adolescente que j'étais, toujours désireuse de me conformer à ce que je percevais comme la « normalité » des autres, sans vraiment prendre le temps de discerner ce qui était réellement important pour moi. Comme vous l'avez probablement compris, notre famille est tout sauf ordinaire. Chacun de nous a son propre caractère, sa personnalité unique avec ses particularités. Vivre ensemble dans un foyer où la plupart des membres ont un « atomic brain » peut être difficile pour tout le monde.

Nous avons dû apprendre à cohabiter dans cet espace, tout comme en société, sans empiéter sur l'autre, sans manquer de respect ni élever la voix pour se faire entendre, et surtout pour se comprendre. La plupart du temps, nous parvenions à maintenir un équilibre, mais parfois… il y avait des explosions.

Lorsque des crises éclataient, mes parents organisaient un conseil de famille, un peu à la manière de l'ONU pour gérer les conflits internationaux. Chacun peut y exprimer sa vision des choses, sa version des faits, dans le calme. Si le conflit concerne les enfants, mes parents jouent le rôle d'arbitres ; s'ils sont concernés, un membre de notre famille plus sage et plus âgé intervient.

La communication est la clé : mes parents tiennent à ce que nous parlions pour mieux nous comprendre et fassions preuve d'amitié et d'indulgence les uns envers les autres, tout comme eux le font entre eux.

11. Est-ce utile, un « magic pass » pour l'Élysée ?

Oui c'est toujours utile, même si on peut avoir un accès direct et privilégié aux cercles de pouvoir et ne pas vouloir s'y balader. Je m'épanouis loin des foules et des intrigues et je m'exerce encore à reconnaître ce que notre société a d'intéressant pour l'instant. Je réalise néanmoins chaque fois que je rencontre des jeunes et moins jeunes manquant d'ambition et de confiance à quel point la capacité à croire en soi, sans limites, tout en restant vraie, est un cadeau précieux, même si c'est un sentiment fluctuant.

12. Est-ce que ton éducation est utile pour te faire une place épanouissante dans le monde ?

L'éducation est propre à chacun. J'ai reçu la mienne comme un héritage de mes parents, eux-mêmes l'ayant reçue de leurs parents, et ainsi de suite. Cependant, ce qui fait la différence d'une génération à l'autre, c'est la capacité de nos aînés à savoir piocher ce qui vaut la peine d'être transmis ou non, pour ne nous offrir que ce qu'ils ont de mieux en eux. L'éducation que j'ai reçue m'a été essentielle, car elle a su m'éviter d'être contaminée par la méchanceté et le vice du monde extérieur, grâce aux valeurs transmises. Elle m'a rendue unique et elle me permet de vivre sur cette planète, dans cette société, en ayant conscience de ce qui m'entoure, mais en privilégiant le meilleur plutôt que le mauvais.

Notes

Auteurs, œuvres et concepts de référence

Le meilleur des mondes pour éduquer

1. La citation « Ne doutez jamais qu'un petit groupe de citoyens réfléchis et engagés puisse changer le monde. En fait, cela a toujours été ainsi. » est attribuée à l'anthropologue américaine **Margaret Mead** (1901-1978), qui a interrogé les normes occidentales en étudiant la culture, le genre et le développement humain dans les sociétés du Pacifique Sud.

- Mead, M. (1928). *Coming of age in Samoa.* William Morrow & Company.
- Mead, M. (1935). *Sex and temperament in three primitive societies.* William Morrow & Company.
- Mead, M. (1970). *Culture and commitment: A study of the generation gap.* The Natural History Press.

2. Tous les prénoms des parents et des enfants mentionnées dans ce texte ont été modifiés afin de préserver leur anonymat et leur confidentialité.

3. Inspiré des théories de **Shannon et Weaver** et **Jacobson**.

4. Traditionnellement, les humains ont été décrits comme ayant cinq sens. Cependant, les avancées en neurosciences et en biologie ont révélé l'existence de plusieurs autres systèmes sensoriels, chacun contribuant à une forme spécifique de mémoire.

- Goldstein, E. B. (2014, première publication en 2011). *Cognitive psychology: Connecting mind, research, and everyday experience.* Cengage Learning.
- Craig, A. D. (2002). « How do you feel? Interoception: The sense of the physiological condition of the body. » *Nature reviews neuroscience*, 3(8), 655-666.
- Baddeley, A. D., & Hitch, G. (1974). *Working memory.* Psychology of Learning and Motivation.

- Shams, L. & Seitz, A. R. (2008). « Benefits of multisensory learning. » *Trends in Cognitive Sciences*, 12(11), 411-417.

Quel type de parent suis-je ?

5. William Ross Wallace (1819-1881) est un poète américain d'origine écossaise, surtout connu pour son poème *The hand that rocks the cradle is the hand that rules the world* (1865).

6. Selon le psychologue américain **Abraham Maslow** (1908-1970), les besoins doivent être successivement remplis pour permettre la réalisation individuelle.

7. **Albert Bandura** (1925-2021) est un psychologue canadien-américain ayant étudié la manière dont les gens apprennent grâce à l'observation et aux interactions de leur environnement. Selon sa théorie de l'auto-efficacité personnelle, la croyance d'un individu en sa capacité à accomplir une tâche spécifique ou à atteindre un objectif influence fortement ses actions, ses choix et ses performances.

- Bandura, A., Ross, D., & Ross, S. A. (1961). « Transmission of aggression through imitation of aggressive models. » *Journal of abnormal and social psychology*, 63(3), 575-582.
- Bandura, A. (1977). *Social learning theory.* Prentice-Hall.

8. **Maria Montessori** (1870-1952) est une pédagogue italienne connue pour avoir développé une approche éducative mettant l'accent sur l'autonomie, l'auto-apprentissage et le développement holistique de l'enfant.

- Montessori, M. (1936). *L'enfant.* Desclée de Brouwer.

9. La psychologie positive est une branche de la psychologie popularisée dans les années 1990 par l'Américain **Martin Seligman** (né en 1942). Elle se concentre sur les aspects positifs de la vie humaine, tels que les sources de bonheur, de bien-être, la résilience et l'épanouissement au lieu des troubles mentaux.

10. **Diana Baumrind** (1927-2018), **Eleanor MacCoby** (1917-2018), et **John Martin** sont des psychologues du développement américains ayant étudié les dynamiques familiales.

- Baumrind, D. (1971). « Current patterns of parental authority. » *Developmental psychology*, 4(1, Pt. 2), 1-103.

- Maccoby, E. E., & Martin, J. A. (1983). « Socialization in the context of the family: Parent-child interaction ». dans P. H. Mussen (Ed.), *Handbook of child psychology: Vol. 4. Socialization, personality, and social development* (4 th ed). Wiley.

11. **Adam Smith** (1723-1790) est un économiste, philosophe et écrivain écossais, souvent considéré comme le père de l'économie moderne. Dans son ouvrage *Recherches sur la nature et les causes de la richesse des nations* (1776), il développe la théorie de la « main invisible », qui soutient que dans un marché libre et compétitif, les individus poursuivant leurs intérêts personnels contribuent involontairement au bien-être de la société dans son ensemble.

12. *La Nouvelle République*. (2024, 17 janvier). « Abandonné par sa mère, un enfant de 9 ans vit seul pendant 2 ans dans un appartement. » www.lanouvellerepublique.fr

13. **John Bowlby** (1907-1990) est un psychanalyste et psychiatre britannique qui a étudié les relations précoces entre les enfants et leurs soignants primaires. Il soutient que les premières relations entre un enfant et ses soignants sont cruciales pour son développement émotionnel et social ultérieur.

- Bowlby, J. (1969-1980). *Attachment and Loss* (vols. 1-3). Basic Books.

Mary Ainsworth (1913-1999) est une psychologue canado-américaine, élève de Bowlby. Elle a développé l'expérience de « la situation étrange » pour évaluer les différents types d'attachement chez les enfants.

- Ainsworth, M. D. S., Blehar, M. C., Waters, E., & Wall, S. (1978). *Patterns of attachment: A psychological study of the strange situation.* Lawrence Erlbaum Associates, Inc.

14.**René Spitz** (1887-1974) est un psychiatre et psychanalyste autrichien connu pour ses recherches sur le développement infantile et la privation affective.

- Spitz, R. A. (1945). « L'hospitalisme : enquête sur la genèse des conditions psychiatriques dans la petite enfance. » Dans *Étude psychanalytique de l'enfant*, 1, 53-74. Presses Universitaires de France.

15. **Lev Vygotsky** (1896-1934) est un psychologue et théoricien du développement russe dont les travaux pointent le rôle des interactions sociales et des artefacts dans la transmission des connaissances et la

formation de la pensée. C'est dans la zone proximale de développement que le potentiel d'apprentissage est maximal.

16. Un protectorat est un régime de contrôle indirect sur une région permettant à un gouvernement local de fonctionner de manière limitée. Le Cameroun, point stratégique de l'Afrique centrale, a été administré par le Deuxième Reich (1884-1916), puis par le condominium franco-britannique (1916-1919), puis par la France et la Société Des Nations (1919-1946) avant d'être mise sous tutelle des Nations Unies, de la fin de la Seconde Guerre mondiale en 1945 à l'indépendance officielle en 1960.

Quand est-ce que les enfants deviennent des adultes ?

17. *Ma sorcière bien-aimée*, le personnage de la série télévisée américaine *Bewitched, La sorcière de la rue Mouffetard* du conte de Pierre Gripari, Morgane la fée du roi Arthur, Jeanne d'Arc et les femmes de Barbe bleue ou les risques de la curiosité féminine. Le génie féminin le plus populaire était enfermé dans une bouteille détenue par un astronaute dans la série *I Dream of Jeannie*.

18. *Santé Magazine*. (2021, 10 septembre). « Comment gérer la grossesse précoce à l'adolescence. » www.santemagazine.fr

- Institut national d'études démographiques. (2019). L'évolution démographique récente de la France : situations et comportements des mineurs. INED. https://www.ined.fr/fr/actualites/presse/l-evolution-demographique-recente-de-la-france-situations-et-comportements-des-mineurs/

19. **Sarah-Jayne Blakemore** (née en 1974) est une neuroscientifique britannique qui étudie le développement du cerveau chez les adolescents, en mettant en évidence des aspects tels que la plasticité cérébrale, les processus sociaux et émotionnels, et les différences entre le cerveau adolescent et adulte.

- Blakemore, S. J., & Robbins, T. W. (2012). « Studying individual differences in human adolescent brain development. » *Nature Neuroscience*.
- Blakemore, S. J., & Mills, K. L. (2014). « Is adolescence a sensitive period for sociocultural processing? » *Annual review of psychology*, 65, 187-207.

20. **Amadou Hampâté Bâ** (1901-1991) est un écrivain et ethnologue malien célèbre pour ses écrits sur la culture africaine et la tradition orale.
21. **Robert Siegler** (né en 1949) est un psychologue du développement qui s'intéresse à la résolution de problèmes et à la pensée mathématique chez les enfants. Il a formulé une théorie qui suggère que le développement cognitif des enfants évolue par le biais de multiples vagues plutôt que par une progression linéaire à travers des stades, comme le suggère Piaget.
- Siegler, R. S. (1996). *Emerging minds : The process of change in children's thinking*. Oxford University Press.

22. Pour le sociologue français **Émile Durkheim** (1858-1917), la conscience collective est plus forte dans les sociétés traditionnelles, où la solidarité mécanique prédomine, tandis qu'elle s'affaiblit dans les sociétés modernes, avec une solidarité organique et une plus grande différenciation sociale.
23. **David Premack** (1925–2015) et **Guy Woodruff** (né en 1950) ont conceptualisé la « théorie de l'esprit », la capacité cognitive à attribuer des états mentaux (intentions, croyances, désirs, connaissances, etc.) à soi-même et aux autres en étudiant les chimpanzés. Leur étude a ouvert la voie à de nombreuses recherches sur la cognition animale et humaine. Dans l'autisme, la théorie de l'esprit est souvent affectée.
- Premack, D. & Woodruff, G. (1978). « Does the chimpanzee have a theory of mind? » *behavioral and brain sciences*, 1(4), 515-526.

24. La **Conférence du 15 novembre 1884 au 26 février 1885** a abouti au partage de l'Afrique par les puissances européennes. Les représentants de l'Autriche-Hongrie, de la Belgique, du Danemark, de l'Espagne, des États-Unis, de la France, du Royaume-Uni, de l'Italie, des Pays-Bas, du Portugal, de la Russie, de la Suède-Norvège et de l'Empire ottoman étaient présents.
25. **Secrétariat d'État chargé des personnes handicapées.** (2023). « Nouvelle stratégie nationale pour les troubles du neurodéveloppement : Autisme, Dys, TDAH, TDI. » www.handicap.gouv.fr
26. Pour des ressources en français, consultez le site de l'Association francophone des femmes autistes (AFFA) fondée par Marie Rabatel. www.femmesautistesfrancophones.com

- Autism Speaks (2013). « The underdiagnosis of autism in girls and women. » www.autismspeaks.org
- Cazalis, F., Reyes, E., Leduc, S., & Gourion, D. (2022). « Evidence that nine autistic women out of ten have been victims of sexual violence. » *Frontiers in behavioral neuroscience*, 16.

27. **Jean Piaget** (1896–1980) est un psychologue suisse. Il a étudié comment les enfants construisent leur propre compréhension du monde.

28. **Lawrence Kohlberg** (1927-1987) décrit comment les individus passent par différentes étapes de raisonnement moral au fil de leur vie.

- Kohlberg, L. (1981). *The philosophy of moral development: Moral stages and the idea of justice*. Harper & Row.

29. **Erik Erikson** (1902-1994) est un psychanalyste et psychologue du développement d'origine allemande. Il est célèbre pour sa théorie du développement psychosocial.

30. *Initiation with ants / National Geographic*, 21 décembre 2007. YouTube.

31. **Carol Gilligan** (née en 1936) est une philosophe, psychologue et féministe américaine, critiquant les théories traditionnelles de **Lawrence Kohlberg**.

- Gilligan, C. (1982). *In a different voice: Psychological theory and women's development*. Harvard University Press.

Pourquoi exercer mon autorité avec fermeté et bientraitance ?

32. L'article 371-1 du Code civil précise que l'autorité parentale est un ensemble de droits et de devoirs ayant pour finalité l'intérêt de l'enfant. Elle appartient aux père et mère jusqu'à la majorité ou l'émancipation de l'enfant, pour le protéger, le nourrir, l'éduquer, et veiller à son développement physique et moral.

33. **Stanley Milgram** (1933-1984) est un psychologue social américain connu pour ses expériences réalisées dans les années 1960 explorant le comportement des individus.

34. *Ouest-France* (2018, 13 décembre). « 16 ans après la gifle de Bayrou à un enfant, le MoDem propose une loi sur les châtiments corporels. »

- *Le Point* (2012, 3 avril). « Strasbourg : L'enfant giflé par Bayrou en 2002 prend 4 mois ferme. »
- « Études sur les effets de la violence éducative ordinaire de l'Observatoire de la violence éducative ordinaire. » www.oveo.org
- Fondation pour l'Enfance. « Chiffres clés de l'enfance. Fondation pour l'Enfance. » www.fondation-enfance.org
- Ifop (2022, octobre). « Les perceptions de la violence éducative ordinaire. »

35. **Burrhus Frederic Skinner** (1904-1990) est un psychologue américain béhavioriste, célèbre pour ses recherches sur la notion de renforcement.

- Skinner, B. F. (1938). *The behavior of organisms: An experimental analysis.* Appleton-Century.

36. **Ivan Pavlov** (1849-1936) est un physiologiste russe, célèbre pour ses expériences sur les réflexes conditionnés chez les chiens, jetant les bases du conditionnement classique en psychologie.

- Pavlov, I. P. (1927). *Conditioned reflexes: An investigation of the physiological activity of the cerebral cortex.* Oxford University Press.

37. **Salomon Asch** (1907-1996) est un psychologue polonais naturalisé américain, célèbre pour ses expériences sur le conformisme.

- Asch, S. E. (1951). « Effects of group pressure upon the modification and distortion of judgments. » dans H. Guetzkow (Ed.), *Groups, leadership, and men*, 177-190. Carnegie Press.
- Asch, S. E. (1955). « Opinions and social pressure. » *Scientific American*, 193(5), 31-35.

38. Kopp, C. B. (2001). « The growth of self-regulation: Caregivers and children. » *Infant mental health journal*, 22(3), 340-345.

39. *Le Figaro.* (2023, 14 mars). « Un enseignant agressé par un élève pour un conflit autour de l'autorité à l'école. »

40. *Oliver Twist* est un roman de **Charles Dickens** (1812-1870), qui raconte les aventures d'un jeune orphelin, Oliver, dans l'Angleterre du XIXe siècle.

41. Lyons-Ruth, K., & Jacobvitz, D. (2008). « Attachment disorganization: Genetic factors, parenting contexts, and developmental transformation from infancy to adulthood. » In Cassidy, J., & Shaver, P. R.

(Eds.), *Handbook of attachment: Theory, research, and clinical applications*, 666-697. Guilford Press.
42. Berridge, K. C., & Kringelbach, M. L. (2009). *Pleasures of the brain.* Oxford University Press.

Mon enfant est-il normal ?

43. Cette théorie postule que notre compréhension du monde et notre manière de penser sont enracinées dans notre expérience corporelle.
- Shapiro, L. (2010). *Embodied cognition.* Routledge.
- Gallagher, S. (2005). *How the body shapes the mind.* Oxford University Press.

44. Raab, C. P. (2023, février). « Mort soudaine inattendue du nourrisson et syndrome de mort subite du nourrisson. » Sidney Kimmel Medical College at Thomas Jefferson University. www.msdmanuals.com
45. Concerne les processus de cognition essentiels, « l'unité centrale. »
46. **Pierre Bourdieu** (1930-2002) est un sociologue français qui a étudié la façon dont les structures sociales et culturelles se reproduisent à travers les générations et comment elles maintiennent les hiérarchies sociales.
47. Biologiquement, il est reconnu que la diversité génétique, peut renforcer un organisme en le rendant plus résistant aux maladies et aux changements environnementaux.
- Frankham, R. (2005). « Genetics and extinction. » *Biological conservation.*

48. Singer, J. (1999). « Why can't we all just get along? The neurodiversity movement. » *Journal of cognitive disabilities,* 13(4), 253-257.
- Geertz, C. (1973). *The Interpretation of cultures.* Basic Books.
- Luria, A. R. (1980). *Le développement cognitif. Ses fondements culturels et sociaux.* Éditions Mardaga.

49. Isimat-Mirin, P. M. (2015). « Les enfants singuliers. » *Revue de l'Université de Moncton*, 46(1-2), 43–59.
50. Dans *Kirikou et la sorcière* (1998), dès sa naissance, l'enfant fait preuve d'une intelligence et d'une autonomie exceptionnelles pour libérer son village.
51. Le syncrétisme est la combinaison de différentes traditions religieuses, culturelles, ou philosophiques en une nouvelle tradition qui intègre des éléments de chacune.

- Droogers, A. (1997). « Le syncrétisme religieux : réflexions théoriques. » *Social Compass*, 44(1), 85-99.
- Bastide, R. (1970). *Les Amériques noires : les civilisations africaines dans le Nouveau Monde.* Payot.

52. Plusieurs recherches ont exploré les dynamiques entre les crises personnelles, les conversions religieuses et les interactions culturelles en Afrique. Les épisodes de crise psychologique ou personnelle précèdent fréquemment un engagement accru dans la foi. Actifs depuis 1890 dans le pays, en 1928, les Américains protestants débarquèrent à l'Est Cameroun, dans le département du Haut Nyong, pour évangéliser et « éduquer » les populations locales.

- James, W. (1902). *The Varieties of religious experience.* Harvard University Press.
- Lunn, J. (2016). « Islam in Sub-Saharan Africa: Islamic influence in the Sahel and beyond. » *Oxford research encyclopedia of African history.*
- Martin, P. M. (1975). *Mission and conversion in Africa.* Oxford University Press.
- Mbiti, J. S. (1969). *African religions and philosophy.* Heinemann.
- Presbyterian Historical Society. www.history.pcusa.org
- Ranger, T. O. (1993). *The Invention of tradition in Colonial Africa.* Cambridge University Press.

53. Les Millennials, également appelés génération Y, désignent les personnes nées entre le début des années 1980 et le milieu des années 1990 à 2000, elles se caractérisent par leur familiarité avec les communications numériques, les médias sociaux et une forte valeur accordée à l'équilibre travail-vie.

54. Femmes autistes francophones. (2018, novembre 26). Des milliers de filles et de femmes autistes non diagnostiquées à cause du biais de genre. www.femmesautistesfrancophones.com

- Baron-Cohen, S. (2009). « The Empathizing-systemizing theory of sex differences and autism. » *The Royal Society, philosophical transactions of the royal society b: biological sciences*, 364(1522), 1245-1253.

55. Keating, C. T., Hendricks, S. K., Greenaway, K. H., & Botha, M. (2024). « Cross-cultural variation in experiences of acceptance,

camouflaging, and mental health difficulties in autism: A registered report. » *PLOS ONE*, 19(3).

56. Roselló, B., Berenguer, C., Baixauli, I., & Miranda, A. (2021). « Prevalence of attention-deficit/hyperactivity disorder in individuals with autism spectrum disorder: A meta-analysis. » *Research in autism spectrum disorders*, 83.

57. **Jean-Marc Gaspard Itard** (1774-1838), est un médecin célèbre pour son travail avec Victor de l'Aveyron, un enfant « sauvage » qu'il a tenté d'éduquer et qui présentait des traits neurodivergents. Des écrits anciens décrivent aussi des ermites socialement retirés comme Siméon le Stylite, présentant des comportements répétitifs, des rigidités et un intérêt restreint pour la spiritualité qui, rétrospectivement, pourraient être interprétés comme évoquant des traits liés à des troubles neurodéveloppementaux (TND). Autre fait, le terme « idiot savant », utilisé au XIXe siècle, désignait des personnes ayant des déficiences intellectuelles, mais possédant des compétences exceptionnelles dans des domaines spécifiques, tels que les mathématiques ou la musique. Cela évoque le « syndrome du savant », popularisé par le film *Rain Man*.

- Itard, J.-M. G. (1801). *De l'éducation d'un homme sauvage ou des premiers développements physiques et moraux du jeune sauvage de l'Aveyron.* Goujon et Brunot.
- Séguin, E. (1866). *Idiocy and its treatment by the physiological method.* William Wood & Co.

58. Demontis, D., Walters, R. K., Martin, J., Mattheisen, M., Als, T. D., Agerbo, E. & Neale, B. M. (2019). « Genetic analysis of ADHD identifies risk variants and highlights the role of common variation. » *Nature genetics*, 51(1), 63-75.

59. Sandin, S., Lichtenstein, P., Kuja-Halkola, R., Larsson, H., Hultman, C. M., & Reichenberg, A. (2017). « The heritability of autism spectrum disorder. » *JAMA Psychiatry,* 318(12), 1182-1184.

60. Bruno, G. (2021). « Thinking differently: Autism in First Nations communities. » *The Montrealer.* www.themontrealeronline.com

- Hasan, N. F. B., Kandasamy, Y., & Duncanson, K. (2020). « Psychosocial resources developed and trialled for Indigenous people with autism spectrum disorder and their caregivers: A systematic review and catalogue. » *International journal for equity in health*, 19(1), 206.

61. Le burn-out autistique se distingue de l'épuisement physique, émotionnel et mental résultant d'un stress prolongé au travail ou dans la vie quotidienne par ses causes – le masquage –, et ses conséquences : l'intensification des traits autistiques ou une régression temporaire des aptitudes et compétences. Il peut être confondu avec d'autres troubles psychologiques tels que la dépression, l'anxiété, la bipolarité ou les troubles de la personnalité borderline.
62. Geschière, P. (1982). « L'agriculture de subsistance, l'autonomie de la femme et l'autorité des aînés chez les Makà (Cameroun). » *Journal d'agriculture traditionnelle et de botanique appliquée,* 29(3-4), 307-320.
63. Les Baka sont un peuple autochtone de la forêt tropicale en Afrique centrale, connu pour son mode de vie nomade, les Hadza sont des chasseurs-cueilleurs de Tanzanie, les Kanaks sont les indigènes de Nouvelle-Calédonie, les Nanaï (ou Nivkhes) vivent en Sibérie orientale, principalement dans la région du fleuve Amour, et les Nehiyaws (ou Cris) sont un peuple des Plaines canadiennes. Le rapport à la modernité des chasseurs-cueilleurs au travers de l'étude de l'effet de dotation a été l'un de mes sujets de recherches.
64. American Psychiatric Association. (2013). *Diagnostic and statistical manual of mental disorders (5 th ed.).* American Psychiatric Publishing.
65. Deary, I. J., Penke, L., & Johnson, W. (2010). « The neuroscience of human intelligence differences. » *Nature reviews neuroscience*, 11(3), 201-211.
- Faraone, S. V., *et al.* (2015). « The worldwide prevalence of ADHD: a systematic review and metaregression analysis. » *American journal of psychiatry.*

66. L'autisme prototypique est une forme qui n'est associée à aucun autre syndrome médical identifiable. À l'inverse, l'autisme syndromique est lié à des conditions médicales ou génétiques spécifiques, telles que le polyhandicap, le syndrome de Rett ou l'X fragile.

Peut-on (bien) élever un enfant seul ?

67. République française (2004). *Loi n° 2004-439 du 26 mai 2004 relative au divorce.*
- République française (2021). *Loi n° 2021-1017 du 2 août 2021 relative à la bioéthique.*

68. Insee (2019). « Familles monoparentales. » www.insee.fr
- Observatoire des inégalités. (2021). « Les familles monoparentales en France. » www.inegalites.fr

69. *USA Today.* (2006, 23 mars). Sharon Stone adopts her third child.
- *Reuters.* (2010, 28 avril). « Sandra Bullock adopts baby boy as mariage ends. »
- *Today.* (2014, 24 février). « Liam Neeson on love after Natasha Richardson's death: "I haven't met anyone yet". »

70. *Le Point.* (2012, 23 janvier). Rachida Dati, mère célibataire : "Zohra, c'est la joie de ma vie". »

71. Neuburger, R. (2011). *Familles monoparentales : quels impacts sur les enfants ?* La Documentation française.

72. Cadoret, A. (1995). *Parenté plurielle.* L'Harmattan.

73. Bastin, C. & Voisin, C. (2017). « Familles recomposées : défis et atouts pour les enfants. » *L'Observatoire,* 43(2), 57-70.

74. Courtellemont, M.-P. (2009). *Les bébés congelés de Séoul.* JC Lattès.

75. Coutanceau, R., Smith, J. & AFTVS (2011). *Violence et famille : Comprendre pour prévenir.* Dunod.

76. Bourgoin, S. (2018). *L'ogre des Ardennes.* Grasset.

77. Nicolas, J. & Lavachery, F. (2001). *Dossier pédophilie : Le scandale de l'affaire Dutroux.* Éditions Marco Pietteur.

78. Enfance et Partage. (2019). *Couple séparé, parents associés : guide pratique pour une coparentalité réussie.* www.enfance-et-partage.org

79. Lemoine, P. (2010). *La cellule familiale : Enjeux et mutations.* Odile Jacob.

80. Owomoyela, O. (2002). *Culture and customs of Africa: The Bantus and their traditions.* Greenwood Press.
- Dia, A. (2010). « Les structures familiales africaines et leurs impacts sur l'éducation des jeunes. » *Cahiers d'études africaines,* 50(1-2), 27-45.

81. République française. *Loi n° 2002-304 du 4 mars 2002 relative à l'autorité parentale et à la reconnaissance en paternité.*
- Généreux, R. (2010). *Traumas transgénérationnels : Transmission et transformation de l'héritage familial.* InterEditions.

82. Schneider, B. (2005). « The role of grandparents in modern family systems. » *Journal of intergenerational relationships,* 3(2), 65-84.

- Hivert, A.-F. (2024, 5 juillet). « En Suède, les grands-parents autorisés à prendre les congés parentaux. » *Le Monde.*

83. Oheneba-Sakyi, Y., & Takyi, B. K. (2006). *African families at the turn of the 21st century.* Praeger Publishers.

- Brown, A., & Smith, J. (2015). « The impact of urbanization on family structures: A sociological perspective. » *international journal of sociology,* 45(3), 215-230.

84. République française. *Loi n° 2019-791 du 26 juillet 2019 pour une école de la confiance.*

85. Waldinger, R. J., & Schulz, M. S. (2010). « The Harvard Study of adult development: The lifelong effects of close relationships on health and well-being. » *Harvard review of psychiatry,* 18(3), 158-167.

86. Insee (2023). « Les habitants des QPV sont au moins deux fois plus victimes de violences que leurs voisins ». Interstats, Service statistique ministériel de la sécurité intérieure. www.bnsp.insee.fr/ark:/12148/bc6p08q2d0g.pdf

87. France Inter. (2020, 7 août). « La marque Kärcher demande à nouveau que son nom soit retiré du discours politique. » Radio France.

88. 20000 enfants de tous milieux sont victimes de prostitution en France. www.acpe-asso.org

France Culture. (2023, 7 février). « Comment lutter contre la prostitution des mineurs ? » Podcast Radio France.

La Tribune. (2023, 10 août). « Cette prostitution des mineures qu'on ne veut pas voir. »

89. Agence Nationale de la Cohésion des Territoires (ANCT). (2019). *Avis : Mères isolées en quartiers prioritaires de la politique de la ville* (QPV).

90. Unicef. (2018). « Advantage or Paradox: The challenge for children and young people growing up urban. »

91. Lamb, M. E., & Lewis, C. (2011). « The role of parent-child relationships in child development. » *Child development,* 82(2), 962-970.

92. **George Herbert Mead** (1863-1931) est un philosophe, sociologue et psychologue américain, connu pour ses travaux sur la nature de la conscience de soi et le développement des individus au sein de la société.

Qui influence mon enfant ?

93. Valkenburg, P. M., & Piotrowski, J. T. (2017). *Plugged in: How media attract and affect youth.* Yale University Press.

94. **Edward Lee Thorndike** (1874-1949) est un psychologue américain connu pour ses travaux sur le conditionnement opérant et pour avoir introduit le concept de loi de l'effet : les comportements suivis de conséquences satisfaisantes sont plus susceptibles d'être répétés, tandis que les comportements suivis de conséquences désagréables sont moins susceptibles de se reproduire. Thorndike a été l'un des premiers à démontrer que l'apprentissage se faisait d'abord par essais et erreurs plutôt que par raisonnement ou intuition immédiate.

- Thorndike, E. L. (1898). « Animal intelligence : An experimental study of the associative processes in animals. » *Psychological review monograph supplements*, 2(4), 160.
- Thorndike, E. L. (1920). « A constant error in psychological ratings. » *Journal of Applied Psychology*, 4(1), 25-29.
- Nisbett, R. E., & Wilson, T. D. (1977). « The halo effect: Evidence for unconscious alteration of judgments. » *Journal of personality and social psychology*, 35(4), 250-256.

95. Tversky, A., & Kahneman, D. (1974). « Judgment under uncertainty: Heuristics and biases. » *Science*, 185(4157), 1124-1131.

- Gilovich, T., Griffin, D., & Kahneman, D. (2002). *Heuristics and biases: The psychology of intuitive judgment.* Cambridge University Press.

96. **Frantz Fanon** (1925-1961) est un psychiatre, philosophe et révolutionnaire martiniquais, reconnu pour ses écrits sur la décolonisation, le racisme et les psychopathologies liées à l'oppression coloniale.

- Fanon, F. (1952). *Peau noire, masques blancs.* Éditions du Seuil.

97. Selon l'économie comportementale et les travaux du prix Nobel **Richard Thaler** (né en 1945), un *nudge* est une modification subtile de l'environnement de décision qui oriente les individus vers un comportement bénéfique sans forcer ni sanctionner. Par exemple, placer un autocollant au-dessus d'un interrupteur avec un message : « Pensez à la planète, éteignez la lumière en sortant ! »

- Thaler, R. H., & Sunstein, C. R. (2008). *Nudge: Improving decisions about health, wealth, and happiness.* Yale University Press.

- Johnson, E. J., & Goldstein, D. (2003). « Do defaults save lives? » *Science*, 302(5649), 1338-1339.
- Sunstein, C. R. (2014). « Nudging : A very short guide. » *Journal of consumer policy*, 37(4), 583-588.

Comment éduquer en conciliant différentes références culturelles ?

98. **Claude Lévi-Strauss** (1908-2009) est un anthropologue et ethnologue français qui a analysé la parenté en tant que système culturel universel, régissant les échanges sociaux à travers des interdictions comme celle de l'inceste et des mécanismes de réciprocité dans le mariage. Il a avancé l'idée que les systèmes de parenté fonctionnent selon des règles inconscientes, structurées comme un langage.

- Lévi-Strauss, C. (1949). *Les structures élémentaires de la parenté.* Presses Universitaires de France.

99. **Shalom Schwartz** (né en 1936) est un psychologue social israélien qui a permis de mieux comprendre les structures de valeurs à travers différentes cultures et a montré que, malgré la diversité culturelle, il existe 19 valeurs universelles partagées par les êtres humains.

- Schwartz, S. H. (1992). « Universals in the content and structure of values: Theoretical advances and empirical tests in 20 countries. » *Advances in experimental social psychology*, 25, 1-65.

100. **Leon Festinger** (1919-1989) est un psychologue social américain. Sa théorie de la dissonance cognitive propose que les individus éprouvent une tension interne lorsqu'ils détiennent des croyances, des valeurs ou des comportements contradictoires. Cela amène les individus à les modifier pour les rendre plus cohérents. Sa théorie de la comparaison sociale explore comment les individus évaluent leurs propres opinions et capacités en les comparant à celles des autres.

101. La Gestalt est une école de pensée qui est née au début du XXe siècle en Allemagne principalement développée par les psychologues **Max Wertheimer** (1880-1943), **Wolfgang Köhler** (1887-1967) et **Kurt Koffka** (1886-1941) auteur de *Principles of Gestalt Psychology* (1935).

102. **Heinrich Harrer** (1912-2006) est un alpiniste, explorateur, géographe et écrivain autrichien. Il est surtout connu pour son ouvrage *Sept ans d'aventures au Tibet* (1952), qui relate ses expériences en tant

qu'exilé au Tibet après avoir fui un camp de prisonniers britannique en Inde durant la Seconde Guerre mondiale. Pendant son séjour, il devient l'ami et le tuteur du jeune Dalaï-Lama.

103. **James Cameron** (né en 1954) est un réalisateur, scénariste et producteur canadien célèbre pour ses films novateurs tels que *Titanic*, *Abyss* et *Terminator*, qui ont marqué l'histoire du cinéma par leurs avancées technologiques et leurs récits immersifs. Le film *Avatar* explore des thèmes liés à l'identité, à la biologie et à l'intégration culturelle à travers la technologie.

- Madzoski, V. (2013). « *Curating the otherness: Avatar anthropology* » dans De *Cvratoribvs: The dialectics of care and confinement*, 115-142. Atropos Press.
- Screencraft. (2023, 9 mai). « How *Avatar : The Way of Water* gets to level 3 storytelling. »

104. La laïcité assure que toutes les croyances et non-croyances soient traitées de manière égale grâce à la séparation de l'État et des religions, la liberté de conscience et de religion, l'égalité de traitement des différentes convictions.

105. **John Berry** (né en 1939) est un psychologue américain qui a étudié les stratégies d'adaptation des individus dans des contextes culturels différents.

- Berry, J. W. (1997). « Immigration, acculturation, and adaptation. » *Applied psychology*, 46(1), 5-34.

106. Selon le sociologue américain, **Milton Gordon** (1918-2019) il existe sept étapes d'assimilation : culturelle, structurelle, maritale, identificatoire, attitudinale-réceptionnelle, comportementale-réceptionnelle et civique, en commençant par l'adoption de la langue, des valeurs et des normes sociales.

- Gordon, M. M. (1964). *Assimilation in American life: The role of race, religion, and national origins.* Oxford University Press.

107. Lorsque l'abandon est total, on parle de déculturation. Elle concerne particulièrement les générations suivantes lors des migrations. **Nathan Watchel** (né en 1935) est un historien et anthropologue français connu pour ses travaux sur les effets de la colonisation sur les cultures indigènes et la conceptualisation de la déculturation.

- Wachtel, N. (1971). *La vision des vaincus : Les Indiens du Pérou devant la conquête espagnole (1530-1570).* Gallimard.

108. *India Today* (2018, 26 mars). « Girls strip-searched at MP hostel after used sanitary napkin found outside bathroom. »
109. Le terme transculturation est une invention de l'anthropologue ethnomusicologie et essayiste cubain **Fernando Ortiz** (1881-1969) connu pour ses travaux sur la culture afro-cubaine.
- Ortiz, F. (2011). *Controverse cubaine entre le tabac et le sucre.* Mémoire d'encrier.

110. En mai 2023, quatre enfants âgés de 1 à 13 ans ont survécu pendant 40 jours dans la jungle amazonienne colombienne après le crash d'un avion. Les enfants, issus du groupe indigène Uitoto, ont erré seuls après la mort de leur mère et des autres passagers. Leur survie a été attribuée à leur connaissance de la forêt et à la ténacité de l'aînée, Lesly, âgée de 13 ans.
- Euronews (2023, 10 juin). « Miracle dans la jungle colombienne : 4 enfants retrouvés au bout de 40 jours. »

111. Plusieurs marques de mode ont été considérées comme faisant preuve de racisme, d'appropriation culturelle et de cynisme à cause de leurs choix en termes de collections et de stratégies de communication.
- *Mode in Textile* (2022, 30 août). « "The coolest monkey" : Une polémique aux lourdes conséquences pour H&M. »
- Radio France (2019, 7 février). « La marque Gucci accusée de "blackface" et de racisme pour un pull aux lèvres rouges. »
- FashionUnited (2019, 2 septembre). « Accusée d'appropriation culturelle, la maison Dior retire une campagne publicitaire. »

Quelles aptitudes dois-je aider mon enfant à développer en priorité ?

112. **Howard Gardner** (né en 1943) est un psychologue, chercheur et professeur de sciences de l'éducation à l'université de Harvard, célèbre pour sa théorie des intelligences multiples.
- Gardner, H. (2006). *Multiples intelligences : New horizons in theory and practice.* Basic Books.
- Gardner, H. (1991). *The unschooled mind: How children think and how schools should teach.* Basic Books.

113. **Carl Gustav Jung** (1875-1961) est un psychiatre et psychothérapeute suisse, fondateur de la psychologie analytique.

- Jung, C. G. (1983-1996). *Œuvres complètes (vols. 1-20).* Flammarion.
- Jung, C. G. (1952). *Types psychologiques.* Éditions Georg.

114. **Richard Bandler** (né en février 1950) et **John Grinder** (né en janvier1940) sont les co-fondateurs de la PNL, une approche de la communication, du développement personnel et de la psychothérapie.

- Bandler, R. (1985). *Using your brain for a change: Neuro-linguistic programming.* Real People Press.
- Grinder, J., & Bandler, R. (1976). *The structure of magic I: A book about language and therapy.* Science and Behavior Books.

115. **Milton Erickson** (1901-1980) est un psychiatre et psychothérapeute américain qui a contribué à l'hypnose clinique et à la thérapie brève.

- Erickson, M. H. (1948). « Hypnotic psychotherapy. » *Journal of clinical and experimental hypnosis*, 6(2), 70-92.

116. **Fritz Perls** (1893-1970) est un psychiatre et psychothérapeute allemand d'origine juive, connu pour avoir cofondé dans les années 1940-1950 la Gestalt-thérapie avec son épouse **Laura Perls** (1905-1990) et **Paul Goodman** (1911-1972). La Gestalt-thérapie est une forme de psychothérapie qui s'inspire en partie des principes de la psychologie de la Gestalt, mais qui se concentre sur les aspects relationnels et expérientiels du développement personnel et émotionnel. Elle met l'accent sur la prise de conscience de l'expérience, la responsabilité personnelle et l'ici et maintenant.

117. L'ethnorelativisme est un concept développé dans le domaine de la communication interculturelle. Il postule que la compréhension des différences culturelles évolue à travers plusieurs étapes : de l'ethnocentrisme, où l'on perçoit sa propre culture comme centrale, à l'ethnorelativisme, où l'on considère les cultures comme relatives, sans les hiérarchiser.

- Bennett, M. J. (1993). « Towards ethnorelativism: A developmental model of intercultural sensitivity. » dans *Education for the intercultural experience*, 21-71. Intercultural Press.

118. Le « temps de vie » est la ressource la plus précieuse de l'univers, c'est la durée disponible à chaque être vivant pour se découvrir et s'accomplir. Je relie cette notion à la gestion du temps, la réalisation des objectifs personnels et professionnels, ainsi qu'à la réflexion sur la qualité et la finalité de la vie en demandant à mes patients adultes de

songer à ce qu'ils feraient s'ils savaient qu'il ne leur restait plus qu'un jour, une semaine, un mois ou un an en réserve. Cela implique de donner de l'importance au temps qu'on consacre à ses propres valeurs, à ses relations, son bien-être et ses engagements.

- Frankl, V. E. (1959). *Man's search for meaning.* Beacon Press.
- Zimbardo, P. G., & Boyd, J. N. (2008). *The time paradox: The new psychology of time that will change your life.* Free Press.

119. L'« échange équivalent » d'un point de vue économique comme moral suggère qu'une action, un service ou une valeur donnés doivent être réciproquement compensés par quelque chose d'équivalent en retour afin d'équilibrer les interactions et les transactions entre les individus. Les efforts, l'attention ou le soutien donné devraient, dans une dynamique saine, être équilibrés par des contributions réciproques, mais pas forcément identiques. Marx discute des échanges économiques sous forme d'équivalents (valeur d'usage, valeur d'échange), ce qui peut s'étendre aux interactions sociales et humaines en termes de réciprocité.

Comment apprendre à mon enfant à traverser les moments difficiles ?

120. Les Peuls, sous la direction de leaders comme **Ousmane Dan Fodio**, ont lancé des campagnes d'assimilation islamique au XIXe siècle, contraignant des populations à migrer, les Makà allèrent vers le sud du Cameroun.

121. Concept soutenant que l'humanité partage des symboles, images et motifs archétypaux à travers les cultures et les générations.

122. Le triangle dramatique développé par **Stephen Karpman** (né en 1935) décrit les interactions entre les personnes lors d'un conflit ou d'un drame.

- Karpman, S. (1968). « Fairy tales and script drama analysis. » *Transactional analysis bulletin*, 7(26), 39-43.

123. Concept développé et popularisé par le sociologue américain **Robert K. Merton** (1910- 2003) dans les années 1940 qui se réfère à une attente qui, une fois énoncée, influence le comportement et les actions de manière à rendre la prédiction initiale vraie.

- Merton, R. K. (1948). « The self-fulfilling prophecy. » *Antioch review*, 8, 193-210.

124. J'appelle « kiffes liste » ou « dopamine liste » le recensement des activités et des éléments satisfaisants qui aident à améliorer l'humeur, la motivation ou la productivité en stimulant la libération de dopamine dans le cerveau.

125. La répétition, qu'elle soit dans un contexte de mouvement physique (comme le balancement rythmique) ou mental (comme la répétition de sons ou de mots, tels que dans les mantras), peut également induire un état de relaxation propice à la production d'ondes alpha. Le caractère répétitif d'une activité peut aider à focaliser l'esprit, réduire l'activité cognitive intense associée aux ondes bêta, et permettre un glissement vers un état plus calme et méditatif.

126. Un *shutdown* est un terme utilisé pour décrire une réaction fréquente chez les personnes neurodivergentes, notamment celles atteintes d'autisme ou du TDAH, face à une surcharge sensorielle, émotionnelle ou cognitive. Contrairement à un *meltdown* qui est visible par une explosion émotionnelle et des débordements comportementaux, le *shutdown* se manifeste par un retrait et une diminution des réponses face aux stimuli externes.

- Attwood, T., Garnett, M., *et al.* (2020). *Asperger : comment vaincre coups de blues et dépression ?* Éditions Dunod.

127. La musique, en particulier les morceaux lents, mélodiques et apaisants, est connue pour favoriser la production d'ondes alpha. Lorsque vous écoutez de la musique relaxante, votre cerveau tend à se détendre, réduisant ainsi le stress et l'anxiété. C'est pourquoi certaines pratiques de relaxation, comme la méditation ou le yoga, intègrent souvent de la musique douce pour aider les participants à atteindre la sérénité.

128. **Nathalie Zajde** (née en 1953) est une psychologue spécialisée dans l'étude des traumatismes transgénérationnels,

- Zajde, N. & Nathan, T. (2015). « Traumatisme sans métamorphose n'est que suspension du temps. » *Nouvelle revue de psychosociologie*, 1(19).
- Zajde, N. (2013). *Enfants de survivants. La transmission du traumatisme chez les enfants des juifs.* Odile Jacob.

129. Yehuda, R., & Bierer, L. M. (2008). « Transgenerational transmission of cortisol and PTSD risk. » *Progress in Brain Research*, 167, 121-135.

130. Les stratégies de *coping* inadaptées sont des méthodes de gestion du stress ou des émotions qui, plutôt que d'aider la personne à surmonter ses difficultés, tendent à exacerber ses problèmes ou à nuire à son bien-être. Par exemple, l'usage de substances telles que l'alcool pour atténuer la tristesse ou la douleur émotionnelle peut offrir un soulagement temporaire, mais risque d'aggraver les symptômes dépressifs à long terme. Les stratégies de *coping* saines, en revanche, aident à canaliser le stress de manière constructive, par exemple les activités physiques, artistiques ou de relaxation.
- Lazarus, R. S., & Folkman, S. (1984). *Stress, appraisal, and coping.* Springer Publishing.

Comment gérer les crises et les conflits ?

131. **Virginia Satir** (1916-1988) est une psychothérapeute américaine connue pour son « Modèle de Processus de Changement » et ses approches novatrices impliquant toute la famille. Elle fait partie du trio de thérapeutes, avec Milton Erickson et Fritz Perls, dont la pratique a été modélisée par Richard Bandler et John Grinder pour créer la PNL.
- Satir, V. (1978). *Your many faces.* Celestial Arts.
- Satir, V. (1967). *Conjoint family therapy.* Science and Behavior Books.
- Satir, V. (1988). *The New Peoplemaking.* Souvenir Press.

132. Wilkinson, S., & Whitehead, K. (2018). « Love builds brains: Representations of attachment and children's brain development in parenting education material. » *Sociology of health & illness*, 40(2), 395–409.

133. **Daniel Kahneman** (1934-2024) est un psychologue cognitif et économiste israélo-américain, récompensé par le prix Nobel d'économie en 2002 pour ses recherches sur la prise de décision et les biais cognitifs. Il décrit les deux vitesses de la pensée : le système 1 est rapide et intuitif, tandis que le système 2 est plus lent, réfléchi et rationnel.
- Kahneman D., Sibony, O. & Sunstein, C. R. (2021). *Noise : Pourquoi nous faisons des erreurs de jugement et comment les éviter.* Flammarion.

134. Rogelberg, S. G. & DiGiacomo, N. (2021). « Empathy, humor and other emotional skills in leadership. » *The Sage Handbook of industrial, work & organizational psychology*, 3e éd., vol. 2, 245-268.

135. Oberman, L. & Ramachandran, V. (2007). « The simulating social mind: The role of the mirror neuron system and simulation in the social

and communicative deficits of autism spectrum disorders. » *Psychological bulletin*, 133(2), 310–327.
136. En ABA, si un enfant agit d'une certaine manière pour attirer l'attention et que cette attention est systématiquement retirée, le comportement finit par diminuer et éventuellement disparaître.
137. Damasio, A. R. (1999). *The Feeling of what happens: Body and emotion in the making of consciousness.* Harcourt.
- LeDoux, J. E. (1996). *The emotional brain: !the mysterious underpinnings of emotional life.* Simon & Schuster.

138. L'effet miroir est une technique utilisée en communication interpersonnelle pour refléter les paroles ou comportements de l'autre, afin de créer une prise de conscience ou apaiser un conflit.
- Rosenberg, M. B. (1999). *Nonviolent communication : A language of life.* PuddleDancer Press.

139. Eisenberg, N. & Valiente, C. (2002). « Parenting and children's prosocial and moral development. » *Handbook of Parenting*, 5, 111-142.
140. Gershoff, E. T., & Grogan-Kaylor, A. (2016). « Spanking and child outcomes: Old controversies and new meta-analyses. » *Journal of family psychology*.
141. Staub, E. (2016). *The roots of goodness and resistance to evil: Inclusive caring, moral courage, altruism born of suffering, active bystandership, and heroism.* Oxford University.
142. Baumrind, D. (1991). « The influence of parenting style on adolescent competence and substance use. » *Journal of early adolescence*, 11(1), 56-95.
143. Luthar, S. S. & Latendresse, S. J. (2005). *Children of the affluent: Challenges to well-being.* Current directions in psychological science.
144. Winnicott, D. W. (1965). *The Family and individual development.* Tavistock.
145. Siegel, D. J., & Bryson, T. P. (2014). *No-drama discipline : The whole-brain way to calm the chaos and nurture your child's developing mind.* Bantam.
146. Ginott, H. G. (1965). *Between parent and child.* The Macmillan Company.

147. Conger, R. D. & Donnellan, M. B. (2007). « An interactionist perspective on the socioeconomic context of human development. » *Annual review of psychology*, 58, 175-199.
148. Bronfenbrenner, U. (1979). *The Ecology of human development: Experiments by nature and design.* Harvard University Press.
149. Institut national de la statistique et des études économiques (INSEE). (2024). *Niveau de vie et pauvreté des enfants : données 2021.* www.insee.fr
150. Brooks-Gunn, J. & Duncan, G. J. (1997). « The Effects of poverty on children ». *The Future of children*, 7(2), 55-71.
151. Hirschi, T. (1969). *Causes of delinquency.* University of California.
152. Ainsworth, M. D. S., Blehar, M. C., Waters, E., & Wall, S. (1978). *Patterns of attachment: A psychological study of the strange situation.* Lawrence Erlbaum.
153. **Robert Quinney** (né en 1934) est connu pour ses travaux sur la criminologie critique et la relation entre crime et société capitaliste. Il examine comment le crime est influencé par les structures capitalistes et les inégalités sociales.
- Quinney, R. (1974). *Critique of legal order: Crime control in capitalist society.* Little, Brown, and Company.

154. **Saul Alinsky** (1909-1972), pionnier de l'activisme communautaire, en anglais *community organizing*, a plaidé pour l'empowerment des communautés locales afin qu'elles puissent agir collectivement et obtenir des changements concrets.
- Alinsky, S. D. (1971). *Rules for radicals: A practical primer for realistic radicals.* Vintage Books.

155. **Nathalie Birimta** est la présidente de la Fédération des mères combattantes, un collectif qu'elle a fondé après la tragique perte de son fils Henry, tué en 2018. La fédération vise à alerter sur le phénomène des rixes interquartiers et à aider les parents à reprendre la main dans l'éducation de leurs enfants.
156. Lally, P., Van Jaarsveld, C. H. M., Potts, H. W. W., & Wardle, J. (2009). « How are habits formed: Modelling habit formation in the real world. » *European journal of social psychology*, 39(6), 998-1009.
157. Stephens, R. *et al.* (2018). « Effect of swearing on strength and power performance. » *Psychology of sport and exercise*, 12(2), 215-220.

158. L'étude de l'université de Pittsburgh sur les effets des cris montre que la violence verbale peut avoir des effets similaires à la violence physique, augmentant les risques de dépression et de comportements antisociaux chez les adolescents.

- Wang, M.-T. & Kenny, S. (2013). « Longitudinal links between fathers' and mothers' harsh verbal discipline and adolescents' conduct problems and depressive symptoms. » *Child Development*, 84(3), 908-923.

159. Mikolajczak, M. & Roskam, I. (2020). *Burn-out parental.* Odile Jacob.

160. « Stimmer », c'est l'auto-stimulation sensorielle. Il s'agit de mouvements répétitifs ou de sons produits pour réguler les émotions, se concentrer ou se calmer, souvent observés chez les personnes neurodivergentes. Le *stimming* peut inclure se balancer, jouer avec un stylo, mordiller un crayon ou ses ongles, tapoter ses doigts ou manipuler des objets. Ces comportements plus subtils et moins cruciaux pour le quotidien des neurotypiques. Ils sont une ressource précieuse pour gérer le stress pour les personnes avec un TDAH ou un TSA.

161. Greene, R. (2014). *The explosive child.* HarperCollins Publishers.

162. Zhang, L. & Lee, H. (2021). « The effects of emotional regulation strategies in individuals with autism spectrum disorder: Meltdown and coping techniques. » *Journal of autism and developmental disorders*, 51(5), 1500-1510.

- « Meltdowns and calming techniques in autism. » www.autism.org

163. Erikson, E. H. (1950). *Childhood and society.* W. W. Norton & Company.

Comment offrir un « magic pass » pour l'Élysée à mon enfant ?

164. **Julian B. Rotter** (1916-2014) est un psychologue américain qui souligne l'importance des attentes et des valeurs dans le comportement humain.

- Rotter, J. B. (1966). « Generalized expectancies for internal versus external control of reinforcement. » *Psychological monographs: general and applied.*

165. Le syndrome de **Pauline Clance** (née en 1938) et **Suzanne Imes** (née en 1944) est courant chez les femmes HPI.
- Clance, P. R. & Imes, S. A. (1978). « The Imposter phenomenon in high achieving women: Dynamics and therapeutic intervention. » *Psychotherapy : Theory, research & practice*, 15(3), 241-247

166. Les rapports du Groupe d'experts intergouvernemental sur l'évolution du climat (GIEC) et les analyses économiques de l'Organisation de coopération et de développement économiques (OCDE) pointent l'urgence de ces problèmes.
- Intergovernmental Panel on Climate Change (2021). *Climate Change 2021 : The physical science basis. Working group i contribution to the sixth assessment report of the intergovernmental panel on climate change.*
- Organisation for Economic Co-operation and Development (2015). *The economic consequences of climate change.*

167. L'économiste américain **James Buchanan** (1919-2013) pointe les effets paradoxaux de l'altruisme, car l'aide continue nuit à l'autonomie.
- Buchanan, J. M. (1975). « The Samaritan's Dilemma. » in E. S. Phelps (Ed.), *Altruism, morality and economic theory.* Russell Sage Foundation.

168. Perspective philosophique et scientifique affirmant que les actions humaines sont dues à des facteurs antérieurs et sont prévisibles et inévitables.
- Durkheim, É. (1895). *Les règles de la méthode sociologique.* Félix Alcan.

Comment aider mon enfant à se faire une place épanouissante dans le monde ?

169. Europe 1. (2023, 27 novembre). « Qui est Allan Petre, ce Français de 24 ans qui va bientôt rejoindre la NASA ? »

170. **Paulo Coelho** (né en 1947) est un écrivain brésilien connu pour ses romans philosophiques et spirituels dans lesquels il explore des thèmes universels tels que la quête de soi, le destin et la réalisation des rêves.

171. *Jeune Afrique* (2014, 14 août). « IIe Guerre mondiale : les tirailleurs africains, ces héros de l'ombre. »